Der Kontakt

Michael Depner

Der Kontakt

Bibliographische Information der Deutschen Nationalbibliothek:
Die Deutsche Nationalbibliothek verzeichnet diese Publikation in der
Deutschen Nationalbibliographie, detaillierte bibliographische Daten
sind im Internet über http://dnb.dnb.de abrufbar.

© Michael Depner
Zweite überarbeitete Auflage
Herstellung und Verlag:
BoD - Books on Demand Norderstedt

ISBN: 9783743140073

Inhalt

I.	**Ebenen des Kontakts**	**11**

1. Das Ich und die Welt 11
2. Zweifache Verbindung 14

II.	**Die Etymologie der Begriffe**	**20**

1. Kontakt 20

1.1. Die Religion, die Antike, die Renaissance und deren Verbindung 20
1.2. Contingere 21
1.3. Neben, bei und mit 22
1.4. Der volle Kontakt ist eine reine Katastrophe 26
1.5. Grenzen 28
1.6. Geometrie und Begegnung 29
1.7. Zwischen Hochmut und Stolz 32
1.8. Tasten und taxieren und die ewige Crux mit dem Selbstwert 33
1.9. Rhythmus, Raum und Psyche 34
1.10. Integration 37

2. Berührung 38

2.1. Be, bei, beide 38
2.2. Kochtopf und Zen 41
2.3. Berührung, Erziehung, Verzerrung 43
2.4. Quantität, Qualität und Bekömmlichkeit 46

3. Verbindung 50

3.1. „Ver" führt hinaus 51
3.2. Ohne Herausforderer bliebe man zurück 53
3.3. Für, fort und fern 54
3.4. Fürsten 55
3.5. Frau 56
3.6. Früh setzt die Kette der Verwandlungen ein 57

3.7.	Die Suche nach dem Fremden treibt das Leben voran	58
3.8.	Die Angst vor dem Ende hält das Leben zurück	58
3.9.	Bis wohin reicht der Höhenflug?	59
3.10.	Priester	60
3.11.	Die Fahrt nach England und zurück	61
3.12.	Banden	63

III. Regeln   66

1. Die Struktur des „reinen" Kontakts   66

1.1. Der Homunkulus kämpft um die Entscheidung   66

1.2. Psychopathologie als Kontaktpathologie   70

1.3. Vom Wort zu den Kriterien des „reinen" Kontakts   72

    1.3.1. Mit   72
    1.3.2. Neben   73
    1.3.3. Bei   73
    1.3.4. Kontra   74
    1.3.5. Kontingent   74
    1.3.6. Tangieren   75
    1.3.7. Tasten   75
    1.3.8. Taxieren   76
    1.3.9. Intakt   77
    1.3.10. Berühren   77
    1.3.11. Für   78
    1.3.12. Fort in die ferne Fremde   79
    1.3.13. Fürst   79
    1.3.14. Die Gefahr der Erfahrung   80
    1.3.15. Fordern   80
    1.3.16. Fahren   81
    1.3.17. Fördern   81
    1.3.18. Bündnis   82
    1.3.19. Fromm   82
    1.3.20. Vor   83

2. Neun Kriterien des gesunden Kontakts   84

    2.1. Ebenbürtigkeit   84

       2.1.1. Kaiser, Bürger und Bettelmann   84
       2.1.2. Narzissmus   86

    2.2. Gegenseitigkeit   91

       2.2.1. Charakter und Auswirkung   91
       2.2.2. Rollenspiel und Begegnung, Stabilität oder Fortschritt   92
       2.2.3. Ein Teufelskreis aus Kontaktvermeidung und Angst   95

    2.3. Begrenzung   96

       2.3.1. Psyche, Ich und Selbst   96
       2.3.2. Träumen und Wachen   99
       2.3.3. Ichgrenze   100
       2.3.4. Anspruch und Fehlsteuerung   102

    2.4. Intensität   104

       2.4.1. Leidenschaft...   104
       2.4.2. ... und trocken' Brot   106
       2.4.3. Vom Pulsschlag des Geistes   107

    2.5. Exploration   110

       2.5.1. Der Löwe und sein Denken   110
       2.5.2. Ich bin beigesehen   113
       2.5.3. Eine individuelle Perspektive bedarf individueller Informationen   115

    2.6. Integration   117

       2.6.1. Gegensätze   119
       2.6.2. Anfang und Ende, Höhepunkt und Untergang   119

	2.7.	Solidarität	122
	2.8.	Akzeptanz	124
	2.9.	Transzendenz	127

        2.9.1. Steine   127
        2.9.2. Pflanzen   127
        2.9.3. Tiere....   129
        2.9.4. ....und unsere Wenigkeit   130
        2.9.5. Egozentrik oder Wahrheit   132

IV. Die Ursachen der Kontaktstörung   135

1. Keine Regeln ohne ein Bekenntnis   135
2. Vererbung, Milieu oder beides   137
3. Unterschiede   139
4. Die notorisch missachtete Ebenbürtigkeit der Kinder   143
4.* Die freie Plage ist keines Menschen Untertan   143
5. Geben und Nehmen beruhen auf Gegenseitigkeit   147
6. Begrenzt wird die gesunde Neugier an realen Grenzen   150
7. Intensität ist heftig *und* wohltemperiert beharrlich   153
8. Es lebe die Neugier!   154
9. Angst, Ausschluss und Integration   155
10. Das solidarische Ungleichgewicht   157
11. Vom Aufgenommen- und vom Draußensein   157
12. Transzendenz   159

V. Die Position des Ich im Kontext seiner Umwelt   163

1. Psyche und Substanz   163
2. Psyche und Geist   168
3. Das Ich und die Erkenntnis   171
4. Das Ich und die Zeit   173
5. Das Ich und die Wahrheit   175
6. Das Ich, der Kontakt und die Gesellschaft   176
7. Das Ich und der Frieden   177

VI.	**Innen und außen**	**181**
	1. Suche nach Innen und Außen	182
	1.1. Substanz, Struktur, System und Subjekt	182
	1.2. Die Spannung im Stoff und die Verstimmung des Hologramms	184
	1.3. Angst, Wut und Adrenalin	185
	1.4. Ethik	186
	1.5. Trauma und Freiheit	189
	2. Große Plätze und enge Räume	193
	2.1. Spuren der Angst	193
	2.2. Agoraphobie	195
	2.3. Klaustrophobie	198
	2.4. Introversion und Verwirbelung	199
VII.	**Die „Technik" der transparenten Therapie**	**202**
	1. Sieben Hypothesen	203
	2. Konturen einer transparenten Kontakttherapie	206
	2.1. Psychotherapie als Profession der Begegnung	207
	2.2. Die zwei Wege der Kommunikation	210
	2.3. Vermittlung kommunikativer Kompetenz	211
	2.4. Der „ganze Mensch"?	212
	2.5. Abstinenz und Transparenz	213
	2.6. Falsche Fragen und echte Antworten	215
	2.7. Nondirektiv?	216
	2.8. Therapiestil	217
	2.9. Eigennutz und Gemeinschaftssinn	219
	2.10. Die primäre Forderung der Ethik	221
	2.11. Ethik, Gewissen, Über-Ich und Moral	222
	2.12. Unbefangen und wahrhaftig	224
	2.13. Der Beginn der Psychopathologie	225

3. Die drei Ebenen des Kontakts   227

3.1. Die Beziehungen des Klienten zum Umfeld   227

    3.1.1. Ängste, Zwänge und Depressionen...   227
    3.1.2. ...und was der Therapeut zum Beispiel fragt   230
    3.1.3. Abwehr   231
    3.1.4. Und noch einmal: Direktiv oder nicht?   232

3.2. Die Beziehungen des Klienten zu den Bezugspersonen seiner Kindheit   234

    3.2.1. Muster   234
    3.2.2. Biographische Kohärenz und Selbstwertgefühl   236
    3.2.3. Die primäre pathogene Beziehung   237
    3.2.4. Abwertungen   238
    3.2.5. Das leise Gift der Tugend und der Pflichterfüllung   239

3.3. Die Beziehung zwischen Therapeut und Klient   241

    3.3.1. Begegnung ist mehr als Beziehung   241
    3.3.2. Präsenz statt Technik   243
    3.3.3. „Vollkontakt-Therapie" und Routine   244

I. Ebenen des Kontakts

1. Das Ich und die Welt

Schnell stand für mich fest, dass ich ein Buch über den Kontakt zwischen dem Ich und seiner Umwelt schreiben wollte. Dabei sollte der psychosoziale Aspekt dieser oft heiklen Verbindung im Vordergrund stehen. Ich ging davon aus, dass das seelische Wohlbefinden des einzelnen von der Qualität seiner Beziehungen zum Mitmenschen abhängt und besonders von der Qualität der engeren Ich-und-Du-Kontakte. Daher könnte eine gezielte Verbesserung seines seelischen Befindens am besten erreicht werden, wenn man bei der therapeutischen Arbeit konsequent eine Verbesserung der Qualität des Kontakts anstrebt. Ein erster Schritt in diese Richtung lag folglich im Versuch herauszufinden, was die gesunde Qualität des zwischenmenschlichen Kontakts ausmacht.

Mit dieser Idee im Kopf stürzte ich mich in die Arbeit und schrieb ein erstes Kapitel. Der Rest würde sich beim Schreiben von allein ergeben. Man denkt über etwas nach und aus dem einen Gedanken ergibt sich der nächste und so geht es weiter, bis man das Thema tief genug ausgelotet hat. Schließlich lässt man zufrieden von der Sache ab. Man freut sich daran, dass man beim Nachdenken seinen Spaß hatte und dabei etwas Brauchbares entstanden ist.

So dachte ich mir das. Kaum stand vom ersten Kapitel jedoch der Rohbau und ich wollte als stolzer Bauherr Richtfest feiern, da zeigten sich im Fundament die ersten Risse. Also kam ich vom Dach herunter und schaute mir den Schaden an.

Zwei Schreibstile hatten sich vermischt, ohne dass ein jeder für sich so viel Klarheit besessen hätte, die kräftige Durchmischung mit dem anderen zu vertragen. Die unterschiedlichen Stile entsprachen zwei Blickwinkeln. Beide litten aneinander. Sie rangelten um die Vormacht und standen sich im Wege. Bald war deutlich, dass ich nicht wusste, ob ich ein strenges Sachbuch schreiben wollte oder ob es eher ein intellektuelles Spiel mit Wörtern und Ideen werden würde, mit dem ich mir beim Schreiben und dem Leser bei seiner Lektüre amüsant die Zeit vertrieb. Da waren also die berüchtigten zwei Seelen - ach! - in meiner Brust.

Die eine nannte sich „Psychotherapeut" und war nach jahrelanger Therapeutenarbeit überzeugt, dass es an der Zeit war, ein wissenschaftliches Buch zu schreiben, das die Aufgabe ihres Berufs, nämlich die Heilung kranker Seelen, konsequent aus einer ungewöhnlichen Perspektive heraus unter die Lupe nimmt. Im Blickfeld der Lupe sollte der Kontakt zwischen dem Therapeuten und dem Klienten stehen. Die psychischen Strukturen, um die es bei der Therapie geht und die heilsamen Haltungen und Handlungsweisen des Therapeuten sollten von dort aus interpretiert werden. Der Psychotherapeut in mir forderte einen nüchternen Stil, der sich ausgiebig des tiefenpsychologischen Begriffsrepertoires bedienen sollte und den Anspruch erhob, die wesentlichen Theorien der Tiefenpsychologie aufzugreifen. Seiner Meinung nach sollte das Buch systematisch sein und sich auf den Leserkreis der eigenen Zunft konzentrieren. Im Geiste sah sich dieser Psychotherapeut mit ernsten Blick vom Buchrücken aus nach potentiellen Käufern Ausschau halten. Fast blickte er dabei so grimmig drein wie der alte Freud beim Disput mit Jung und Adler.

Die zweite Seele hatte keine Lust auf wissenschaftliche Notwendigkeit. Ihr ging es zuerst darum, ihrer Neugier bei der Untersuchung des spannenden Themas freien Lauf zu lassen. Sie wollte mit der Phantasie auf Trebe gehen und nach der Manier eines aufgeweckten Kindes alles Erdenkliche, das ihr im nächsten Augenblick in die Quere kam, ohne störende Vernünftigkeit begreifen. Sie wollte die Dinge entdecken, anfassen, untersuchen und sie sorglos liegen lassen, ohne sich über die konkreten Zwecke ihres Tuns den eigensinnigen Kopf zu zerbrechen. Sie wollte keine weiteren Vorgaben, kein festes Ziel, keinen Zeitplan und vor allem keinen Zwang zu mühsamer Systematik. Sie wollte sich beim Schreiben unbefangen das Vergnügen gönnen, sich ofenfrische Sätze auszudenken, mit denen sie pointiert über die ungewöhnlichen Details ihrer Entdeckungsreise berichten könnte; Sätze, die so vielschichtig sind, wie einst die fetten Doboschtorten ihrer Oma. Sie wollte keine strengen Regeln, wenn es ihr gelungen war, sich am tanzenden Geist zu berauschen. Sie wollte Wissen ohne Maßstab und das Recht, frei zu denken ohne ein begrenztes logisches Gesetz. Ihre Leser sollten all jene sein, denen das Tanzen des Denkens ohne Preisrichter gefiel.

Die beiden Seelen in meiner Brust waren sich im Alltag nicht Feind. Im Grunde mochten sie sich sogar. Zwar durchkreuzten sie einander manche Pläne, doch der ersteren gefiel die Lebendigkeit der zweiten und der zweiten war es gerade recht, dass ihr die erste den vernünftigen Rahmen bot, in dem sie selbst unvernünftig sein konnte. Bei der Arbeit am Fundament des ersten Kapitels hatte aber offensichtlich keine Seite es für nötig gehalten, darauf zu achten, was die andere gerade tat. Das sah man der Mauer an. Große rote Lehmziegel waren mit gelben und rosa verschiedener Größe und Form zu einem Bauwerk verbaut, das der Mann vom Bauamt kaum als tragfähig hätte durchgehen lassen. Allerdings, so meinte er, sei die Sache nicht hoffnungslos. An manchen Stellen stimme die Statik. Die linke und die rechte Hand hatten auch ohne zu wissen, was die andere gerade tat, etwas Originelles geschaffen. Nur, dass es manchmal noch zu wenig harmonierte.

Nach der Bestandsaufnahme des Schadens und der Analyse seiner Ursachen beschloss ich, keinen der Blickwinkel bei der geplanten Untersuchung auszuschließen. Es sollte aber auch keiner der beiden für sich allein die Vorherrschaft beanspruchen, denn ich wollte eine Dialektik aus klarer Wissenschaftlichkeit und spielerischer Betrachtung versuchen. So nahm ich leichten Herzens Abschied vom ohnehin vermessenen Anspruch, eine systematische Arbeit zu einer daseinsanalytischen Tiefenpsychologie des Kontakts zu schreiben. Ich begnügte mich mit der Absicht, ein paar Skizzen zu liefern und fand in der bewussten Begrenzung des Anspruchs mehr Spielraum als unter dem Joch des Ideals.

Im Wesentlichen wollte ich nun zwei Ziele erreichen. Die Lektüre sollte in gleichem Maße nützlich sein wie sie dem Leser zweckfrei Spaß macht. Und genauso sollte es mir beim Schreiben ergehen. Wenn es der Stand der Dinge erforderlich machte, sollte der gestrenge Psychotherapeut mit einem nüchternen Blick federführend sein. Sonst wollte ich das Feld der freien Neugier überlassen, damit das Stroh in meinem Kopf an ihrer Fackel Feuer fängt.

Nach dieser Entscheidung ging das Schreiben zunächst viel besser von der Hand. Es entstand eine Reihe von Kapiteln, die sich zu einem Patchwork rund ums Thema gruppierten. Ausgehend von der etymologischen Analyse der Begriffe „Kontakt", „Berührung" und „Verbindung" formulierte ich neun wesentliche Kriterien des „reinen Kontakts", die ich für besonders wichtig hielt. Dann untersuchte ich die Ursachen der Kontaktstörungen und entwarf erste Skizzen für die geplanten Kapitel *Formen der Kontaktstörung* und *Therapie der Kontaktstörung*[1].

Während ich über den Kontakt des Ich zum Du so für mich hinschrieb, kamen mir immer mehr Einfälle, die sich mit der Frage der existenziellen Ortsbestimmung dieses Ichs beschäftigten. Zunächst brachte ich diese Einfälle in Fußnoten unter. Mit der Zeit nahmen die Fußnoten jedoch überhand und im Text entstand erneut Verwirrung. Bald war auch klar, dass der Plan, der Verwirrung Herr zu werden, indem ich der Ortsbestimmung des Ichs im Beziehungsfeld seiner Existenz ein eigenes Kapitel widmete, zu kurz griff. Mein Konzept, eine Theorie des therapeutischen Kontakts allein

---

[1] ...die ich später umbenannt habe.

um den Kontakt zwischen Therapeut und Klient herum zu zentrieren, brach bald unter der Last seiner Widersprüche in sich zusammen.

Mir wurde klar, dass ich die Bedeutung des Ich-und-Du-Kontakts zwischen dem Klienten und seinem Therapeuten als eine Modellbeziehung für Ich-und-Du-Kontakte im Allgemeinen und für das seelische Befinden des Klienten im Besonderen - vermutlich aus eigenen Trennungsängsten, Kontrollbedürfnissen und narzisstischen Ansprüchen heraus - überschätzt hatte. Zu wenig beachtet hatte ich im Gegensatz dazu erstens die Rolle einer konsequenten Analyse des aktuellen Kontaktmusters des Klienten und zweitens, wie unüberschätzbar wichtig es ist, diese aktuellen Muster beharrlich mit jenen zu vergleichen, die ihn von Anfang an, seit seinem Ur-sprung ins Dasein, prägten; denn die Seele wird bei jedem späteren Sprung an jenen Boden denken, auf dem sie als erstes gelandet war. Und drittens: Die Rolle des existenziellen Kontakts des Klienten zu sich selbst - also die Begegnung mit seinem eigenen Selbst - hatte ich durch die Bündelung des Blicks auf die zwischenmenschliche Ebene weitgehend ausgeblendet. Erst durch die vielen Einfälle und Fußnoten war mir die zentrale Bedeutung dieses Kontakts wieder bewusst geworden. Ein gesunder Kontakt zu anderen gelingt nur, wenn ein gesunder Kontakt zu sich selbst besteht. So formulierte ich den Ansatz des Buches neu.

2. Zweifache Verbindung

Jetzt stand für mich fest, dass ich ein Buch über diese beiden Ebenen des Kontakts schreiben wollte und dass es galt, die bereits geschriebenen Abschnitte unter Berücksichtigung der veränderten Prämisse neu zu überdenken.

Das erweiterte Konzept legte es außerdem nahe, den Kreis der möglichen Leser neu zu fassen. Wenn die spezifische Beziehung zwischen Therapeut und Klient zwar wichtig ist, aber doch nur besonderes Hilfsmittel in einem speziellen Kontext der Begegnung, und wenn es im Wesentlichen um den Kontakt des Menschen zur eigenen Existenz geht, in dessen Rahmen der Ich-und-Du-Kontakt als wichtigster Prüfstein und wesentlichste Frucht erscheint, dann braucht sich das Buch nicht nur an „Kontaktberufler" zu wenden. Zwar mögen diese, zum Beispiel Psychiater und Psychotherapeuten, Kindergärtnerinnen, Lehrer, Ausbilder, Psychologen, Pflegeberufler, Ärzte, Sozialarbeiter und Therapeuten aller Couleur von Berufs wegen bereits eine Affinität zum Thema „Kontakt" mitbringen, das Thema geht aber letztlich alle an, die sich dafür interessieren, was zwischen ihnen und den anderen passiert und was sie an die Wurzeln ihres Daseins bindet. Eine Theorie (von griechisch: theoria = Anschauung) des Themas „Kontakt" kann jedem nützlich sein, der sein Leben zu verstehen versucht.

So überlasse ich zunächst das Wort dem Psychotherapeuten. Er hat den Auftrag, um Verständnis zu werben, dass sein Blickwinkel trotz allem eine besondere Rolle spielt und es ihm an vielen Stellen schwerfallen wird, Fachausdrücke zu vermeiden. In der Hoffnung, dass er die Enttäuschung seines ursprünglichen Anspruchs auf besondere Bedeutsamkeit dann besser verschmerzen wird, soll er als allererstes sagen, wie die Dinge aus seiner Perspektive stehen:

Die wichtigste Voraussetzung der psychotherapeutischen Wirksamkeit ist der Kontakt zwischen Therapeut und Klient. Durch den Kontakt und im Kontakt wirkt das therapeutische Handeln. Zwar findet Therapie auch im Gruppenraum, in Amerika, auf der Couch und in der Klinik statt, diese Ortsbestimmungen sind jedoch zweitrangig. Sie beschreiben mehr austauschbare Topographie als den wesentlichen Raum, in dem die therapeutische Dynamik vonstatten geht. Therapie kann ebenso gut im Zoo oder im Dampfbad stattfinden; zumindest sobald Therapeut und Klient bereit sind, sich aus den üblichen Vorgaben zu befreien.

Unabhängig von den wechselnden Bühnen der Ereignisse und unabhängig von den formalen therapeutischen Techniken, die zur Anwendung kommen, bleibt Kontakt aber der eine gemeinsame Nenner, ohne den es nicht geht. Der interpersonelle Kontakt, die Kommunikation zwischen zwei Menschen ist das Feld jeder therapeutischen Begegnung.

Psychotherapie ist eine Sonderform zwischenmenschlichen Kontakts. Gleichzeitig ist sie ein exemplarisches Beispiel, an dem man die allgemeingültigen Gesetze des Kontakts deutlich machen kann. Analysiert man die Grundregeln des therapeutischen Kontakts im Speziellen, lässt sich auch das prinzipielle Muster zwischenmenschlicher Begegnungen im Allgemeinen beschreiben.

Ein gesundes Seelenleben und eine gesunde menschliche Existenz überhaupt sind ohne Begegnung, Kontakt und Kommunikation nicht denkbar. Schwer vorstellbar ist es umgekehrt, dass ein Mensch, dem ein authentischer Kontakt zu seiner Umwelt problemlos gelingt, gleichzeitig psychisch krank sein sollte. So sind neurotische oder gar psychotische Fehlhaltungen immer auch als Kontaktstörungen zwischen der betroffenen Person und ihrer Umwelt zu verstehen. Symptome sind seelische Konstrukte, die den

Kontakt entweder aktiv verhindern oder, die ihn in reduzierter, gleichsam verkrüppelter Form ermöglichen. Gleichzeitig sind Symptome aber auch halb erfolgreiche Versuche, tiefergreifende Kontaktstörungen zu überwinden. Das Symptom ist ein menschliches Verhalten, das den Ausdruck der Lebendigkeit nur in verhaltener Form zulässt.

Gemessen an dem was möglich ist, ist die Mehrzahl der normalen Kontakte durch unverstandene Ängste, Vorbehalte und verleugnete Bedürftigkeit in ihrer Qualität gestört. Normalität und pathologische Störung gehen ineinander über. Normal ist oft nur das, was vom eigentlich Möglichen übrigbleibt. Die Phänomenologien der intensiven zwischenmenschlichen Begegnung und des professionell-therapeutischen Kontakts ähneln sich in Teilbereichen dabei um so mehr, je besser sie werden. Der gute Therapeut ist kein distanzierter Experte, der verkorkste Seelenstrukturen mit psychologischem Röntgenblick durchschaut und sie durch mächtige „Techniken"[2] wieder in Reihe bringt, sondern er bietet dem Klienten in einer echten Begegnung die Möglichkeit, zunehmend frei zu sprechen und ohne Angst zu hören, wie ihn der Therapeut in seiner Rolle als kompetentes Gegenüber sieht. Der Therapeut sucht mit dem Klienten nach Möglichkeiten verbesserter Kommunikation. Das Ziel ist erreicht, wenn der eine dem anderen ein authentisches Gegenüber ist. Das Ziel ist erreicht, wenn beide unbefangen miteinander reden, wie es gesunde Erwachsene miteinander tun. Das Ziel ist erreicht, wenn jeder sich ausdrückt, ohne den Eindruck, den er dabei macht, vorauszuplanen.

Der Einsatz der tiefenpsychologischen Analyse innerseelischer Dynamiken in der Therapie dient letztlich der besseren Einbindung des Ichs in den Kontext seiner Umgebung. Er dient der besseren Kommunikation des Klienten mit seiner inneren und äußeren Lebenswelt. Die tiefenpsychologische Theorie, die der deutenden Sinngebung als Grundmuster dient, ist ein Produkt unzähliger Kontakte. Sie entstand aus Kontakten und sie dient dem Kontakt. Der Therapeut nimmt mit seiner deutenden Sinngebung Kontakt

---

[2] Die einzig wahre „Technik" der Therapie ist die qualifizierte Kommunikation über die faktische, kognitive und emotionale Lebensart der Klienten. Qualifizierte Kommunikation zeichnet sich durch Wahrnehmung, Reflexion und Authentizität des Ausdrucks aus. Sie ist eine Kommunikation, der außer der Fokussierung des Klienten jede „Technik" im Grunde fehlt. Konkrete Techniken sind für die Kommunikation nur förderlich, wenn ihr Einsatz transparent gemacht wird.

zum Klienten auf und versucht damit, den Kontakt des Klienten zu sich selbst zu verbessern.

Wer ungehindert im Kontakt zu seiner Umwelt steht und im lebendigen Austausch darin aufgeht, wird keinen Psychotherapeuten brauchen. Ihm ist das Gespräch mit einem Freund oder Partner „Therapie" genug, um jene Impulse zu finden, die er zur Überwindung seelischer Konflikte braucht; zur Überwindung von Konflikten, in denen er sich - allein auf sich gestellt - verfangen würde.

Das losgelöste Individuum ist eigentlich nur der vordergründige Teil seiner selbst. Es ist ein besonderer Pol seines ganzen Wesens. Denn ohne sinnvolle Kommunikation wird sich der Mensch zur eigenen Sackgasse, in deren narzisstischer Hassliebe er stecken bleibt. Das Individuum ist nicht nur in sich unteilbar, sondern es ist auch vom Kontext unabtrennbar. Das Individuum und seine Umwelt lassen sich nicht ohne Schaden auseinanderdividieren, denn Kontakt ist eine wesentliche Grundbedingung der Individualität. Auf Dauer wäre kein Mensch sich selbst Thema genug.

Psychotherapeuten sind Fachleute, deren Aufgabe es ist, Kontakte herzustellen und damit Kommunikation zu ermöglichen. Ihre Professionalität besteht darin, mit Geduld und Weitsicht auch mit solchen Menschen im Kontakt zu sein, deren seelische Abwehrmanöver gegen unbefangene Kommunikation derart übermächtig sind, dass sie gesunde Beziehungen entgegen der eigenen Sehnsucht vereiteln und deren übliches Umfeld sich daher resigniert und verärgert abwendet; mit Menschen also, die trotz all ihrer aktiven Manöver zur Abwehr gefürchteter Kontakte unter der entstandenen Einsamkeit leiden. Therapeuten (von griechisch: therapon = Gefährte) sind Experten der Gemeinsamkeit. Sie leben davon, Katalysatoren verbesserter Beziehungen zu sein. Ihr Beruf ist es, zu wissen, wie man die Seele des einzelnen mit der Gemeinschaft, wie man ein Ich mit dem Du und dem Wir verbindet, ohne dass sich eine der Parteien dabei ungebührlich verbiegen müsste. Therapeuten begleiten den in seine verletzte Egozentrik verirrten Klienten zurück in bewohntes Gebiet. Sie sind Gefährten in der Gefahr der Annäherung.

Wer nicht als verschrobener Asket in der Wüste lebt, hängt wesentlich von der Qualität seiner Kontakte ab. Und selbst der Asket sucht in der Wüste letztendlich keine Einsamkeit, sondern er sucht nach einer ganz besonderen

Begegnung - zu seinem Gott, wie er die höchste Nähe nennt, nach der er sich in seiner Einsamkeit sehnen kann.

Wenn hier von Gott die Rede ist, dann als Symbol, das für jene Dimension steht, die sich als *absolut* erahnen lässt und auf die sich jedes Ich bewusst zu beziehen versucht, sobald es von der Präsenz des Absoluten - in der Welt oder jenseits davon - überzeugt ist. Besser als der Begriff „Gott" scheinen die Begriffe „Existenz", „Wahrheit" oder „Selbst" dazu geeignet, den Bezugspunkt dieser Ebene des Kontakts zwischen dem Ich und der Welt zu benennen, weil dem klassischen Gottesbegriff etwas Altväterliches anhaftet, dem man heutzutage nicht mehr unbefangen vertrauen mag. Ganz gleich zu welcher Wortwahl man sich aber entscheidet, eine Psychotherapie, die tatsächlich die tiefsten Ebenen der Person erreichen will, kommt nicht daran vorbei, sich mit dem zu beschäftigen, dem gegenüber der Mensch mehr verantwortlich ist als der Menschenwelt.

Zum besseren Verständnis der grundlegenden Kräfte und Strukturen, die das Wesen des Kontakts bestimmen, soll im zweiten Kapitel des Buchs zunächst der Sinn des Begriffs und einiger seiner Teilsynonyme erhellt werden.

Dann wird im dritten Kapitel versucht, aus den Ergebnissen, die bei der etymologischen Analyse der Begriffe gewonnenen wurden, die Strukturkriterien des „reinen Kontakts" als intensive Sonderform zu beschreiben. Die etymologische Analyse gilt hier als die objektivste Methode, um Hinweise auf das Wesen des reinen Phänomens zu erhalten, denn beim Muster der Sinnverweise, die man so entdeckt, handelt es sich um ein tausendfach ausgesiebtes Resultat des menschlichen Denkens. Man findet so den kleinsten gemeinsamen Nenner der indogermanischen Sprachfamilie. Man kann deshalb davon ausgehen, dass subjektive Aspekte, wie sie ein Rolle spielten, wenn man sich auf einzelne Autoren berufen würde, zum großen Teil herausgefiltert sind; abgesehen von der Subjektivität des spezifischen Standpunkts „indogermanischer Mensch".

Das vierte Kapitel befasst sich mit den Ursachen der Kontaktstörung in psychologischer und soziologischer Hinsicht. Man kommt so zur Erkenntnis, dass unser kulturelles Klima, dass die Erziehung, der das Neugeborene nur allzu oft nach dem ersten Schrei anheim fällt, gesunde Kontakte recht häufig im Frühling schon erfrieren lässt.

Im fünften Kapitel wird eine Art existenzieller „Ortbestimmung" des Ich versucht, um dessen Wohlbefinden es dem Buch letztendlich geht. Will man dem Ich etwas Gutes tun, muss man schließlich wissen, wo es sich im Kontext der übrigen Phänomene des Kosmos ungefähr befindet. Es liegt dabei an der Komplexität der Angelegenheit, dass dieser Versuch trotz seiner scheinbar analytischen Sprache eher kreativ-poetisch bleibt und dass man wie beim Pointillismus nur verschwommene Konturen sieht.

Das sechste Kapitel untersucht die Formen der Kontaktstörung und das siebte die Heilung der erkrankten Kontaktfähigkeit. Es geht dort darum, näher zu betrachten, worauf der Psychotherapeut in seiner Rolle als Kontaktexperte achten muss, damit der kurze therapeutische Kontakt auf das weitere Schicksal des Klienten einen nachhaltigen und heilsamen Einfluss nimmt. Dabei ist es austauschbar, ob man die Ergebnisse der Untersuchung in seiner Arbeit als Therapeut oder in seinem Leben als Mensch zur Anwendung bringt. Denn Therapie ist eine Schule des Menschseins.

II. Die Etymologie der Begriffe

1. Kontakt

1.1. Die Religion, die Antike, die Renaissance und deren Verbindung

Mit der Machtübernahme des Christentums wurde der Beginn des Mittelalters eingeläutet. Gleichzeitig brach der unmittelbare Kontakt des abendländischen Denkens zu seinen antiken Ursprüngen ab. Leitidee des Christentums war der Kontakt zum idealen Einen und die Einbindung in die Gemeinschaft, die sich in seinem Namen zusammenschloss; denn es hieß: 'Ich bin das Wort' und 'Wo zwei in meinem Namen zusammen sind, da bin ich mitten unter ihnen'.

Mit dem Auftrag 'Liebe deinen Nächsten wie dich selbst' wurde vom christlichen Heilsgedanken der Ich-und-Du-Kontakt als jener wesentliche Bereich der menschlichen Existenz benannt, in dem die Präsenz der Wahrheit aufleuchtet, sofern man sich an die göttlichen Gesetze dieser Wahrheit und des Kontakts hält, der von ihrem Licht durchdrungen ist.

Zum selbstverständlichen Repertoire antiker Gesellschaftsordnungen hatte bis dahin die fraglose Ausbeutung der Schwachen durch die Mächtigen gehört. Da die Versklavten und Benachteiligten diesen Missbrauch zwischenmenschlicher Kontakte am härtesten zu spüren bekamen, wundert es nicht, dass die christliche Religion[3] bei den Armen und Beladenen auf einen

---

[3] Das Wort „Religion" stammt vom lateinischen Verb „re-ligare = wieder-anbinden". Es meint die Kontaktaufnahme des Menschen zu Gott.

    Seit die Menschen Individuen sind und sich über diese Individualität Gedanken machen, stellen sie mit Schrecken fest, dass sie als Individuen der Willkür der Elemente ausgesetzt sind. Daher versuchen sie sich durch Religion an Gott wiederanzubinden und sich so aus der furchterregenden und unverbindlichen Freiheit der Individualität in die Sicherheit des absolut Wahren zu retten. „Gott" entspricht der Ahnung des Geistes, dass er nur im Wahren zu Hause sein kann.

    Individualität führt daher zur Beschäftigung mit den verschiedenen Methoden der Kontaktaufnahme. Mehr noch: Individualität konstituiert sich als das persönliche Muster des Kontaktverhaltens auf den verschiedenen Ebenen einer menschlichen Existenz und so wie Religion immer mit Wahrheit und Kontakt zu tun hat, so ist wahrer Kontakt immer auch religiös. Religiosität ist ein Strukturkriterium und die spontane Ausrichtung heiler Individualität. Beide bilden eine ontische Einheit. Die primäre Religion besteht in der Treue zur eigenen Wahr-nehmung. Das Ausmaß der Individualität entspricht der Bereitschaft des Individuums,

fruchtbaren Nährboden fiel. Der christlichen Hinwendung zum „Guten", der Suche zum absolut Wahren, entsprach der Abbruch aller Verbindungen zu der als sündig empfundenen antiken Geisteswelt, da sich diese in den Augen der Christen nicht klar genug gegen die Rohheiten ihrer Zeit abgegrenzt hatte. Im rigorosen Eifer des Gefechts schnitt man jedoch nicht nur die Verbindung zu den Verfehlungen, sondern auch die zu den gesunden Wurzeln der Antike ab.

Erst als sich die Hoffnung, die Macht einer Kirche sei der hinreichende Wegbereiter einer menschlichen Gesellschaft, die diesen Namen ohne Einschränkung verdient, im Dunkel der Jahrhunderte als Trugschluss erwiesen hatte, und erst als die Macht dieser Kirche nicht mehr groß genug war, die Kritik an ihrem Treiben gewaltsam zu unterbinden, konnten die Kritiker laut sagen, was sich so mancher schon seit langem dachte: dass die Kirchen zwar angetreten waren, den Kontakt zwischen Mensch und Gott zu vermitteln, dass die vom Klerus kontrollierte Form der Kontaktsuche, von entleerten Ritualen abgelenkt und von Unfehlbarkeitsansprüchen zur Götzendienerei verführt, ihr eigentliches Ziel verfehlte. Die beginnende Entmachtung der Kirchen im Ausklang des Mittelalters war daher ein Etappensieg der wahren Religion.

Nachdem sich Humanismus und Aufklärung als tüchtige Konkurrenten der Kirche etablieren konnten und man wieder über den Tellerrand der Dogmen hinweg nach den Regeln der Menschlichkeit Ausschau halten durfte ohne auf dem Scheiterhaufen zu landen, nahm das abendländische Denken in der Renaissance wieder direkten Kontakt zu seinen antiken Ursprüngen auf und die alten Gedanken wurden in neue Sprachen übersetzt. So wurde auch das Wort „Kontakt" im 17. Jahrhundert vom lateinischen Begriff „contactus" abgeleitet und ins Deutsche übernommen.

1.2. Contingere

Im Wort „Kontakt" fließen zwei lateinische Vorstellungen, die bereits getrennt voneinander eine gewisse thematische Verwandtschaft erahnen lassen, zu einem verstärkten Sinnbild zusammen. Man erkennt leicht das Verb *„tangere = berühren, verbinden"* und die Vorsilbe *„kon = mit"*. „Kon" und „tan-

---

Wahres durch seine Wahrnehmung anzunehmen. Die individuelle Wahr-nehmung ist der ursprüngliche religiöse Akt. Jeder Ritus, der die individuelle Wahr-nehmung als einzige Quelle authentischer Religiosität bezweifelt, offenbart sich als sektiererische Abweichung vom reinen Glauben.

gere" beschäftigen sich mit dem gleichen Thema, wenn man beim „kon" an das *Mit*einander zweier Teile denkt und beim „tangere" an deren Verbindung. So kam es, dass vom alten Rom bis zum lateinischen Mittelalter das Verb *„contingere"* in Gebrauch war, dessen Bedeutung man von der des einfachen „tangere" im Grunde gar nicht unterscheiden konnte und das als Ursprung des „Kontakts" gelten kann.

1.3. Neben, bei und mit

„Kon" ist ein Sprössling des indogermanischen Adverbs „*kom*". „Kon" heißt auf deutsch „neben, bei, mit". Abgewandelte Sinnfacetten des indogermanischen Ursprunges sind in der griechischen Präposition *„katá* = entlang, über...hin, von...herab, abwärts, völlig" und im lateinischen *„contra* = gegen, gegenüber" erkennbar.

„*Kontra*", also „gegen", ist zumindest im Lateinischen erstaunlicherweise die Steigerungsform des Begriffs *„com* = mit". Der zweite Teil des Wortes nämlich, die Silbe „-tra", ist ein Komparativsuffix, also ein sprachlicher Anzeiger, dass ein Vergleich (comparare = vergleichen) darüber stattgefunden hat, welche von zwei Mengen die größere ist. Im Vergleich zu „kon" ist „kontra" also mehr. Eigentlich heißt „kontra" daher „mit-ter", ohne dass uns hier bereits einleuchten würde, was wohl am „mit-testen" wäre, wenn „gegen" schon „mehr als nur mit" ist. Beim lebendigen Kontakt gehört es wie beim Skat jedenfalls zu den Regeln des Spiels, dass man zum richtigen Zeitpunkt auch mal Kontra gibt.

Bemerkenswert ist, was die Analyse der Präpositionen „neben" und „bei" zur Dynamik des Kontakts zu Tage fördert. *„Neben"* ist eine moderne Abwandlung des alten Begriffs *„an ebani"* und meint eigentlich „auf gleiche Weise". In Wörtern wie „ebenbürtig = von gleicher Geburt" und „Ebenbild" wird dieser Sinn deutlich. Er unterstreicht die Tatsache, dass wirklicher Kontakt[4] existenzielle Gleichrangigkeit der Beteiligten voraussetzt.

---

[4] Wenn hier von „wirklichem" Kontakt die Rede ist, soll dies nicht heißen, dass es auch „unwirkliche" Kontakte gäbe. Gemeint ist, dass sich Kontakte in ihrer Tiefe und Intensität, ihrer Echtheit und im Charakter ihrer Wirkungen unterscheiden. Was das Wesen des sogenannten „wirklichen" oder „reinen" Kontakts ausmacht, ist Thema des Buchs und soll eigentlich erst herausgefunden werden, obwohl der Begriff hier bereits verwendet wird, als sei er schon geklärt.

Die menschliche Neigung, sich nicht von Gleich zu Gleich zu begegnen, sondern sich entweder für etwas Besseres oder für etwas Schlechteres als die Nachbarn zu halten, ist eine Maßnahme zur Kontaktvermeidung. Der Adelige, der etwas auf seinen Titel und die ausgewählte Farbe seines Blutes hält und der seinen Selbstwert aus der deklamierten Besonderheit seiner Abstammung bezieht, sieht im einfachen Bürger einen Menschen niederen Rangs, weil er einen Vorwand dazu braucht, den potentiellen Neider auf Abstand zu halten und eine Erklärung, warum es legitim ist, auf dessen Kosten gut zu leben[5].

Der loyale Untertan seiner Obrigkeit macht mit vertauschter Rolle im Grunde etwas ähnliches. Um zu verhindern, dass er durch den Kontakt zu seinen hochmütigen Zeitgenossen mit denselben in Konflikt gerät, glaubt er brav, sich vor den irdischen Fürsten zu ducken sei gottgewollt und gehöre zum natürlichen Verhalten eines jeden Durchschnittsbürgers, der sich von dieser Pflicht nicht durch Reichtum freikaufen kann; was auch stimmt, falls man jene Natur meint, die auf dem Pavianfelsen zu Hause ist.

Daher spiegelt sich in der zwiespältigen Aussage des Begriffs „neben" eine wesentliche Bruchlinie zwischenmenschlicher Beziehungen wider. Obwohl sich im „neben" das Wort „eben" zur Sprache bringt und die Gleichrangigkeit derer ankündigt, die auf gleicher Ebene nebeneinander zusammen und so miteinander in Kontakt sind, drückt das Wort „neben" oft ein Verhältnis der Unterordnung aus. Das ist beim „Nebenbuhler" der Fall, der aus seiner zweitrangigen Position heraus darum buhlt, zur Hauptsache der umworbenen Buhlin zu werden, bei der „Nebenfrau", die womöglich erst aufrückt, wenn die Herrin wegstirbt und erst recht bei der „Nebensache", die sich ihrem minderen Schicksal fraglos überlässt. Jeder Kontakt zwischen zwei Menschen birgt die Gefahr, dass der eine für den anderen darin nebensächlich ist.

Wird jemand jedoch durch die Struktur eines Kontakts zur Nebensache erklärt, ohne dass dies durch eine bewusst akzeptierte soziale Rolle als ein bloß flüchtiges Rollenspiel verstehbar wird und nimmt er diese Abwer-

---

[5] Dieselbe Haltung hat im Grunde ein Fleischkonsument gegenüber seinem Vieh. Hielte er menschliches Leben nicht grundsätzlich für wertvoller als das seiner einst gackernden und blökenden Mahlzeiten, bliebe ihm der Bissen wohl im Halse stecken. Im Umkehrschluss darf man daher pointiert behaupten, das aristokratische Weltbild, das den Rang einzelner hierarchisch nach ihrer Herkunft unterscheidet, ist die sublimierte Spielart eines nicht überwundenen Kannibalismus.

tung zur Nebensache ohne Murren hin, wird er dadurch psychisch krank.[6] Je nackter sich Menschen begegnen, desto ebenbürtiger müssen sie sein, um durch die Begegnung keinen Schaden zu erleiden. Um kein Vernichter zu sein, muss der Geist, was ihm begegnet, beachten, als sei es er selbst.

Auch im Adverb „*bei*" taucht die mögliche Am*bi*valenz (= Zweiwertigkeit, Doppeldeutigkeit) der Kontakte auf. „Bei" geht auf die indogermanische Wurzel „*bhi*" bzw. „*ambhi*" zurück und heißt heute „in der Nähe von". Ursprünglich meinte es „um...herum" oder auch „von *beiden* Seiten", worin die Nähe, die es heute unverblümt benennt, bereits beiläufig angesprochen wird. Verwandt mit dem „bei" ist das deutsche Wort „*beide*", ebenso wie das griechische „ampho", das uns bei der besagten „Ambivalenz", vor der das „bei" uns warnt, noch heute in leicht verwandelter Form beggenet. Beim Kontakt stellt sich somit die Frage, ob er wirklich den beiden, die er zusammenbringt, jenen Platz einräumt, der eine schädliche Ambivalenz[7] verhindert und ob es tatsächlich Nähe ist, was durch den Kontakt entsteht.

Die Kernbedeutung der Vorsilbe „Kon" liegt jedoch im Adverb „*mit*". Urverwandt mit dem deutschen „mit" ist das griechische „*meta*", das den dynamischen Charakter des „mit" bestens beleuchtet. „Meta" heißt „nach, hinter, später" und weist auf einen Zustand hin, der erst durch eine Umwandlung, einen Wechsel oder ein Hinübergehen-von-da-nach-dort erreicht wird.

---

[6] Weiter unten wird die „Ebenbürtigkeit" als wesentliches Strukturelement des gesunden Kontakts ausdrücklich definiert. Andererseits ist psychische Gesundheit Teilaspekt gesunder Kontakte. Insofern also das „neben" eine Verneinung des „eben" ist, werden Menschen bereits dann psychisch krank, wenn sie nebeneinanderher leben, weil durch diese Form der Sozialität die Ebenbürtigkeit beharrlich verleugnet wird. Beim Nebeneinanderherleben wird der andere nebensächlich und fängt diese Botschaft zumindest unterschwellig auf. Ebenbürtigkeit ist jedoch der tatsächliche Maßstab des Selbstwertempfindens. Das soziale Muster des Nebeneinanders führt daher automatisch zur narzisstischen Problematik und je anonymer es in einer Lebenswelt zugeht, desto größer wird das Problem.

[7] Schädlich ist die Ambivalenz eines Kontakts allerdings nur, wenn sie nicht erkannt oder verleugnet wird. Ist dem so, nimmt man zum anderen eine falsche Haltung ein. Man kommt ihm näher, als es gut ist oder spiegelt eine Ferne vor, die nicht stimmt. Bestehende Ambivalenzen gelten zu lassen, ist Voraussetzung dafür, dass echter Kontakt entsteht, und dass er aus sich heraus reifen kann. Indem man Ambivalenzen bei sich anerkennt und sie für den anderen erkennbar macht, entschärft man ihre pathogene Potenz. So ist Liebe zwar ein Zustand, in dem kein Hass mehr droht, aber nicht, weil man den Hass übersieht, sondern weil man ohne Angst über ihn redet.

So beschäftigt sich die *Metaphysik* mit jenem Kosmos, in den die Seele hinüberwechselt, sobald sie die irdischen Bande ihrer blinden Selbstsucht in die ätherische Weisheit des entfesselten Daseins[8] verwandelt hat. Während sich die Physik des Diesseits in Formeln und Gesetze einfangen lässt, liegt das Meta jenseits der Berechnung und der Kalkulierbarkeit. Der *meta*physische Kosmos ist aus Sicht des Geistes jene Seinsart, in der der Geist nicht mehr von der Natur, die ihn hervorbringt, getrennt, sondern in der er *mit* ihr eins ist. Die Meta*physik* deutet auf die „Mit*physis*", in der das Hervorbringende (griech.: *phyein* = hervorbringen, entstehen) mit dem, was aus ihm entsteht, verschmolzen ist.

Die „Methode" ist ein planmäßiges Vorgehen, das zum Beispiel im Falle der Untersuchungsmethode den Wechsel des Forschers von einer offenen Frage zur glücklich gefundenen Antwort erlaubt. Im Wort „*Methode*" verbirgt sich das „*meta*" und das griechische „*hodos* = der Weg, der Gang". Eine „Methode" ist also ein „Übergang", und wenn sie bei der wissenschaftlichen Forschung auch bloß den bescheidenen Übergang zu wachsendem Wissen ermöglicht, so ist sie doch mit der unbescheidenen Suche nach der letzten Erleuchtung im Zen verwandt, die den durstigen Asketen zur jenseitigen Quelle der absoluten Erkenntnis hinüberführt.

Das Wort „mit" bezeichnet eher ein Projekt, eher ein ungewisses Unterfangen als ein statisches Beieinandersein. Es ist eher ein Ich-gehe-mit, als ein Ich-bin-mit; und schon gar kein Ich-liege-bei[9]. Wer folglich mit jemandem in Kontakt tritt, tritt nicht auf der Stelle, sondern geht durch dieses Treten mit ihm fort. Weder bleibt er nur da und lässt den anderen kommen noch verschiebt er sich, bis er den anderen mit einem dumpfen „Buff" touchiert. Mitgift der Kontaktbereitschaft ist daher, dass man sich durch sie mitfortgibt. Und... dass man von sich ablässt, denn was man fortgibt, kann man nicht im gleichen Zuge halten. Wer das nicht will, kann sich auf keine wirklichen Kontakte[10] einlassen.

---

[8] Unklar ist, ob die Seele quasi als virtuelle Substanz von hier nach dort hinüberwechselt, oder ob sie immer schon dort ist, sie ihr Sein aber da empfindet, wo die Dinge sind, deren Faszination ihre Aufmerksamkeit fesselt. Entfesselt wäre sie, wenn kein „weltliches" Ding mehr ihr Interesse binden könnte, ihr im Spiel der Zugang zur ganzen Welt aber um so offener bliebe. Wenn man in allem sein will, muss man das Draußen ganz ertragen.

[9] Es sei denn, das Bei-liegen führt zu spezifischen Reaktionen, deren Folgen sich bis in die nächste Generation fortpflanzen, sodass durch diese Art des Beieinanderseins demonstriert wird, dass das echte „mit" stets den Übergang vom alten zum neuen vermittelt.

[10] Gezielte „Kontaktpflege" ist nichts, was tatsächliches Interesse am Kontakt verriete. Vielmehr ist sie ein Vermeiden wirklicher Kontakte, also jener Form, die etwas Wesentliches bewirken könnte. Wer seine Kontakte mit gezielter Absicht pflegt, macht sich verdächtig, sie

1.4. Der volle Kontakt ist eine reine Katastrophe

Oben haben wir gesehen, dass das griechische „*katá*" und das „*kon*" aus derselben sprachlichen Wiege stammt. „Katá" bedeutet „von...herab", „abwärts" oder „völlig" - ganz so wie es sich in den Begriffen „*Katabolismus*", „*Katastrophe*" und „*Katarakt*" verlautbar macht.

Der *Katabolismus* ist jene Teilstrecke des Stoffwechsels lebender Organismen, auf der die organischen Substanzen ihrer Körper wieder abgebaut und somit in ihre ursprünglichen Bestandteile zerlegt werden. In Analogie dazu ist auch der Kontakt ein dynamischer Umbauvorgang. Er wird nicht nur aufgebaut, sondern, solange er andauert, baut er Bestehendes ab. Er ist ein psychosozialer Prozess, also mehr als nur ein Zustand statischer Verknüpfung. Im „reinen" Kontakt werden bestehende psychische Strukturen katabolisiert; das heißt, es werden verfestigte seelische Muster, die zu charakteristischen Verhaltensschablonen geronnen sind, in wiederverwendbare Energien aufgelöst, sodass sich der Prozess der psychosozialen Umwandlung munter weiterdreht, so wie es das „meta" im „mit" schon verheißt. „Reiner" Kontakt ist vergleichbar mit der chemischen Reaktion zweier Substanzen, die im Reagenzglas unausweichlich aufeinandertreffen. In beiden Fällen entsteht durch die Begegnung des Unterschiedlichen etwas tatsächlich Neues.

Wer sich aus Kontakten also nicht heraushält, unterliegt dem Gesetz, dass das „meta" des „mit" auch für ihn gilt, zumindest soweit er den Kontakt tatsächlich wagt. Und er unterliegt dem Gesetz, dass er sich dem Wandel, den der Kontakt erzwingt, letztendlich überlassen muss.

„Katá" heißt aber nicht nur „abwärts", sondern auch „völlig". Bei der berühmten *Katastrophe* ging die Titanic, wie man sich mit Grauen erinnert, dröhnend, knarrend und vollständig im schwarzen Schweigen des Eismeeres unter. Wörtlich übersetzt heißt „Katastrophe" „die völlige Wendung". Statt dass das Schiff als unsinkbare Herrin der Meere den Triumph des Menschen über die Natur bezeugte, so wie man es bei seiner Abfahrt im Hafen Southhampton´s kühn voraussah, wendete sich das Blatt in einer Weise, die

---

zu sekundären Zwecken zu gebrauchen. Vielleicht will er Langeweile oder Trennungsängste vertreiben, vielleicht erhofft er sich geschäftliche Vorteile oder dass er auf diese Weise jemanden kennenlernt, dessen Glanz ihm weiteres Zweifeln an sich selbst erspart. Vielleicht hält er sich aus Angst vor dem Fallen auch bloß an allem fest, was ihm das Schicksal momentan noch nicht entreißen will. Indem er die immanente Dynamik des Kontakts jedenfalls für seine Zwecke zu zähmen versucht, missbraucht er den Kontakt mit dem Resultat, seine Lebendigkeit zu töten. Was übrigbleibt, sind bloß Beziehungsleichen.

den erhofften Triumph im Desaster vollständig scheitern ließ. Diese überraschende Vollständigkeit ist das eigentliche Wesen der Katastrophe.

Ein übereiltes Von-sich-Ablassen im Kontakt, die leichtsinnige Hingabe an das andere, so phantasiert an dieser Stelle das Unbewusste weiter, könnte in letzter Konsequenz zum völligen Untergang der individuellen Selbstbehauptung führen. Vielleicht wird es dem Ich, wenn es ganz einem Du begegnet, im Sog der Ereignisse, die dieser Begegnung folgen, vollkommen gleichgültig, ob es die Begegnung überhaupt als jenes Ich übersteht, das sich selbst vor der Begegnung so wichtig war. Der „reine Kontakt" erscheint als eine Katastrophe für jede partielle Identität.

Ein Indiz dafür, dass der Kontakt sich wie ein Fluss ohne Wiederkehr verhält, ergibt sich auch aus der semantischen Verwandtschaft des Begriffs mit dem Wort *„Katarakt"*. Katarakte sind Stromschnellen. Fließt das Leben schon außerhalb enger Kontakte beharrlich dahin, so wird die Fahrt erheblich beschleunigt und durch die Macht der Strömung unumkehrbar, je mehr sich das Boot dem „reinen Kontakt" annähert. So war die Fahrt der 'African Queen' ein Gleichnis dafür, dass sich die Lebensbahnen von Bogart und Hepburn im Sog der Stromschnellen so miteinander verwoben, dass daraus die Unumkehrbarkeit von zwei gemeinsamen Schicksalen entstand, deren Ausgang keiner von beiden vorausgesehen hätte.

Ist nicht der Tod erst die größte Hochzeit des Lebens, so fragt das Unbewusste sich bang', wenn sein Bewusstsein unbekümmerten Kontakt zum Bewusstsein eines anderen sucht, und sollten wir mit der Ankunft beim letzten der großen Ziele nicht besser warten, bis es dazu an der Zeit ist oder bis im Bewusstsein der Übermut dazu bereit steht, sich von der Illusion der Einzigartigkeit des eigenen Ichs tatsächlich ganz zu trennen?

Den Kräften, die nach Kontakt suchen, stehen Kräfte entgegen, die Kontakt aktiv vermeiden. Sinnvoll ist dieses Widerstreben sicher soweit, als dass das Ziel noch nicht erreicht ist, das Individuum mit der Einsamkeit der Existenz vertraut zu machen. Sinnvoll ist es darüber hinaus, weil Kontakt und Individuation in einer dialektischen Wechselbeziehung stehen und das eine das andere zum eigenen Werden braucht. Jeder gesunde Kontakt bekennt sich daher nicht nur zu den Werten, die man miteinander teilt und in denen man sich einig ist, sondern gibt ausdrücklich Raum für das, was vorerst nicht vereinbar ist und trennend bleibt. Kontakt setzt die Trennung derer voraus, die sich im Kontakt begegnen und je gelassener man die

Trennung ertragen kann, desto näher kommt man der Stelle, an der sich Kontakt und Trennung in etwas Neues übersteigen[11].

1.5. Grenzen

Vom Verb „*tangere*" bzw. dem gleichbedeutenden „*contingere*" wurde das „*Kontingent*" abgeleitet. Ein Kontingent ist ein wohldefinierter, also begrenzter Beitrag; zum Beispiel ein Truppenkontingent bei einer Friedensmission. Oder der Begriff meint eine zugeteilte Warenmenge, also etwas ähnliches wie eine Ration. Wegen der Verwandtschaft der Begriffe ist es zum besseren Verständnis des „Kontakts" sinnvoll, sich das Wesen des „Kontingents" näher vor Augen zu führen.

Im oben genannten Beispiel ist ein Kontingent ein begrenzter, wohldefinierter und umschriebener Beitrag zu einer Friedensmission. „*Definiert*" stammt vom lateinischen Verb „*definire*" und enthält das Wort „*finis* = Grenze". Die Vorsilbe „*de*" gehört zur Wortsippe um das Adverb „*zu*", dem auch das russische „*do* = *bis*" zugeordnet ist. Es meint eine Richtung, auf die zu etwas abzielt.

So sagt man: 'Samstag Nachmittag fahren wir *zur* Oma.'

Durch die wartende Oma wird das Ziel definiert und das glückliche Erreichen des Ziels durch einen selbstgebackenen Kuchen belohnt.

„Definiert" heißt also „auf-eine-Grenze-zu-und-bis-an-sie-heran". Man fährt zur Oma, aber man fährt nicht an ihr vorbei, denn dann würde der Kuchen seinem wahren Schicksal, dem Verzehr, entgehen und die Vorfreude der Oma auf die Ankunft ihrer Nachkommen müsste einen verschwiegenen Tod erleiden. Und noch weniger als an der Oma vorbei fährt man über sie hinweg. Denn dann wäre nicht nur die Freude der Oma, sondern sie selbst dem Tode geweiht. Bei einem wohldefinierten Kontingent ist von vornherein klar, dass man seine Grenzen nicht überschreiten sollte. Das Kontingent soll den Raum innerhalb seiner Grenzen füllen. Und mehr soll es nicht. Führt man sich vor Augen, dass eine Friedensmission aus verschiedenen Kontingenten besteht, versteht man den Sinn dieser Begrenzung und warum es gilt, sie geflissentlich zu respektieren. Indem sich die Kontingente an den Grenzen, die sie einhalten, gegenseitig berühren, ergänzen sie sich erst zum übergeordneten Ganzen der Friedensmission.

---

[11] Was man nur schwer mit einer Sprache beschreiben kann, die selbst erst den Kontakt des Getrennten betreibt.

Berührung und Komplexität setzen den Respekt vor jenen Grenzen voraus, deren Existenz sie erst ermöglicht. Zwar kämen die Kontingente auch dann miteinander in „Berührung", wenn sie ihre Grenzen nicht einhielten. Doch das wäre eher ein Aneinandergeraten als eine Berührung und es gäbe keine Friedensmission, sondern ein Schlachtfeld neuer Konflikte, auf dem die Kontingente um die Vorherrschaft miteinander konkurrierten. Aus den ursprünglichen Kontingenten wären neue Konfliktparteien geworden und die komplexe Mission würde von den entgrenzten Parteien zerschlagen. Die Bruchstücke, die daraus entstünden, wären nicht friedlich zu etwas Ganzem verzahnt, sondern im Streit ineinander verbissen.

1.6. Geometrie und Begegnung

Untersucht man weitere Abkömmlinge des Verbs „*tangere*", verspricht dies neue Facetten des zentralen Phänomens „Kontakt" zu erhellen. Leicht zu erkennen sind die Wörter „*Tangente*", „*tangieren*", „*Takt*", „*intakt*" und „*Tango*". Etwas mehr Phantasie braucht man bei „*integer*", „*taxieren*" und „*tasten*".

Eine *Tangente*, so erinnert man sich an den Geometrieunterricht, ist eine Gerade, die einen Kreis berührt. Der Tangens ist eine Winkelfunktion. Er bezeichnet den Abstand zwischen dem Berührungspunkt von Kreis und Tangente und der Schnittstelle dieser Tangente mit einer Geraden, die durch den Mittelpunkt des Kreises verläuft.

Bei der Untersuchung der Psyche und ihres Schicksals im Kontakt sollte man sich nun von perfektionistischen Ansprüchen an Eindeutigkeit und zwingende mathematische Präzision der Aussagen freimachen. Vielleicht ist die Psyche zwar eine Funktion und Erfindung der Mathematik[12], um das Nichts durch eine Schar origineller Insassen zu bevölkern, unser Horizont ist aber zu eng, als dass wir sichere Erkenntnisse darüber haben könnten. Wie die Erfahrung mit der Analyse psychischer Phänomene nämlich zeigt, greift alles, was der Verstand von der Psyche begreifen kann, zu kurz. Immer hat man den Eindruck, dass man zwar berührt, vermutet und

---

[12] Also ein Gefüge komplexer mathematischer Gesetze, die durch den logischen Zwang ihrer Koexistenz abstrakte Felder zum Dasein bringen, Felder, zu deren Eigenschaften es gehört, sich von den simplen Ausläufer ihres Daseins aus zunächst das Einmaleins und dann das Integral bewusst zu machen und auf diese Weise sich selbst zu einem Strahl des Wissens derart scharf zu bündeln, dass man damit zu aller Letzt durch alle Felder, die sich selbst verstehen, hindurch in jenen Abgrund leuchten kann, in dem sich jede Spur verliert.

erahnt, dass man Modelle erfindet, die manches gut beschreiben, aber man hat auch das Gefühl, dass der Verstand hoffnungslos hinterherhinkt, sobald man sieht, wie sich die Komplexität der Psyche jenseits des gerade eben abgesteckten Verstandeshorizonts schier endlos in neue Verästelungen erstreckt. Daher braucht man nicht vor hinkenden Vergleichen zurückzuschrecken und kann aus der Tangensfunktion der Geometrie auf die Gesetze des Kontakts schließen.

[13]Je nachdem in welchem Winkel die zweite Gerade den Mittelpunkt des Kreises kreuzt, schwankt der Tangens periodisch zwischen Null und Unendlich. Diese Schwankung entspricht gleichzeitig dem Winkel und der Ausrichtung, mit der die zwei Linien aufeinandertreffen. Laufen sie parallel, geht der Tangens gegen Unendlich. Treffen sie senkrecht aufeinander, ist er gleich Null. In der Mathematik beschreibt der Tangens die Nähe des Schnittpunkts vom Ursprung. Ist der Tangens Null, ist diese Nähe maximal. Es gibt also zwei Ausrichtungen, bei denen die Nähe maximal ist und bei zwei anderen kommt keine Berührung zustande. Diesen geometrischen Bildern entspricht eine Regel des Kontakts.

Bei der Begegnung entsteht maximaler Kontakt, also größte Nähe, wenn der eine unverstellt sagt, was er wahrnimmt und der andere ihm dabei zuhört, ohne durch übereilte Urteile voreilig Stellung zu beziehen; wenn der Zuhörer das Gehörte also ohne Angst und Abwehr in sich gelten lässt. Die Nähe ist allerdings nur maximal, wenn der, der spricht, den anderen durch seine Aussagen nicht beherrschen will und wenn der, der hört, nichts zu hören versucht, was er gezielt dazu verwenden könnte, sich des Sprechers

---

[13] Tun Sie sich den Gefallen und überspringen Sie diesen Absatz! Erstens kann der Versuch, geometrische Bilder in genießbarer Sprache darzustellen, als qualvoll gescheitert gelten und zweitens ist die morphologische Verknüpfung der Tangensfunktion mit den Regeln der zwischenmenschlichen Begegnung - bloß weil es zwischen den Begriffen etymologische Zusammenhänge gibt - eine arge Strapaze für das ästhetische Empfinden unseres assoziativen Verstandes. Selbst wenn der Weg über Hühnerfeld tatsächlich nach Rom führen sollte, gibt es keinen Grund, nicht darauf zu verzichten.
Warum ich selbst dann nicht darauf verzichte? Weil ich solange in den Plan verbissen war, das karge Niemandsland durch einen kühnen Brückenschlag zu überwinden. Zu groß war der Ehrgeiz, die Flüchtigkeit des Daseins zu entkräften, indem der Augenblick der Begegnung unverlierbar im ewigen Bestand mathematischer Gesetze verankert wird, als dass ich jetzt den Gleichmut hätte, der Übermacht, die mich zurückweist, mein Scheitern einzugestehen und das bemühte Konstrukt gelassen einzureißen. Da die Mathematik sich meiner Sehnsucht entzieht, will ich die Teilnahme an ihrem Königreich verweigern und draußen stoisch untergehen.

zu bedienen. Maximal ist also ein Kontakt, wenn man den anderen wie eine Tangente berührt, ohne in ihn einzudringen.

Kein Kontakt entsteht, wenn der eine dem anderen immer zustimmt, oder ihm stereotyp widerspricht. In diesen Fällen wird wirklicher Kontakt vermieden, obwohl er scheinbar stattfindet.

Wer immer zustimmt, ist dem anderen nicht gegenwärtig, sondern schlüpft in ihn hinein, weil er die Entfernung zu ihm fürchtet und weil er sein Gegenüber als Handschuh gegen die Unbilden des Lebens zu benutzen gedenkt. Er macht sich durch sein stellungsloses Ja so unangreifbar wie ein Torero, hinter dessen Tuch selbst die Wut eines Stiers immer nur ins Leere geht; und wer unangreifbar ist, ist auch unberührbar. Die Nähe des steten Ja ist eine versteckte Distanz, die die Verweigerung echter Präsenz verleugnet.

Wer andererseits stets widerspricht, dessen kritiklose Distanz ist keine Selbständigkeit. Sie ist Folge davon, dass ihm die Nähe nicht geheuer ist und er die Gefährlichkeit des anderen aus der Ferne besser zu kontrollieren hofft. Seine scheinbare Autonomie ist kein wirklicher Hafen der Sicherheit. Sie ist eine Folge der Angst, dass er sich aus lauter Sehnsucht kopfüber in eine Nähe stürzen könnte, die ihn schamlos missbraucht.

Mühsame Annäherungen durch handschriftliche Berechnungen mögen heutigen Mathematikschülern bei der Ermittlung der Länge des Tangens durch die simple Bedienung ihrer Rechnertastatur erspart bleiben. Wer nach echten Berührungspunkten beim Kontakt mit einem Partner sucht, muss sich die Mühe der schrittweisen Annäherung und der Überwindung seiner Ängste aber oftmals machen. Schrittweise ist die Annäherung deshalb, weil man bei der Begegnung nicht nur den anderen berührt, sondern weil man sich zum Berühren des anderen zuerst selbst finden muss. So springt man im Kontakt zwischen sich und ihm. Der „reine" Kontakt tanzt zwischen freiem Ausdruck und abgeschiedener Innerlichkeit hin und her.

Zwar kann man mit einer Portion geschulter Eloquenz und etwas Übung bei gesellschaftlichen Anlässen leicht Themen finden, über die es sich smalltalken lässt, doch verhindert diese Art der Flexibilität allzu schnell, dass man sich tatsächlich etwas sagt. Nur dem geübten Sprecher gelingt es ohne merkwürdige assoziative Sprünge, die sein Gegenüber irritieren könnten, vom Vorteil des Breitreifens bei scharfer Kurvenfahrt und dem unmöglichen Verhalten der Frau Kostermann beim letzten Betriebsausflug ins Sauerland auf wesentlichere Themen überzuleiten. Bleibt es im Gespräch bei jenen Themen, die der Zufall den schwatzenden Partygästen auf die Lippen legt, umgehen sie damit geschickt die Fallstricke des näheren Kontakts und das Gesagte tangiert sie in aller Regel nicht. Am Tag danach sind die Inhalte vergessen und es ist, als wäre nichts geschehen - was notabene gar nicht zu verachten ist, denn intensiver Kontakt wäre auf Dauer unerträglich.

1.7. Zwischen Hochmut und Stolz

Verlassen wir nun das Feld der Winkelfunktionen und wenden wir uns dem Verb *„tangieren"* zu! Das Verb verrät beim üblichen Gebrauch einen gewissen Hochmut des Sprechers, der, wenn er sagt 'Das tangiert mich nicht', sich glauben machen will, er schwebe königlich erhaben über jener Sache, die ihn doch tangieren könnte, wäre der Sprecher nicht aus einer verleugneten Furcht heraus auf der Flucht vor ihr. Wäre Kontakt, in dem jedes Tangieren erst wirklich wird, nicht ein Feld, auf dem auch um Erhabenheit, Ausgeliefertsein und persönliche Autonomie gefochten würde, hätte der Sprachgebrauch dem Wort „tangieren" nicht diese illusionäre Note unantastbarer Unberührbarkeit gegeben, in der sich der, der sich für untangierbar hält, in einer trügerischen Sicherheit geborgen wähnt.

Tangiert, und zwar in einer Art und Weise, die durch feste Regeln vor Schamlosigkeit schützt, wird auch beim argentinischen *Tango*. Mehr noch als die erhitzten Körper berühren sich bei diesem Tanz zwei stolze Krieger der Erotik. Da es beim Tango mehr um die wachsam tastende Berührung des einen ungebrochenen Willens mit dem anderen geht, empfände man es als taktlos, wenn die Hände der Tänzer den heiligen Bann der erotischen Spannung durch nachlässiges Tasten am Körper des Partners durchbrechen würden und die Erotik[14] der Begegnung im billigen Abgrund libidinöser Verbrüderung unterginge.

Auch bei dem Kontakt, der nicht wie der Tango im Takt der Gitarren schwingt, geht das wahre Wesen der Begegnung unter, wenn man sich zu schnell erlaubt, in die Schwerkraft der Gemeinsamkeit zu kollabieren. Sehr oft geschieht das in der Psychotherapie, wenn es der Therapeut nicht schafft, trotz der Begegnung, mit sich selbst allein zu sein und er sich in eine konventionelle Freundlichkeit zu seinem Klienten flüchtet. Die therapeutische Wirksamkeit profitiert von einer differenzierten Distanz, aus der heraus der Therapeut sagen kann, was er für richtig hält, ohne sich in den Fallstricken persönlicher Beziehungsinteressen zu verheddern.

Im Beziehungsleben der privaten Art gilt für das Überleben der Erotik die gleiche Grundbedingung; dass man sie nicht in einem Übermaß gemütli-

---

[14] Wenn man dem Tango glaubt, ist Erotik eine Form der Begegnung freier Mächte. Sie droht mit Waffen, um den zu finden, der sich der Drohung nicht beugen will.

chen Beisammenseins ertrinken lassen darf. Denn Erotik lebt davon, dass sie Grenzen überwinden will und sie stirbt, wenn man Grenzen ein für alle Mal beseitigt hat.

1.8. Tasten und taxieren und die ewige Crux mit dem Selbstwert

Das Verb „*tasten*" ist ein Lehnwort aus den romanischen Sprachen und im Deutschen erst seit mittelhochdeutscher Zeit belegt. Es lässt sich bis zum lateinischen „*tastare*" zurückverfolgen, das selbst mit dem Verb „*taxare* = prüfend betasten, im Wert abschätzen" verwandt ist. Das lateinische „taxare" gibt es heute noch im Deutschen - als das Fremdwort „*taxieren*".

Wenn ein Pianist im Rausch seiner begnadeten Sinne wie ein Trunkener in die Tasten greift, entlockt er dem Klavier die musikalisch verschlüsselte Sprache leidenschaftlicher Gefühle. Durch das Berühren der Tasten werden Klänge erzeugt, die die Emotionen des Komponisten noch Jahrhunderte nach seinem Tod bis in die gerührten Seelen der Zuhörer trägt, so als sei die Seele des Toten in direktem Kontakt mit der der Lebenden. Mit offenen Ohren und erweiterter Seele ertasten die Hörer, was den Komponisten in seiner verzückten Verzweiflung bewegte: die Tragik der Sehnsucht, das Leid der Liebe und der Zorn der Entehrten. Sie entdecken, dass es dasselbe war, was heute den Pianisten und sie selbst bewegt. Von vibrierender Erkenntnis berauscht stellt der Hörer fest, dass er nicht wirklich Meyer, Schulze oder Henkensiefken heißt und Mozart weder Mozart noch Beethoven Beethoven, sondern dass er dieselbe Tragik, dieselbe Liebe und derselbe Zorn ist, die heute wie vor zweihundert Jahren um die Luft zum Atmen ringt. Wie bei diesem akustisch vermittelten, ertastet man bei jedem Kontakt ein Stück der Wirklichkeit, indem man den anderen als ein wahrhaftiges Gegenüber erfühlt.

Jedes Tasten ist im gleichen Zuge ein Taxieren. Schon die frühesten Tastorgane, die ein erstes Stückchen Welt erfassten, zarte Zilien an den Leibern ozeanischer Mikroben, taxierten, was sie im Urmeer zu ertasten bekamen. Taxieren meint „im Wert abschätzen" und die Wertskala, an der die Mikroben ihre Umwelt maßen, war die Verwertbarkeit der ertasteten Strukturen für den Aufbau körpereigener Substanz. Ginge es nicht um Verwertbarkeit, würde nicht alles, was ertastet wird, auch abgeschätzt, wäre das Tasten überflüssig. Dabei ist das Tasten nach möglichen Gefahren und Hindernissen nur eine spezielle Variante des Taxierens der Verwertbarkeit.

Im Kontakt zwischen zwei Menschen gibt es daher nicht nur jene Kräfte, die ein Miteinander schaffen, dessen Strudel jeden mit sich reißt, sondern diesen Kräften teilweise widerstrebend, taxiert ein jeder, was er vom anderen zu Betasten bekommt. Er prüft, was der andere für ihn wert sein kann, und er prüft, wie hoch sein eigener Wert für den anderen ist. Die Frage nach dem Eigenwert, die die Menschen schon immer heftig plagt, ist nicht erst ein psychologisches, sondern bereits ein biologisches Problem und wie man später sehen wird, ragt die Biologie als eingefleischte Hypothese der Wahrheit aus dem ontischen Abgrund in ihre Existenz hinaus. So entsteht die Thematik des Selbstwerts in der Psyche weder als Folge einer normalen Entwicklung, noch als Folge frühkindlicher Störungen. Sie wird vielmehr in der Psyche sichtbar, obwohl es sie unsichtbar bereits vorher gab. Sie kann daher auch nicht mit Mitteln aufgelöst werden, die irgendwem zur Verfügung stünden und es gibt keine menschlichen Manöver und keine seelischen Prozesse, die das Problem endgültig lösen könnten; weder durch den Erwerb so großer Kompetenzen, dass die Frage nach dem Eigenwert endgültig mit „Ja" beantwortet wird, ohne dass es dem so „geheilten" Narzissten jemals wieder drohen würde, an seinem Wert zu zweifeln, noch durch das „Durcharbeiten" früher Traumata, das die Frage als bloß pathologisches Konstrukt auflösen könnte. Der Narzissmus ist nicht zu beseitigen, sondern nur zu verstehen; und am besten schüttelt man lästige Größenphantasien und Minderwertigkeitsgefühle ab, indem man sie gelassen zur Vorläufigkeit des Daseins zählt. Ein tragfähiges Selbstwertgefühl wird, nachdem man die biographischen Wurzeln der ängstlichen Zweifel daran versteht, erst dadurch erworben, dass man sich im gewagten Kontakt authentisch bewährt; denn die Realität kann durch reine Simulation nicht verwirklicht werden.[15]

1.9. Rhythmus, Raum und Psyche

Vielschichtig sind die Hinweise auf das Wesen des Kontakts, die sich aus der Analyse der beiden Wörter *„Takt"* ergeben. „Takt" ist einmal Rhythmus, Muster und Zeitmaß, zum anderen ein Benehmen feinfühliger Zurückhaltung und schicklichen Anstands. Und obwohl das zunächst ganz unterschiedlich klingt, sind beide Varianten in etymologischer Hinsicht eineiige Zwillinge.

---

[15] Nicht die Psychotherapie ist folglich die eigentliche Therapie, sondern die Wirklichkeit. Die Psychotherapie ist nicht das, was heilt, sondern ermutigt dazu, sich dem eigentlich heilsamen Agens - der Wirklichkeit - zu stellen.

Oberflächlich betrachtet liegt die Verknüpfung des Takts, dem ein Musikstück folgt und dem Verb *„tangere"* in der Berührung, mit der der Musiker den Rhythmus mit seinem Taktstock auf den Rand des Notenständers schlägt. Blickte man nicht tiefer in den Sinn und das Gefüge der weltlichen Bezüge, könnte man meinen, es sei nur der Zufall eines physikalischen Gesetzes - dass das Klopfen nämlich ein Geräusch erzeugt - der den Rhythmus der Musik mit dem Wesen des Kontakts verbindet. Musik und besonders der Rhythmus löst im Menschen jedoch Veränderungen aus, die man als ein besseres In-Berührung-kommen-mit-sich-selbst bezeichnen könnte. Musik erleichtert es, durch das Empfinden schwingender Zeiten und Räume, uns selbst als eine bebende Ganzheit zu erleben und so mit jenem Grund in unserer Tiefe in Kontakt zu sein, der durch das Einssein mit dem Klang der Rhythmen begriffen wird und gleichzeitig unantastbar für den Zugriff bleibt. Wäre man ganz für den Kontakt mit dem wahren Wesen der Welt bereit, könnte man sich in die Musik hinein und aus der irdischen Gefangenschaft hinweg entbinden und wenn es richtig wäre, ließe man so, was hässlich an der eigenen Enge ist, als belangloses Beiwerk zurück. Derwische, die sich stundenlang dem Takt gleichförmiger Tänze überlassen, hoffen auf diesen Effekt. Sie suchen im endlosen Takt des Tanzens nach der mystischen Verbindung mit dem, was sie aus der geizigen Einsamkeit ihrer irdischen Identität befreit. Würde sich ein Derwisch in eine pulsierende Transparenz verwandeln, die sich dem Rhythmus überlässt, der sie selbst ist, hätte er sein Ziel erreicht. Doch dem Menschen im Derwisch fehlt dazu der Mut.

Wäre alles oder irgend etwas Beliebiges wahr, wären Menschen autistische Inseln in der Einsamkeit und sie verlören sich in den Simulationen ihrer Phantasie. Menschen können sich aber tatsächlich begegnen. Das liegt daran, dass es eine Wahrheit[16] gibt, auf deren Boden man mit sich selbst und mit dem anderen in Kontakt sein kann. Und nur auf dem Boden dieser Wahrheit kann man sich tatsächlich begegnen. Die musikalischen Aspekte der Wahrheit, mit denen man selbst je nach Stimmung in Resonanzschwingung kommt, sind kein Stakkato beliebiger Geräusche, sondern bestimmte Rhythmen, die offensichtlich sowohl mit mathematischen Symmetrien als auch mit dem Erlebnis bewussten Empfindens in Übereinstimmung sind.

---

[16] Menschen und Gespenster begegnen sich nicht, weil Gespenster, wenn es sie denn gibt, sich in jenen Dimensionen aufhalten, in denen der Geist nicht an einen Körper gebunden ist und sich daher um materielle Profanitäten nicht zu kümmern braucht. Unsere Form des Geistes lebt in einer Welt, in der Wahrheit an jenem Maßstab gemessen werden kann, der das Dasein auf körperliche Präsenz vertrauen lässt. Wirkliche Begegnungen der normalen Art sind nur in jener Spanne Wahrheit möglich, deren Extrem 'Sein oder Nichtsein' heißt.

Die Takte der Musik, 2/4, 3/4, 7/8, 12/8 und so weiter, sind Ausdruck dafür, dass das was ist, im Kontakt mit einer Wahrheit steht. Das bewusste Sein ist der Kontakt der Dinge und die Dinge suchen sich, weil sie im Geist miteinander auf ihrer Hochzeit tanzen.

Takt ist die Einteilung in eine Folge schwerer, betonter und leichter, unbetonter Zeitintervalle und ihre Zusammenfassung in Gruppen von gleicher Dauer. Auch der Kontakt gelingt infolge davon nur, wenn er zwischen Schwere und Leichtigkeit frei schwingen kann. Versucht man den Kontakt mit zu viel Ernst und Nachdruck zu erreichen, führt der gute Vorsatz in die bedrückende Atmosphäre eines Klosters, in welches man Gott durch die scheußliche Mühsal eigener Gottgefälligkeit herbeizuzitieren gedenkt[17]. Befreiung aus dem Verlies solch vorsätzlicher Tugend verspricht zum Beispiel ein gelungener Witz, der den Vorsatz der Tugend als biederen Kleingeist entlarvt.

„Takt" als Bezeichnung von Feinfühligkeit, Schicklichkeit und zurückhaltendem Anstand benennt ebenfalls die Berührung als das tragende Element seiner selbst. Taktvoll ist eine Haltung nur, wenn sie im angemessenen Maße berührt, ohne dabei grob zu überrumpeln. Der Unterschied zwischen taktvoller Berührung und taktlosem Zugriff liegt in der unterschiedlichen Intention. Die Berührung wendet nicht mehr Kraft auf, als sie braucht, um den anderen auf die eigene Präsenz aufmerksam zu machen. Der Zugriff ist taktlos, weil er nicht die Aufmerksamkeit des anderen intendiert, sondern ihn zum Mittel irgendwelcher Zwecke machen will.

Überhaupt nicht zu berühren, wenn ein anderer in Reichweite ist, kein Gruß, kein Blick und keine kleine Geste, ist besonders taktlos, denn nicht zu berühren heißt 'Ich übersehe dich', womit man wortlos sagt: 'Im Grunde bist Du nichts, was als etwas zu erkennen wäre'.

Solche Taktlosigkeit gehört mancherorts so explizit zum kulturellen System, dass man nichts Anstößiges dabei empfindet, sie als Selbstverständlichkeit zu benennen. Um zum Ausdruck zu bringen, dass manche Menschen von vorn herein nicht zur Gemeinschaft gehören, heißen die Mitglieder der untersten Kaste Indiens „Unberührbare". Von einem orthodoxen Brahmanen werden Unberührbare sogar dermaßen verachtet, dass er nicht mehr weiter isst, wenn der Schatten eines Unberührbaren auf sein Essen fiel. Dass er allerdings selbst durch den harmlosen Schatten des von ihm so Verachteten so tief berührt werden kann, dass es ihm den Appetit vergällt, ist der ironischer Gegenschlag einer gewitzten Wirklichkeit, die sich den albernen Hochmut der Brahmanen nicht ohne Bestrafung bieten lässt.

---

[17] Der Bursche soll sich gefälligst in der Sakristei melden, wenn ich ihn denn schon anbete!

1.10. Integration

Zur etymologischen Analyse des Wortes „*Kontakt*" zählt auch die Untersuchung der Begriffe „*integer*" und „*intakt*". In beiden begegnet uns das bekannte Verb „*tangere*" in einer verneinten Form. In beiden geht ihm die Silbe „*in*" voran, eine sprachliche Variante der Vorsilbe „*un*". Ausgehend vom Wort „integer" interessiert im Zusammenhang mit dem Kontakt hier auch die „*Integration*".

Voreilig gedacht könnte man meinen, dass Wörter, in denen das Verb „tangere" die Berührung zwar benennt, in denen sie aber von vorn herein verneint wird, mit dem Kontakt selbst nichts zu tun haben. Weit gefehlt! So wie Jin und Jang nicht ohne einander können und sich in jedem eine Spur des anderen findet, so hat Kontakt, also Berührung, durchaus etwas mit Integrität, das heißt mit Unberührtheit zu tun und erst recht etwas mit Integration.

„Integer" und „intakt" sind weitgehend synonym. Übersetzt bedeuten beide „unberührt, unversehrt, ganz". Unterschiedlich sind weniger die Bedeutungen der verschwisterten Wörter, sondern dem Sprachgebrauch hat es in den Jahrhunderten seiner Entwicklung gefallen, sie üblicherweise an unterschiedlichen Stellen zur Anwendung zu bringen. „Intakt" können die verschiedensten Dinge sein: Radios, Landschaften, Herzklappenfunktionen, dörfliche Lebensgemeinschaften. Der Begriff „Integrität" bezieht sich dagegen fast nur auf Persönlichkeiten, deren Handlungsweisen und Absichten.

Trotz der teilweisen Synonymität ergeben sich bei genauem Hinhören diskrete Unterschiede. Das Intakte war bereits unberührt, der Integere ist es erst geworden. Intakte Landschaften waren solange unberührt, bis sie von ihren nicht so ganz integeren Bewohnern zerstört wurden.

Leicht zu erraten ist, dass der Begriff „Integration" „Ergänzung" oder „Einbindung" meint, also ein Herstellen von Unversehrtheit und ungerührt in sich ruhenden Ganzheiten. Kontakt, so lautet hier die These, ist integrativ. Je nach dem Motiv, das dem Kontakt zugrunde liegt, gibt es unterschiedliche Unvollständigkeiten, deren Ergänzung er anstrebt.

Hungrige nehmen Kontakt zur Bäckersfrau auf, damit die erworbenen Brötchen den absinkenden Nährstoffpegel in Magen und Blutbahn ergänzen.

Gelangweilte besuchen den Freund, damit dessen Ideen den momentanen Mangel an belebenden Impulsen behebt.

Kranke kontaktieren ihren Arzt, damit der sie fragt 'Na, wo fehlt´s uns denn?' und der versehrten Gesundheit zur Heilung (whole = ganz) verhilft.

Mystiker schließlich suchen den Kontakt zu Gott, weil sie Erlösung von der tragischen Halbheit des Daseins erwarten. In Gott werden sie ohne Ende glücklich sein; so hoffen sie, bereit sich ganz dem Ganzen hinzugeben.

2. Berührung

Früher hatten die Treidelpferde an der Ruhr große Mühe, Lastkähne vom Rheinland flussaufwärts bis nach Westfalen zu ziehen, denn überall dort, wo er nicht durch Stauwehre bezwungen war, hatte der Fluss eine kräftige Strömung. Vom Leinpfad aus, auf dem sich damals die Gäule mit saurer Arbeit Hafer verdienten, sieht man heute im Frühjahr behelmte Kanuten die Rolle seitwärts durch die verbliebenen Strudel drehen, um den erfrischenden Kunstkniff für die geplante Bootstour an der Ardèche ein wenig einzuüben. Die strudelnde Strömung, in die der Kopf der wackeren Kanuten taucht, war es, die dem Fluss ursprünglich seinen Namen gab. Die „Ruhr" heißt eigentlich die „Rührige". Die Ruhr ist ein lebhafter Fluss und wälzt sich nicht bloß faul in ihrem Bett!

Der Einfluss des Menschen auf das muntere Gewässer hat aber nicht nur der Schifffahrt zuliebe zu Aufstau und Kanalisierung geführt, sondern auch zu Einflüssen aus modrig riechenden Kanälen, die sich im Schutz der mit Indischem Springkraut und Herkulesstauden bewachsenen Böschung verschämt in die Umwelt ergießen und deren Wasser - entnähme man Proben daraus - bösartige Schmuddelbakterien und fiese Amöben enthielte, die im ungünstigen Falle beim Kanuten eine „Ruhr" auslösen könnten; falls dieser unter Wasser seine Lippen nicht verschlossen hält. Hierbei handelt es sich nicht um den Fluss, sondern um die Krankheit „Ruhr".

Der Name der Krankheit entspricht sprachhistorisch dem des Flusses, durch dessen verseuchtes Wasser sie möglicherweise verursacht wird. Bei der schmerzhaften Durchfallerkrankung rumort es derart heftig im Gedärm des Opfers, als rühre ein boshafter Sumpfgeist mit einem rostigen Dreizack in den Eingeweiden herum, sodass der Nahrungsbrei des Kanuten so schnell wie strudelndes Wasser durch die gereizten Schläuche fließt.

2.1. Be, bei, beide

Spaziert man entlang des Leinpfads und lässt die Gedanken von der Phantasie der ewigen Strömung gelassen in die Ferne tragen, denkt man womöglich bald nicht mehr an das burleske Bild vom kranken Kanufahrer, sondern man denkt über die Zusammenhänge nach, die den Fluss mit den „Berührungen" verbinden, die sich in der trächtigen Ferne ereignen könnten. Man erkennt, dass das Wort „Berührung" aus zwei Teilen besteht und dass mit deren erstem so manches deutsche Verb beginnt.

„*Be*", die vielsagende Silbe zu Beginn des Wortes „*Berührung*", ist die tonlose Form des Wortes „*bei*". „Berühren" heißt ursprünglich „*Beirühren*". „Bei", so haben wir im vorangehenden Kapitel gesehen, wurzelt im indogermanischen „*ambhi* = um... herum" und ist von dort aus mit den Begriffen „*beide*" und „*Ambivalenz*" verwandt. Die „Berührung" ist mehr als die völlige Aufhebung eines Abstands. Ihre Zielrichtung führt nicht nur heran, sondern jede Berührung führt bereits darüber hinaus.

Dies scheint dem, was dem Kontakt bei der Erörterung seiner etymologischen Verwandtschaft mit dem Wort „Kontingent" zugeschrieben wurde, zu widersprechen. Dort wurde ausdrücklich betont, dass es zum Wesen des Kontakts gehört, Grenzen einzuhalten, weil es der kuchenbackenden Oma, die als Beispiel zitiert wurde, nicht gut bekäme, von der heranrückenden Verwandtschaft überfahren zu werden. Dass die Berührung nun aber doch als Beirührung Grenzen überwindet, kann nur als antithetische Bereicherung des bisher gewonnenen Bildes gelten. Offensichtlich ist „Kontakt" ein vielschichtiges Phänomen. Der Kontakt ist ein Spiel um Grenzen und umfasst Ebenen, auf denen er diese fein säuberlich einhält und andere, auf denen er sie überschreitet.

Wenn die Verwandtschaft bei der Oma ankommt, ist sie einerseits Grenze, die man durch das Anhalten respektiert und deren Wert man durch das Ritual der Begrüßungsküsse symbolisch anerkennt. Andererseits ist es aber gerade das punktgenaue Einhalten des Respekts, der im Kuss ohne Aufdringlichkeit gipfelt, was die gerührte Oma in ihrer Tiefe erreicht. Kontakt findet nicht nur an der Oberfläche statt, er greift in die Tiefe und zwar am meisten dann, wenn er fraglos respektiert, was der Oberfläche an Unversehrtheit zusteht.

In den Verben „befolgen", „befördern" und „begleiten" weist die Vorsilbe „be" auf die räumliche Ausrichtung einer Tätigkeit hin. Ein Rat wird befolgt, die Post befördert und die Freundin mit lüsterner Gier in Lippen und Lenden nach Hause begleitet.

An anderer Stelle benennt die Silbe eine allgemeine Einwirkung auf Sachen und Personen, deren besondere Art im zweiten Teil des Verbs erklärt wird. Beispiele sind die Wörter „bemalen", „begießen" und „begünstigen".

Gemeinsamer Nenner der Verben mit „be" ist zunächst der klare Respekt vor der Integrität jener Sache, über deren Grenzen hinweg die Einwirkung vorstößt. Sowohl beim „Bemalen", als auch beim „Begießen" und „Begünstigen" wird das, was bemalt, begossen oder begünstigt wird, durch den Vorstoß nicht eigentlich verletzt. Vielmehr dient der Vorstoß dazu, es der bemalten Leinwand, der gegossenen Blume, dem begünstigten Freund zu erleichtern, ihr wahres Wesen zu erfüllen.

Was jedoch gut gehen kann, das kann auch missraten. Daher schimmert bei der Vorsilbe „be" - mal mehr, mal weniger - die Möglichkeit durch, dass der Vorstoß, von dem die Silbe spricht, sein eigentlich solidarisches Ziel verfehlt. Dann mischt sich in die Unschuld der reinen Berührung der Schatten eines egoistischen Missbrauchs hinein.

Mal bleibt der, der einwirkt, samt seiner Eigenschaften und Motive verdeckt im Hintergrund, mal wird sein Eigeninteresse schon auf Anhieb deutlich. So hat Circe Odysseus becirct, weil sie ihn auf ihrer Insel festhalten wollte. So begehrt der Liebhaber seine Braut, weil seine Begierde nach ihr lechzt. Und so beherrscht der Herrscher sein Reich, um sich daran zu bereichern. In jedem der drei Fälle wird zwar eine gewisse Wertschätzung spürbar, die der Liebhaber, der Herrscher und Circe ihren Objekten entgegenbringen, die Wertschätzung bleibt aber einseitig im Nutzen für das aktive Subjekt verankert.

Vielleicht ist es nur Zufall, dass in den genannten Beispielen so viel Ambivalenz zum Ausdruck kommt. Vielleicht gehört Zwiespältigkeit jedoch durch die Verwandtschaft der Vorsilbe „be" mit dem indogermanischen „ambhi" zum grundsätzlichen Wesen aller Verben, die mit „be" beginnen; so wie sie zu jedem Beginn überhaupt gehört.

Auch im Verb „bleiben" taucht die Silbe „be" wieder auf; hier im Sinne eines „Versehens-mit", wobei das „e" allerdings tonlos wurde und dann ganz weggefallen ist. „Bleiben" heißt eigentlich „be-leiben". Es meint, dass man die Gegenwart durch sein weiteres Dasein „be-leibt".

Noch mehr Klarheit kann man gewinnen, wenn man den Begriff „Leib" etymologisch untersucht, dabei auf das Verb „leben" stößt und man so erkennt, dass das „Bleiben" ein „Beleben" ist. Verlässt man als letzter einen Raum, dann ent-leibt man ihn folglich, was zu lebhaften Spekulationen über die Existenzbedingungen physikalischer Phänomene führen kann - sobald man sich erlaubt, mit dem anscheinend Absurden gedanklich zu spielen.

Der Begriff des „Entleibens" lässt zwei Interpretationen zu: Zum einen kann man ihn in Analogie zum „Entwässern" deuten, also als das

Entfernen einer materiellen Substanz aus einem physikalischen Feld. „Entleiben" heißt aber auch „umbringen". Verbucht man den Gleichklang der beiden Sinnfacetten des Entleibens nicht unter dem Etikett belangloser Zufälle, könnte man daraus schließen, dass zu den konstituierenden Faktoren des Raums die Präsenz eines Subjekts gehört und dass durch dessen Weggang der Raum nicht mehr im selben Sinne räumlich ist, wie man ihn gemeinhin kennt. Ein weiteres Indiz dafür wäre, dass die Raum-Zeit einerseits eine physikalische Einheit bildet und dass das Präsens der Zeit andererseits stets mit der Präsenz jenes Subjekts zusammenfällt, welches dann „jetzt" sagt.

„Prae-esse", die gemeinsame lateinische Quelle von „Präsens" und „Präsenz" heißt „vorne sein". Als Präsens erscheinen jene Aspekte der Raum-Zeit, die dem Blick des präsenten Subjekts vorliegen. Dass dem Subjekt ein so winziger Ausschnitt der riesigen Raum-Zeit so übergroß vor Augen liegt, lässt - wenn man eine teleologische Perspektive nicht von vornherein als reine Hypothese von der Hand weist - vermuten, dass das Erkennen von Details die wesenhafte Geschäftigkeit des menschlichen Bewusstseins bestimmt und dass das Jetzt einer punktuellen Gegenwart als besondere Form des objektiven Aufscheinens der Wahrheit erst mit dem bewussten Ich entsteht. Die Gegenwart wird vom Ich nicht bloß erkannt, sondern das Ich ist konstitutives Element der Situation, die als Ich von sich weiß. Das Ich entsteht, weil sich die Elemente der Situation, die es ist, begegnen und die Gegenwart, weil es das Wesen des Ichs ist, in dieser Begegnung gegenwärtig zu sein. Die Gegenwart ist ein Ausschnitt, der als gemeinsamer Nenner aller Ichs und als ihre Summe in das Ganze eingewoben ist.

2.2. Kochtopf und Zen

Egal, was von all den erdachten Abstraktionen stimmen mag, sicher ist jedenfalls, dass beim Beerben der Erbe mit Erbschaft bedacht wird und bei der Befreiung der Befreite mit Freiheit. Folglich wird bei der Berührung das Berührte mit „Rührung" versehen. Klarer ausgedrückt heißt das: Wer berührt, rührt das Berührte um. Wer berührt, wirkt damit immer schon ein.

Gerührt wird häufig in der Küche. Beim mexikanischen Bohneneintopf dünste man zunächst die Zwiebeln. Dann brate man das Hackfleisch an und gebe beides in einen Topf. Während man sich sonst beim Kochen vor dem Einsatz von Konserven hüten sollte, darf man hier zum allgemeinen Hausgebrauch getrost zu Bohnen und geschälten Tomaten aus der Dose greifen, ohne dass man sich dadurch bereits als willfähriger Knecht der Lebensmittelchemie disqualifizieren würde. Nehmen Sie aber bitte nicht nur Kidneybohnen. Auch weiße Bohnen und dicke Saubohnen schmecken gut, besonders wenn man nach einem langen Winterspaziergang ausgehungert, mit roter Nase und klammen Fingern nach Hause kommt. Gewürzt wird der Eintopf mit viel Pfeffer, etwas Knoblauch und frischen Kräutern[18] von der Fensterbank. Damit das Chili nicht anbrennt und sich die Zutaten saftig blubbernd im magmatischen Abgrund vermengen, muss man bei schwacher Hitze häufig tief im Topfe rühren.

Indem man rührt, bringt man etwas in Bewegung. Dabei bleibt die Bewegungsrichtung des Kochlöffels unbestimmt und ohne erkennbares Ziel. Mal kreist er weit, mal schnell und eng. Dann wechselt er die Richtung, macht einen kessen Schlenker, kippt schräg zur Seite und hebt schlingernd das Gemüse, das eben noch am Boden des Topfes Hitze zog. Zuletzt zieht er entlang einer schön geschwungenen Achterbahn, dem Zeichen der heiligen Vermählung in Unendlichkeit.

Einen erkennbaren Bewegungsvektor, den man durch das Rühren einbrächte, kann man jedenfalls nicht berechnen, da man durch das Rühren nichts Ganzes von hier nach dort bewegt, sondern Bewegung in das Ganze bringt. Wer rührt, vermengt und vermischt, wobei er es dem umgerührten Inhalt des Topfes überlässt, was letztendlich aus ihm werden wird. Wer rührt, bringt durcheinander und wühlt auf, damit das Aufgewühlte in seinem Inneren nach einer höheren Ordnung sucht. Das Rühren fördert die Eigendynamik im Topf, aber es bestimmt sie nicht. Es fördert das Garen der Speise, ohne dass es das grundlegende Wesen des Resultates bestimmt. Sind die Zutaten eingebracht, entsteht im Kochtopf jenes Gericht, das aus den gegebenen Zutaten entstehen muss und kein noch so wildes Rühren könnte

---

[18] Denkbar sind Thymian, Rosmarin und Oregano. Doch Vorsicht! Denkbar sind auch andere Variationen. Kochen sie deshalb niemals stur nach Rezept! Rezepte sind Erfahrungsberichte anderer Köche. Sie sind keine Dienstanweisungen aus dem Fundus eines kulinarischen Gesetzgebers. Auch wenn Sie beim Kochen durch achtsame Komposition letztlich zur selben Mischung der Zutaten kommen, wie tausend Köche vor Ihnen, wird das Essen, wenn es selbst komponiert wurde, besser schmecken, als wenn es eine sklavische Kopie fremder Originale ist. Rezepte lese man so, wie man einen Reisebericht studiert. Wer den Sudan bereisen will, wird doch wohl nicht dieselben Etappen absolvieren wie Brehm im 19. Jahrhundert. Natürlich hat man mehr von der Sudanreise, wenn man vorher Brehms Bericht gelesen hat, aber nicht, wenn man mit dem Buch in der Hand jeden seiner Schritte nachvollzieht. Bekämpfen Sie die Sklaverei nicht nur in der großen Welt, sondern mit dem Kochlöffel in der Hand bereits im Kleinen!

aus einem Chili con Carne eine Pekingente machen. Indem man rührt, stellt man also lediglich sicher, dass das, was werden könnte, tatsächlich gelingt.

So ist das richtige Rühren, das nicht mehr will, als sein bescheidenes Maß gelassen zu erfüllen, ein alltägliches Ritual im Dienste der einfachen Wahrheit. Richtiges Rühren ähnelt einer japanischen Teezeremonie und wird mit voller Achtsamkeit erbracht. Der Koch verfällt in eine absichtslose Trance, in der er ganz beim Rühren ist und das Ergebnis seiner Tat und die Bestimmung der Bewegung, die im Geschehen liegt, der kosmischen Ästhetik überlässt. Der wahre Koch vergisst beim Rühren einen heiligen Moment lang, dass er essen wird. Er lässt sich zum Werkzeug eines Vorgangs weihen, dessen Ausgang Milliarden Jahre lang das Schicksal der Welt ein Quäntchen mitbestimmt. Er vergisst, dass sein Rühren anderen Zwecken dient, als der Ordnung des erhabenen Kosmos im emaillierten Tempel eines profanen Kochtopfs zu huldigen und wenn sein Löffel klingend gegen die Flanken der Kasserolle schlägt, hört er nur den Gong zu seinem täglichen Gebet[19].

Würde ein Koch nun doch versuchen, das Chili in eine Pekingente zu verwandeln, indem er mit dem Rührlöffel den Inhalt des Topfes in einer Weise traktiert, die am einfachen Wesen des Rührens vorbeigeht, käme er damit nicht ans Ziel. Er würde schlimmstenfalls erreichen, dass die Wirklichkeit durch ein missratenes Chili die Kapriolen seines Löffels als unnützen Hochmut entlarvt.

2.3. Berührung, Erziehung, Verzerrung

Beim Ich-und-Du-Kontakt wirkt die Berührung während ihrer jungfräulichen Phase in einer ähnlichen Art. Sobald ein Kontakt zwischen zwei Menschen besteht, sobald der eine die Präsenz des anderen in seiner Gegenwart bemerkt, kommt es durch die reine Begegnung - bevor also irgend ein Inhalt beredet und verhandelt wird - zur Beirührung von unbestimmbaren Bewegungsimpulsen, deren Auswirkungen kaum vorherzusehen sind; geschweige denn, dass man sie gezielt beherrschen könnte. Die Präsenz des anderen wirkt bereits, ohne dass sie einen spezifischen Charakter bräuchte. Meist wird dieser Modus der Begegnung so gut wie nicht bemerkt und achtlos übergangen.

Die Folgen dieser Unachtsamkeit und die schmerzliche Erfahrung, die daraus resultiert, bleibt ehrgeizigen Eltern am wenigsten erspart. Keine an-

---

[19] Da ist die Aussage bereits ihre eigene Parodie. Was ihre Richtigkeit jedoch keineswegs tangiert.

dere Beziehung wird wie die zwischen Eltern und Kind so sehr vom Irrglauben belastet, dass Begegnung kein Bewusstsein der Existenz eines tatsächlich anderen ist, sondern die Grenzen zwischen sich und ihm prinzipiell überschreitet. Bei der Erziehung wird notorisch gemeint, dass der eine im anderen so viel wie möglich mit Absicht bewirken soll. Dabei spürt erst der, der in der Gegenwart eines anderen nichts anderes mit ihm tut, als für ihn wach zu sein, mit voller Wucht, dass es jenseits aller Masken einen echten Abgrund gibt.

Bei der Geburt ihrer Kinder haben viele Eltern Ziele und Pläne im Kopf, was aus dem plärrenden Nachwuchs werden soll. Sie glauben, Erziehung führe Kinder tatsächlich dorthin, wohin der Erzieher sie haben will und im Dienste dieses bösen Aberglaubens legen sie sich blindlings ins Zeug. Unerschütterlich meinen sie, Kindern damit etwas Gutes zu tun und sind der Überzeugung, ihr unverschämtes Zerren an den schamhaften Kinderseelen sei die Erfüllung ihrer Elternpflicht. Wogegen die Kinder sich gegenwärtig sträuben, dafür würden die kleinen Masochisten zukünftig dankbar sein!

Später stellen viele Eltern ernüchtert fest, dass man Menschen nicht so formen kann, wie man es gerade mal für richtig hält und dass der missratene Versuch nicht nur nichts bringt, sondern sogar schadet. Wäre es nicht auch vermessen, zu glauben, man könne sich im neugeborenen Kind eines Phänomens bemächtigen, dessen Entwicklung zur unbeschreiblichen Nervensäge die Natur tausend Millionen Experimente gekostet hat; bloß weil man durch einen Zeugungsakt - bei dem das eigene bisschen Verstand, von animalischen Begierden umnebelt, in gefährlicher Weise die Kontrolle verlor - eine solche Nervensäge anvertraut und ans Bein gebunden bekam?

Eine logische Folge der missbräuchlichen Berührung - die den anderen ungefragt zur Knetmasse des eigenen Gutdünkens macht - ist jedenfalls, dass man allzu oft das Gegenteil von dem erreicht, was man erreichen wollte. Die Psyche ist das grundsätzliche Geschöpf der Verbindung und damit in ihrer unbewussten Tiefe mit dem tatsächlichen Wesen der schlichten Berührung vertraut; auch wenn das Wissen darum der reflektierten Überlegung nicht zur bewussten Verfügung steht. Die Psyche erwartet von der Berührung zunächst ganz unbefangen und spontan, dass deren Impuls aus ihr nichts machen will. Spürt sie, dass die Berührung ihr eigentliches Wesen verrät und ein Werkzeug von Kräften geworden ist, die sich zu einer invasiven Strategie zusammentun, lehnt sie sich gegen die Berührung, die zu einem Trojanischen Pferd zu werden droht, durch verschiedene Methoden zur Kontaktvermeidung auf. Dieser Reflex zum Widerstand ist der Psyche immanent. Sie sträubt sich gegen Fremdbestimmung und kann ihre Rebellion gegen das Joch nur unterlassen, wenn sie selbst ihre inneren Gesetze zerbricht.

Die bewusste Psyche kann nicht anders als frei sein zu wollen. Denn sie ist eine Interaktion jener Dinge, die sich durch die Begegnung in ihr aus dem Joch ihres starren Soseins zu befreien versuchen. Das Bewusstsein ist ein Interaktionsfeld gestalteter Ganzheiten. Als Psyche brechen die Dinge aus den Fesseln ihrer stofflichen Gefangenschaften aus, als Geist gehen sie in eine entbundene Freiheit ein. Die Psyche muss sich erst selbst als ein geschlossenes Ganzes konstituieren, damit sie den Dingen die Freiheit jenseits der Fesseln vermitteln kann. Erst als der erfüllte Entwurf eines vorläufig Ganzen wird sie fähig, ihre persönliche Autonomie der transpersonalen Idee einer endgültigen Freiheit ohne Angst vor Verlust anzuvertrauen. Sie kann es, weil das transpersonal Ganze die selbstbestimmte Psyche völlig in sich aufnimmt, ohne dabei ihre Freiheit einzubinden.

Für das Schicksal der kindlichen Psyche und ihre spätere Kontaktfähigkeit hat der Interaktionsstil zwischen Eltern und Kind große Bedeutung. Die sogenannte „Trotzphase" entspricht der seelischen Notwendigkeit, eine abgegrenzte Einheit zu bilden. Häufig ist diese Phase nur deshalb so heftig, weil die Eltern die Bildung einer autonomen Einheit aus Furcht vor der Macht eines ungebrochenen Kindes durch gespielte Autorität verhindern wollen und den Konflikt auf diese Weise sinnlos eskalieren. Das Kind trotzt, weil es trotz der Übergriffe seiner Eltern eine gesunde Entwicklung zu machen versucht. Die Eltern trotzen, weil das Leben sie ihre eigene Freiheit zutiefst fürchten ließ. Folglich benennt die „Trotzphase" nicht nur die skrupellosen Machenschaften zwergenhafter Kleintyrannen, sondern ein Beziehungsmuster der ganzen Familie.

Das soll nicht heißen, dass das Heil der Beziehung im Kleinbeigeben zu finden ist. Grenzsetzungen vonseiten der Eltern sind durchaus sinnvoll und, wenn sie bemüht sind, die legitimen Rechte beider Parteien zu beachten, ohne pathogene Potenz. Problematisch ist nicht die Grenzsetzung, sondern der erzieherische Eingriff, weil er die Gestaltbildung der kindlichen Psyche missachtet. Zur Verdeutlichung des wesentlichen Unterschieds zwischen legitimer Selbstbehauptung der Eltern und fataler Übergriffigkeit durch das Laster der Erziehung kann das folgende Beispiel dienen:

Wenn man den Expansionsdrang eines Kindes punktuell mit der Bemerkung stoppt: 'Mach meine Vase nicht kaputt! Und wenn Du es versuchst, hindere ich Dich daran', setzt man eine gesunde Grenze. Überflüssige Eingriffe dagegen behaupten: 'Liebe Kinder machen Vasen nicht kaputt' oder 'Wenn Du die Vase kaputt machst, werde ich ganz traurig'. Durch solch faktischen Unsinn und durch den Versuch der emotionalen Erpressung wird der Kinderseele kein Hindernis in den Weg gesetzt, an dem sie wachsen könnte, sondern es wird ihr Angst, Schuldgefühl, Selbstwertzweifel und ein Misstrauen gegen Zwischenmenschlichkeit eingeimpft, das ihr später die ungehemmte Hingabe an den Rausch des Daseins verbauen kann. Die beiden letzten Varianten ersetzen die ehrliche Begegnung - in der auch freien Mutes heftige Konflikte ausgetragen werden - durch Lügen, Machtmissbrauch und Hinterlist. Wer so im Ernst mit seinen Kindern spricht, der ist bereit, sie so feige zu opfern wie einst Abraham[20] seinen Sohn Isaak.

2.4. Quantität, Qualität und Bekömmlichkeit

Im Gegensatz zum simplen Rühren mit einem Löffel im Topf, kommt es bei der Berührung zweier Personen nicht nur zur Beirührung von quantitativen Bewegungsimpulsen ins bereits Vorhandene. Da die Psyche kein Holzlöffel ist, mit dem man aus sicherer Entfernung und unspezifisch in eine andere Psyche eintauchen könnte, muss sie, sofern die Phase des gegenseitigen Gewahrseins überschritten wird, Inhalte benennen und sobald die Begegnung der Inhalte beendet ist, kann die Psyche die Mediatoren der Berührung nicht mehr vollends aus dem anderen wieder zurückziehen, so wie es die Hand des Kochs mit dem Löffel am Kochtopf tut.

Bei zwischenmenschlichen Kontakten, die über das bewusste Gewahrsein des anderen hinausgehen und außerdem nicht nur an der sozialen Oberfläche die bestehenden Verhältnisse sichern, sondern die eine spürbare Intensität erreichen, kommt es zu einer Beimischung neuer Elemente. Die Berührung zwischen zwei Menschen hat, anders als die Berührung im rein physikalischen Sinn, nicht nur primär quantitative Effekte, die erst sekundär in qualitative Auswirkungen einmünden, wie es beim Kochen der Fall ist, bei dem das Rühren die Qualität der Speise verbessert, sondern der intensive Ich-und-Du-Kontakt bringt direkt neue Qualitäten ins Dasein. Die zwischenmenschliche Berührung berührt nicht nur wie ein Löffel, sie ist im gleichen Zuge Zutat und Gewürz.

Der Mensch ist ein soziales Wesen. Daher ist ein großer Teil seines Daseins nur als Miteinander möglich. Die meisten Gelegenheiten, so oder anders zu sein, werden erst durch die Begegnung vermittelt. Ob man einladend oder abweisend ist, vertraulich, pünktlich, ein Großmaul oder schüch-

---

[20] Der Mann hatte kein Rückgrat! Es sei denn, man versteht die Geschichte allegorisch als intrapsychischen Prozess, bei dem Abrahams Seele der Wahrheit zuliebe von dem ablässt, was er für sein Eigenstes hält.

tern, immer braucht man für diese Varianten seelischen Ausdrucks - von der Erotik ganz zu schweigen - ein Gegenüber, in dessen Dasein der eigene Ausdruck ein Widerlager hat oder dessen Gegenwart die spezifisch Art und Weise des Erlebens überhaupt erst anstößt. Zur Histologie des Individuums gehören daher auch die Organe des Kontakts, die, wenn man die körperliche Berührung als genüsslichen Sonderfall einmal weglässt, vorwiegend abstrakter Art sind. Berührt wird mit Bildern, Botschaften und Handlungsweisen, deren Struktur etwas zum Ausdruck bringt. Berührt wird auf alle Fälle, indem man den anderen etwas wissen lässt: Wie man ihn sieht. Ob man ihn mag. Was einen ärgert. Was man sich wünscht. Wie man ist. Was man denkt. Was man glaubt. Warum man so fühlt, wie man es tut. Und immer, wenn man so berührt, lässt man die Botschaft, mit der man berührt hat, im anderen zurück.[21]

Auch die Bekömmlichkeit dieser qualitativen Beimischungen misst die Psyche daran, wie viel fremder Eigennutz herauszuschmecken ist. Spürt sie bei einer übertragenen Botschaft, einem mitgeteilten Bild, einer scheinbar unverbindlichen Aktion, dass das Ganze heimlich und mit Absicht dazu dient, sie für die egozentrischen Zwecke ihres Gegenübers einzuspannen, werden seelische Abwehrkräfte wach. Ist eine Beimischung unbekömmlich, lässt die gesunde Psyche sie nicht ungefiltert zu sich kommen. Die kranke Psyche macht es umgekehrt. Sie lässt das Schlechte passiv zu sich kommen und kommt dabei nicht richtig zu sich selbst.

Damit man fähig ist, Unbekömmliches zurückzuweisen, muss man die Entwicklungsphase der sogenannten „Oralität" integriert haben. „Oralität" meint jenen Funktionszustand der Psyche, der der Lebenswelt des Säuglings entspricht und der in dichterischer Freiheit mit „Mündlichkeit" zu übersetzen wäre. Säuglinge beschäftigen sich, so wie es ihr Name schon sagt, hauptsächlich mit dem Saugen. Sie beschäftigen sich mit der rezeptiven Aufnahme von Nahrung und Liebesbeweisen. Die Psyche des Säuglings erwartet, etwas ohne Gegenleistung zu bekommen, weil sie zu Gegenleistungen gar nicht in der Lage wäre. Bekommt sie, ist sie beruhigt, bekommt

---

[21] Wenngleich sie dort nicht wie ein isolierter Fremdkörper im Fleisch liegen bleibt oder wie ein Granatsplitter noch nach Jahrzehnten unversehrt nachzuweisen ist, sondern oft soweit vom seelischen Verdauungstrakt umgeformt wird, dass man die ursprüngliche Zutat hinterher kaum noch als spezifische Ursache erkennt, die für irgendeinen aktuellen Seelenzustand gesondert verantwortlich gemacht werden kann. Erst die dynamische Summierung vieler Zutaten ist in der Psyche erkennbare Ursache von irgendwas, wobei man nicht entscheiden kann, ob die individuelle Art der dynamischen Umformung oder die mehr rezeptive Sammlung von Zutaten beim seelischen Prozess relevanter ist.

sie nicht, dann bekommt sie Todesangst, weil es[22] klar ist, dass sie ohne die bedingungslose Gabe von außen nicht überleben kann.

Biologisch gesehen kommt das daher, weil die Evolution dem Nachwuchs von Eltern, die fraglos geben, bessere Überlebenschancen einräumt und sich eine entsprechende Erwartungshaltung herausselektiert hat; ontisch gesehen, weil das Beschenktsein der Wahrheit des Daseins näher kommt, als der geschäftliche Austausch von Leistungen. Die Wahrheit will das Kind zunächst mit Hingabe begrüßen und erst für später hofft sie, dass das Kind sie aus sich heraus erobern will.

Die mangelnde Integration des oralen Themas in das wachsende Ich führt zu einem Überdauern der Erwartungshaltung, passiv zu bekommen. Der „oral Gestörte" kann daher, geblendet von seiner Erwartung, endlich reichlich Gutes zu bekommen, zum Schlechten schlecht „nein" sagen, denn es könnte ja das lang ersehnte Gute sein. Der oral gestörte Mensch nimmt kritiklos alles an, weil er unbeirrbar annimmt, dass die guten Eltern endlich da sind. Lieber als auf die erhoffte Gabe von außen, verzichtet er auf das Einstehen in sich selbst.

Da die Seele nach Ausgleich strebt, steht der oberflächlichen Unfähigkeit des oral gestörten Menschen, differenziert und aktiv „nein" zu sagen, in der unbewussten Tiefe ein passiver Widerstand gegenüber, der alles tragfähige Annehmen unmöglich macht. Verursacht wird dieses unbewusste „Nein" durch die Vermeidung der schmerzlichen Einsicht, dass man immer schon ein Stiefkind war. Wird der heilsame Schmerz der Einsicht vermieden, bleibt als Summe von tausend Enttäuschungen die Ahnung der schrecklichen Wahrheit vage bestehen. Aus dieser Ahnung heraus bleibt so ein Mensch ein Stiefkind, das zwar annehmen will, es aus Verbitterung aber nicht kann. Daher ist sein „Ja" oft nur vorgegeben und das „Nein" bloß verleugnet[23]. Erst wenn er es annimmt, ein ewiges Stiefkind zu sein, hat er die Chance, damit aufzuhören.

Erst wenn die Berührung auf Gegenseitigkeit beruht, kommt es beim Kontakt zum wechselseitigen Austausch von Impulsen, die, sich selbst und ihrer Wirksamkeit überlassen, dorthin führen, wo es recht sein mag. Der Bewe-

---

[22] Es reicht an dieser Stelle „es" zu sagen und nicht „ihr", da die Psyche des Säuglings noch viel mehr ein „Es" ist als eine „Sie", ein „Er" oder ein „Ich", von dem gesprochen werden könnte.

[23] Das Wortspiel sei erlaubt: Wer seine Mündlichkeit nicht überwindet, wird keine Mündigkeit erlangen, weil er aus Furcht, sich zu verlieren zum Guten nicht „ja" und zum Schlechten nicht „nein" sagen kann.

gung, die die Berührung in dem einen auslöst, entspricht dann ein äquivalentes Geschehen im anderen. So verbinden sich zwei Teile und bilden ein überpersönliches Gleichgewicht, dessen Dynamik von keinem der Partner beherrscht werden kann; denn das Gleichgewicht der Beziehung übernimmt zu einem erheblichen Teil die Steuerung der Individuen und beugt schädlichen Entwicklungen vor, indem es Entgleisungen in der Komplexität des Systems abpuffert. Je besser eine Beziehung ist, desto besser ist sie auch vor einseitigem Missbrauch geschützt.

Die Bildung eines Systems, das durch Berührung entsteht, kündigt sich durch die Vorsilbe des Begriffs an, die mit dem Wort „beide" verwandt ist. „Beide" ist eine besondere Form der Zahl „zwei", weil im Wort „beide" bereits ausgedrückt wird, dass die zwei Beteiligten darin zu den beiden Teilen eines Ganzen geworden sind. In diesem Ganzen schwingt die gesunde Psyche zwischen sich selbst und den anderen hin und her. So findet sie den Raum, sich jenseits ihrer Enge zu entfalten.

Die Machtverhältnisse innerhalb von Beziehungen hängen von der Symmetrie und der Bekömmlichkeit der ausgetauschten Impulse ab. Je mehr eine Berührung einseitig kontrolliert werden kann, desto mehr weicht sie von der Qualität des „reinen Kontakts" ab.

Eine illustere Form des asymmetrischen Kontakts wird durch Medien hergestellt. Medien ermöglichen es mächtigen Interessen, viele zu berühren, ohne selbst davon berührt zu sein. Ein wesentliches Motiv der Medienproduktion liegt darin, Werbung zu platzieren[24]. Werbung ist eine Form der zwischenmenschlichen Manipulation, die die gesunde Abwehr der Psyche gegen ihren Missbrauch durch technische Tricks unterläuft. Die Suggestionen, die aus dem Menschen einen Kunden machen, werden so platziert, dass man sich ihrem Einfluss selbst durch erhöhte Aktivität kaum ganz entziehen kann. Würde Werbung nicht dazu führen, dass der Umworbene das tut, was er gar nicht will, gäbe es sie nicht. Werbung verletzt, wenn man es recht betrachtet, überall dort, wo man ihr nicht ausweichen kann, das Recht auf freie Selbstbestimmung.

Die bedenkliche Wirkung der Werbung ist jedoch nicht, dass man Omo kauft, obwohl Spee in der Maschine das gleiche täte. Bedenklich ist vielmehr, dass sie durch ihre allgegenwärtige Präsenz den Missbrauch des

---

[24] Es ist nur die eine Seite der Medaille, dass Fernsehen und Zeitschriften voller Reklame sind, um sich selbst zu finanzieren; dass Werbung also der Verbreitung des Mediums dient. Umgekehrt ist ebenso richtig, dass das Medium zur Verbreitung von Werbung erst geschaffen wird, weil der Produzent nur an der Werbung wirklich verdienen kann und dass die Filme und Artikel folglich Köder und Blendwerk sind, um diese Absicht zu verschleiern.

Menschen zu anderer Leute Zwecken implizit gesellschaftsfähig macht. Wie gut das Produkt, für das geworben wird, auch sein mag, Werbung dafür wirbt, als ein Plädoyer für die Verzerrung des legitimen Machtgefüges der Gesellschaft, stets auch für das Schlechte. Sie wirbt für das Recht des Mächtigen, den Bürger ungefragt für sich zu formen, indem er sich wie ein Dieb in dessen Phantasie schleicht. Ein Staat, der den Grundsatz der Gleichheit respektiert, wird Werbung nur dulden, wo man sich ihrem Zugriff ohne Aufwand entziehen kann.

3. Verbindung

Am Infoschalter in Mainz fragt ein eiliger Bahnkunde nach der nächsten Verbindung nach Brüssel. Dem Schalterbeamten ist klar, dass der Mann mit dem Zug dorthin fahren will und dass er wohl kaum mit dem Hinweis auf ein Seilende zufrieden wäre, welches bis nach Brüssel reicht und das er sich gegen Gebühr um den Bauch binden kann.

Stellt derselbe Bahnkunde vor Abfahrt des Zuges telefonisch eine Verbindung mit Brüssel her, um seine baldige Ankunft anzukündigen, ist zwar ein Kabel im Spiel, doch auch hier genügt es nicht, dass er das Kabel packt und sich daran festhält. Beim Telefonieren will er sich in Form eigener Gedanken, durch Grüße, Aufträge[25] oder einen Schwatz durch das Kabel hindurch nach Brüssel übertragen. Dabei besteht die eigentliche Verbindung in dem, was beim Herüber-und-hinüber als Impuls empfangen wird.

Chemische Verbindungen sind keine bloßen Verknüpfungen unterschiedlicher Moleküle und Atome, die durch elektromagnetische Schnüre zusammengehalten würden wie ausgediente Schuhe im Sammelcontainer. In chemischen Verbindungen entstehen durch die Dynamik heftiger Reaktionen neue Substanzen und damit Eigenschaften und Möglichkeitsfelder, die durch die Grundbestandteile allein nicht hätten verwirklicht werden können. Bahnt sich nach der Ankunft in Brüssel eine chemische Verbindung aus erotisierenden Düften und hormonellen Sekretionsvorgängen an, kann es durch eine Kaskade uralter Verhaltensschemata zur Entstehung von Möglichkeitsfeldern kommen, an die der Schalterbeamte in Mainz neun Monate zuvor nicht gedacht hätte.

Die etymologische Analyse des Begriffs „Verbindung" wird zeigen, dass eine Verbindung keine starre Mechanik ist, deren Gestänge sich in einem reglosen Nahesein erschöpft. Eine „Verbindung" ist ein strukturierter

---

[25] „Hole mich bitte gegen 20 Uhr 48 am Gleis 3, Gare du midi, ab!".

Verband dynamischer Muster, in deren Spiegel der Geist sein Ebenbild erkennt. Der Geist entdeckt beim Betrachten der „Verbindung", dass er selbst der Liebesbote zwischen allem ist, was zur eigenen Existenz der Trennung bedarf.

Neue Erkenntnisse, die er mit alten verknüpft, führen diesen Geist über seine Horizonte hinaus; denn er reift mit der Komplexität[26] seines Wissens. Der Takt seiner Sekunden sind die Ahas, durch die er tropfenweise wacher wird. Während er sich so den Schlaf aus den verwunderten Augen reibt, wird er im gleichen Zuge immer jünger, denn der reine Geist ist ein stetes Erwachen und der Augenblick seiner ständigen Geburt. Der reine Geist erinnert sich an nichts, weil er alles noch vor sich hat. Und wenn er sich nach einem allerletzten Tod doch je erinnern wird, dann so, dass seine Erinnerung als frische Gegenwart erscheint, in deren Schoß seine Geburt gerade eben erst beginnt.

3.1. „Ver" führt hinaus

„*Ver*" ist eine bemerkenswerte Vorsilbe. Sie ist mit dem Wesen der Menschen, die sie tagtäglich verwenden, zutiefst verwoben und liefert Indizien dafür, dass die Bedeutung der Begriffe und die Grammatik der Sprache nicht nur sekundäre Erfindungen des menschlichen Geistes sind, sondern zu dessen leibhaftigem Gewebe gehören[27].

Über eine Kette sprachlicher Varianten, die den unterschiedlichen Mundarten der indogermanischen Völker entsprechen, lässt die Vorsilbe

---

[26] Wohlgemerkt! Mit der Komplexität, nicht mit der schieren Menge, denn der Geist ist keine Datensammlung, die sich für lose Haufen interessiert, sondern er kristallisiert sich aus den schicksalhaften Folgen seiner Begegnungen als eine Struktur gefügter Erkenntnis heraus.

[27] Der menschliche Geist ist nicht etwa nur da und hantiert von dort, wo er ist, mit Begriffen herum, die er jenseits von dem fände, was ihn selbst ausmacht. Er benutzt sie auch nicht, so wie eine Hand einen Hammer, eine Zange, eine Feile oder sonst ein Werkzeug benutzt, das sie nach Gebrauch ohne Spur in sich selbst beiseite legen kann. Der Geist ist vielmehr jenes Gewebe definierter und sich assoziierender Begriffe, das sowohl seinen Horizont beschreibt als auch sein inneres Erleben füllt. So begründet die Grammatik einer gemeinsamen Sprache eine tatsächliche Identität zwischen zwei Menschen, ein Faktum, das durch die Aussage, der oder jener „identifiziere" sich mit seinem Kulturkreis, eher verdeckt als erhellt wird. Sich zu identifizieren ist etwas anderes als identisch zu sein. Jenes wird erst gemacht, während die Identität schon gegeben ist. Das hier postulierte Begriffsgewebe ist zwar nicht als Ganzes und in seiner Eigenschaft als abstrakter Korpus des Geistes bewusst, seine individuelle Struktur bestimmt jedoch mit, was einem Individuum bewusst werden kann.

„ver" sich leicht bis zu ihrer Urform „*per*" zurückverfolgen, die sich im Laufe der Jahrtausende als so robust erwiesen hat, dass sie uns in vielen Fremdwörtern[28] noch heute unverformt entgegentritt. Zur Zeit der Feuersteine und der Bronzeschwerter meinte das *„per"* ein *„Hinausführen-über"*. Man benutzte das Wort, wenn man von Hunger getrieben und der Spur einer fetten Beute verführt bis in Gebiete vordrang, die man bis dahin noch niemals betreten hatte. Dort angekommen, war man perplex, dass die Welt größer ist, als man bislang dachte.

Um einen ersten Vorgeschmack vom vielfältigen Wesen der Ursilbe zu bekommen, sollen zunächst die Abkömmlinge des ursprünglichen Begriffs der Reihe nach aufgezählt werden. So kann man unter dem Eindruck der bunten Verwandtschaft bereits etwas von der Bedeutungstiefe des untersuchten Begriffsfeldes erahnen. Die Schar der Kinder und der Kindeskinder hört sich ungefähr folgendermaßen an: *„ver-", „vor" „vorne", „fordern", „für", „Fürst", „fort", „früh", „Frühling", „fern", „Frau", „fremd", „First", „Frist", „Priester", „fromm", „fahren"* und *„Gefahr"*[29].

Man spürt, dass die Versammlung der hier Genannten so vielsagend ist, dass man von ihr ausgehend tausend und eine Nacht über das Menschsein nachdenken kann und man wie eine verstummte Märchenerzählerin sterben muss, sobald man damit aufhört. Um uns in der unbekannten Weite der Möglichkeiten nicht zu verlieren, packen wir am ursprünglichen Zipfel an und untersuchen als allererstes die Sinnfacetten der Vorsilbe „ver":

Einige dieser Facetten sind mit den Bedeutungen dreier gotischer Varianten des ursprünglichen „per" in Verbindung zu bringen. Gotisch gab es die Vorsilben *„faír = heraus", „faúr = vor, vorbei"* und *„fra = weg"*. Wenn man genau hinhört, stellt man fest, dass es sich beim gemeinsamen Nenner dieser Drei im weitesten Sinne um Variationen des Themas der Verwandlung bzw. der Veränderung handelt. Da stellt sich etwas heraus. Da geht etwas vorbei. Da ist etwas weg, was es früher einmal gab. Auf alle Fälle ist jetzt irgend etwas anders, als es bisher war.

Bei den meisten Verben ist die Vorsilbe „ver" am besten zu verstehen, wenn man ihr ohne Umschweife die ursprüngliche Bedeutung der indogermanischen Wurzel zugrunde legt. Das ursprüngliche „Hinausführen-über" im Sinne einer Fortbewegung, eines Impulses, einer Verwandlung, die von einer engen Vergangenheit in eine zukünftige Weite führt und die sich über der vergangenen Enge in die Freiheit entlässt, ist in allen Varianten als ei-

---

[28] Z.B.: Perspektive, perfekt, pervers.
[29] Nicht dazu gehören die Wörter „Fischers", „Fritze", „fängt", „frische" und „Fische"!

gentliches Motiv erkennbar. Je nachdem von welcher Perspektive aus man das „Hinausführen-über" aber betrachtet, bekommt es zuweilen einen Beigeschmack, der an die unterschiedlichen gotischen Stränge erinnert.

In den Verben „veranstalten", „verkaufen", „verlosen", „vergöttern", „veröffentlichen" und „verkünden" steht das „heraus" im Vordergrund.

Beim „Vergessen", „Verarbeiten", „Verbrauchen", „Verdauen", „Verschwenden" und beim „Sichverkrümeln" denkt man an das „weg".

Beim „Verpassen", „Verpfuschen" und „Verheeren" sieht man, wie gute Gelegenheiten ungenutzt vorüberziehen, wie man am Ziel vorbei das Falsche trifft oder wie das schwedische Heer plündernd und raubend im dreißigjährigen Krieg Deutschland durchquert.

3.2. Ohne Herausforderer bliebe man zurück

Mit dem „*ver*" verwandt ist das Wort „vor". Vom „*vor*" aus führt der Weg nach „vorn" und zum Verb „*fordern*". Die semantische Verwandtschaft von „ver" und „vor" wird verständlich, wenn man sich den Vorgang des „Hinausführens" bildlich vor Augen hält. Was über seinen Ursprung hinausführt, liegt vor, während der Ursprung, aus dem es kam, hinter ihm in der Vergangenheit zurückbleibt.

Das „Fordern" (eigentlich: vordern) ist eine verbalisierte Steigerungsform des Wortes „vor" und meint, dass jemand vom Ge*for*derten verlangt, noch mehr her*vor*zukommen, als er es sich bisher getraute. Der Herausgeforderte bewegt sich von hinten nach vorne und kommt so voran und schließlich vorne an, wohin ihn der Herausforderer ja auch haben will.

Alle zwischenmenschliche Verbindungen die durch persönlichen Kontakt entstehen, fordern die Partner dazu heraus, voran zu gehen. Soll eine Verbindung entstehen, ist es erforderlich, dass man aus sich herauskommt. Ist jemand zu schüchtern und kommt er daher schlecht mit seiner Umwelt in Kontakt, klagt er beim Therapeuten, er komme einfach nicht so richtig aus sich heraus. Also bringt die Herausforderung des Kontakts die Partner in Bewegung, indem sie beide über sich selbst hinausführt, und erst indem man die zwischenmenschlichen Herausforderungen des Lebens annimmt, kommt man im Leben wirklich voran. Echte Begegnung ist wirklicher Fortschritt.

3.3. Für, fort und fern

Wenn man sich mit jemandem auf eine nähere Verbindung einlässt, muss man sich für den Kontakt entscheiden, und im Kontakt entscheidet man sich für die Person des anderen. Ohne ein „*für*" käme keine Verbindung zustande. Selbst erbitterte Gegner stehen *mit*einander in Verbindung, und zwar weil sie sich da*für* entschieden haben, sich dem anderen entgegenzustellen. Auch die Gegnerschaft ist folglich eine Wahl füreinander und eine positive Form des Miteinanders.

„*Für*" wird im übertragenen Sinne als Variante des „*vor*" gebraucht, welches selbst eine räumliche oder eine zeitliche Reihenfolge benennt. Wie das „für" ein „vor" im übertragenen Sinne ist, kann man an Ausdrücken wie 'Schritt für Schritt' oder 'Tag für Tag' erkennen.

Auch wer sich *für* etwas einsetzt, macht einen Schritt nach vorn, indem er sich schützend *vor* die Sache hinsetzt, für die er sich einsetzt. Bildhaft deutlich wird das bei einer Sitzblockade von Umweltschützern vor einem alten Baum, der vom Fortschritt und dessen Vollstreckern mit kreischenden Motorsägen beseitigt werden soll.

Schreibt ein verliebter Freier einen Brief *für* sein geliebtes Weib, sieht er im Geiste schon, wie der Liebesbrief *vor* der Geliebten liegen wird und wie der Brief sie durch den magischen Bann der beschwörenden Worte dazu bringt, ihren Vorsatz zur Keuschheit zu *ve*rwerfen und den entscheidenden Schritt auf ihn zu und *vor*wärts in die Reichweite seiner Leidenschaft zu tun.

Es liegt in der Logik der Sache, dass, wer in vielen Verbindungen jeweils Schritte aus sich heraus nach vorne macht, dadurch vorwärtskommt und dass die Wörter „*fort*" und „*fern*" zu Recht mit der „Verbindung" in Verbindung stehen. Je besser man sich verbindet, desto weiter kann die Ferne sein, in die man dadurch kommt. Nähe und das Fortkommen in die Ferne sind keine Gegensätze, wie man zunächst vermuten könnte, sondern sie erfordern und fördern sich gegenseitig. Wundert es da, dass „*fördern*" eine Komparativbildung zu „*fort*" ist und dadurch mit dem „*ver*" verwandt?

Nein, es wundert uns nicht. Der Kontakt ist der weiteren Verwandlung förderlich, so wie Verwandlungen neue Kontakte fördern. Was sich gegenseitig in Bereitschaft zur Verwandlung berührt, wird vom Dasein gefördert. Das Da des Daseins ist dort, wo die Begegnung dynamischer Prozesse in vollem Gange ist.

3.4. Fürsten

Sehr förderlich für erhoffte Beförderungen waren früher gute Verbindungen zum jeweils herrschenden Landesfürsten. Heute ist das auch noch so. „Fürst" im offiziellen Sinne ist niemand, wenn er fern von allem als einsamer Fischer auf einer Hallig wohnt und dort bestenfalls Krabben, Muscheln und totem Kabeljau begegnet. *„Fürst"* ist eine Steigerungsform des Wortes *„für"* und meint den, *für* dessen Wohlergehen die allermeisten Bemühungen förderlich sein sollen. Für den „Fürsten", so der Anspruch dessen, der sich dazu ernennt, sollte das Volk am *„für-sten"* sein, und wehe dem, der seine Kräfte nicht in den Dienst der selbsternannten Majestäten stellt.

Der Unterschied zwischen Napoleon und einem Irren, der sich für einen Feldherrn hält, ist folglich der, dass im zweiten Falle niemand dem Irren glaubt, dass er unter Seinesgleichen eine *für*stliche Position innehat. Glaubte man dem Irren, würde man ihm bis nach Moskau folgen und unterwegs *für* ihn im Dreck verrecken. Im Gegensatz zum namenlosen Irren ist der echte Napoleon eine historische Figur, weil er die Menschen dazu bringen konnte, *für* seinen Anspruch, *Für*st zu sein, zu sterben - was dem Irren so leicht nicht gelingt. Wer sich Fürst nennt, will, dass sich andere für seine Sache opfern; er wünscht, dass das Volk sich für seinen Ruhm verbraucht.

Denkbar ist auch ein Fürst, dem es nicht darum geht, anderer Leute Knechtschaft zu errichten und zu verlangen, dass man alle Werte für die große Truhe in seinem kleinen Herzen opfert. Denkbar ist ein Fürst, der selbst am für-sten ist und sich selbst daher so zurückhält, dass er auf keinem exponierten Thron zu finden ist.

Die mystische Ebene der menschlichen Verbindungen weist, weil im „ver" der „Verbindung" immer das „für" (den anderen) mitschwingt, auf einen transzendenten Fürsten hin, dessen Anspruch, wird er auch mit noch so viel Macht erhoben, niemals überheblich ist. Der transzendente Fürst überhebt sich über nichts, weil er schon in all dem ist, von dem er ein Für für sich fordert. Er ist das, was das ist, was es ist. Das Für, dass er fordert, gilt dem, von dem er es verlangt. Seine Erhabenheit tritt hinter die Welt, die er durch seine Existenz ins Dasein hebt, zurück. Alles ist da außer ihm, weil ein wahrer Fürst auf Applaus verzichtet.

Einen irdischen Fürsten „von Gottes Gnaden", der mit Recht diesen Titel trägt, könnte es niemals geben, weil schon der Anspruch eines Menschen, Fürst über andere zu sein, der Beweis des Gegenteils ist. Wahre Fürstlichkeit unterscheidet nie zwischen dem Ziel und der Quelle des Für.

Fürstlich ist das Sein mit sich identisch. Identisch mit sich selbst ist das Sein der Fürst.

3.5. Frau

Die männliche Form des Wortes *„Frau"* ist im Wandel der Sprache verlorengegangen. Gotisch hieß der Herr noch „frauja" und das althochdeutsche *„frouwe"*, dem der Begriff „Frau" entspringt, bezeichnete die Herrin, eine Frau also, bei der mehr der Rang als das Geschlecht im Vordergrund des Interesses stand. Die „Frau" heißt eigentlich die *„Vorderste"* und der Begriff ist so über das *„vorne"* mit dem *„ver"* in der Verbindung verschwistert.

Die gesellschaftliche Bedeutung dieser Vorrangigkeit ist die eine Sache, die anthropologische Komponente, nämlich die, die für die Conditio humana und das Wesen des Kontakts von Bedeutung ist, ist eine andere. Besonders aus männlicher Sicht spielt die Frau für die Verbindungen, Berührungen und Kontakte, die er zur Welt unterhält, eine *vor*rangige Rolle. Die archaischste Symbolik ist darin zu erkennen, dass die Frau den Mann generativ sowohl mit der Vergangenheit als auch mit der Zukunft verbindet. Aus der Vergangenheit wurde er von ihr geboren und wenn er seine Gene in die Zukunft übertragen will, geht es auch nicht ohne sie. Ob er also in die Zukunft blickt oder in die Vergangenheit, immer steht eine Frau vor ihm. Die Frau ist der inkarnierte Aspekt jenes Weltgesetzes, das bestimmt, dass die Phänomene nicht isoliert im Kosmos liegen, sondern sich der Kosmos zu einer Einheit[30] verbindet, in der jedes sich ins andere verwandelt.

Der zwischenmenschliche Kontakt enthält Ebenen, die nur metaphysisch auszudeuten sind und es kommt nicht von ungefähr, dass die biblischen Propheten ihren Gott unmittelbar mit dem „Wort" in Verbindung brachten, dessen Macht die Dinge verändern kann.

---

[30] Es könnte sein, dass „Einheit" jenes Motiv ist, das sich als männlicher Pol der weiblichen „Verbindung" wie ein Kontrapunkt entgegensetzt. Es könnte aber auch sein, dass dieser Gedanke Unsinn ist. Überhaupt scheint es ausgesprochen schwer zu sein, über den Unterschied zwischen „männlich" und „weiblich" etwas Grundsätzliches zu sagen, ohne dass man Gefahr liefe, sich als platter Schwätzer zu blamieren. Allzu subtil scheint der Unterschied zu sein, als dass man nicht riskierte, das Mysterium zu verletzen, sobald man in seinem Geheimnis mit Vermutungen herumstochert. Das Rätsel der geschlechtlichen Polarität verweigert ebenso hartnäckig seine Auflösung, wie es in Lust und Schmerz denen die Erlösung verspricht, die es in seinen Strudel lockt.

Riskiert sei deshalb nur die These, dass es ein männlicher Impuls ist, die Frau seiner Einheit einzufügen, während die Frau versucht, den Mann in ihrem Sinne zu verwandeln.

3.6. Früh setzt die Kette der Verwandlungen ein

'Morgenstund hat Gold im Mund', so heißt es im Sprichwort. Das ist wahr. Denn wer morgens in aller Herrgottsfrühe das Ruder seines Lebensschiffs übernimmt, kommt schneller auf der großen Fahrt voran als der, der sich gegen Mittag lustlos aus wirren Träumen und zerknitterten Bettlaken quält, womöglich nach einer durchzechten Nacht voll kruder Pläne, die nur in seinem Kopf existieren und die sich wie Blutsauger vor dem nüchternen Licht des Tages in unscheinbare Winkel verkriechen, sodass man ihre unwirkliche Blässe kaum noch erkennt. Über die Vorstellung des zeitlichen *„voran"* ist das Wort *„früh"* mit dem *„ver"* verwandt. Was früh beginnt, führt eher als das Späte über seine ersten Anfänge hinaus. Die Verwandlung vager Wünsche - die im archaischen Gemenge unreflektierter Impulse zunächst kaum auszumachen sind - in klare Projekte und von dort aus in greifbare Wirklichkeiten kommt bei wackeren Frühaufstehern am allerbesten voran.[31]

Dass die Früchte früher Kontakte später nicht mehr in voller Reife zu ernten sind, wenn durch missliche Umstände die Verbindung von Kindern zu ihrem Umfeld unterbrochen wird, machen historisch überlieferte Wolfskinder ebenso wie die makaberen Experimente Psammetich I. und Friedrich II. deutlich. Die Letzteren hatten Säuglinge vollständig von ihren Eltern isoliert und untersagten dem Wachpersonal auch nur ein Wort mit den Kindern zu sprechen. Kinder, deren Verbindung zur Außenwelt derart von der Neugier unmenschlicher Experimentatoren unterbrochen wurde, um nämlich festzustellen, welche Sprache sie spontan wohl sprächen, sprachen gar nicht und blieben geistig unaufholbar zurück, sofern sie an der Lieblosigkeit nicht vollends starben.

Der Kontakt zu anderen ist die Matrix, in die hinein sich jeder gesunde Geist entwickelt. Entzieht man Kindern diesen Boden, bevor sie so stark sind, mit sich selbst zu sprechen, droht ihr Wachstum zu verkrüppeln.

Es kommt nicht von ungefähr, dass es die Frühkindheit ist, in der die wichtigsten Weichen fürs spätere Beziehungsleben gestellt werden. Das „Hinausführen-über" des „ver" ist mit dem „früh" so eng verwandt, dass der gesunde Verwandlungsimpuls des Lebens nur ungebrochen bleibt, wenn er von Anfang an den Weg in die Matrix[32] eines Kontaktfeldes findet, in der er mit Freude empfangen wird. Je früher Falsches den Kontakt beeinträchtigt, desto weniger Schwung bleibt für die nachfolgende Kette der Verwandlungen. Der von falschen Kontakten Verstörte verwandelt sich schlecht und

---

[31] Ausnahmen bestätigen auch hier die Regel!
[32] Von lateinisch „mater = Mutter".

bleibt emotional auf unreife Muster fixiert. Die objektive Zeit schreitet über ihn hinweg, doch er selbst kommt nicht darin voran.

3.7. Die Suche nach dem Fremden treibt das Leben voran

Natürlich ist auch das Wort *„fremd"* ein Verwandter des *„ver"*, denn „ver" heißt „Hinausführen-über" und wohin sonst als in die Fremde könnte das wohl führen? Kontakt ist immer die Begegnung mit etwas Fremdem und mit allem was das Fremde an Reiz und Angst durch sein unvertrautes Wesen mit sich bringt. Menschliche Begegnungen sind daher mehr Vereinigungen bisheriger Unvereinbarkeiten, als ein Ruhen in längst bestehender Gemeinsamkeit. Was sich allzu einig ist und sich gut kennt, braucht sich nicht mehr zu verbinden und was in der Vergangenheit bereits verbunden wurde, begegnet sich heute oft nicht mehr.

Das Verbundene bildet nach einer stürmischen Zeit heftiger Begegnung meist eine ambivalent symbiotische Einheit, in der die Dynamik des Prozesses in stereotypen Mustern gerinnt. In der Symbiose bleibt der Kontakt zwischen den verbundenen Teilen nur lebendig, wenn sich jeder Teil mit dem nächsten und dann dem übernächsten Fremden neu verbindet. Der echte Kontakt zwischen zwei Personen überlebt in der Regel nur, wenn in ihrem Kontakt Aspekte aufeinander treffen, deren erfrischende Novität der Begegnung mit jeweils Dritten entstammt.

Kontakt ist aus diesem Grund immer schon ein vorwärtsdrängender Prozess, der sich mehr für das Neue, als für das Bekannte interessiert und dessen Intensität im Laufe der Zeit oft abnimmt, es sei denn, dass sie sich woanders neu entzündet. Für das Gleiche ist im Wesen des Kontakts das Ende der Begegnung von jeher vorgesehen. Auch wenn man diesen Umstand bedauern mag, so sorgt erst er dafür, das die Geschichte des Lebens weitergeht.

3.8. Die Angst vor dem Ende hält das Leben zurück

Da der Kontakt und die Verbindung bereits in sich selbst den Keim ihres Endes tragen und der Keim um so mehr zum Wachsen gereizt wird, je näher die Verbindung dem Scheitelpunkt des vertrauten Zusammenseins kommt, liegt es in der Logik der Sprache, dass auch das Wort *„Frist"* als ein Nachkomme des indogermanischen Präfixes *„ver"* nachzuweisen ist.

Die Frist ist ein festgesetzter Zeitpunkt, der stets bevorsteht und bis zu dem das Leben abläuft. Im Wort selbst haben sich die beiden Stämme „ver" im Sinne des „vor" und „*sta = stehen*" zu einem neuen Begriff verbunden. Die „Frist" ist wortwörtlich das „(Be-)vor-stehende". Die Angst vor der tiefsten Vereinigung ist somit schon die Angst vor Trennung, die der Vereinigung bereits inneliegt und von deren Bevorstehen jeder, der begegnet, instinktiv weiß. Nur wer auch den Verlust des Kontakts ertragen kann, wird daher nähere Verbindungen zulassen. Bindungsscheu und Verlustangst sind zwei Seiten ein und derselben Medaille. Auf beiden Seiten lauert der Tod. Wenn man nicht von der Bindung in die Freiheit wechselt, stirbt man drinnen. Im umgekehrten Falle stirbt man draußen.

3.9. Bis wohin reicht der Höhenflug?

Der „*First*" als Bezeichnung für die Oberkante eines schindelbedeckten Daches setzt sich aus denselben Bestandteilen wie das Wort „Frist" zusammen. Statt vorne ist der Abschluss bloß oben und statt um einen Zeitpunkt handelt es sich bei den Schindeln um eine Begrenzung im Raum. Man kann nun darüber spekulieren, was sich die Sprache dabei denkt, dieses Wort für eine Höhenbegrenzung mit dem ersten Bestandteil des Wortes „Verbindung" in einen Sinnzusammenhang zu bringen. Vielleicht meint sie damit, dass kein Kontakt unbegrenzte dynamische Perspektiven in sich trägt, so wie jeder Kontakt auch zeitlich endet. Vielleicht meint sie, dass jede Verbindung, auf die sich zwei Menschen einlassen, sie zwar hinausführt über ihre bisherigen Grenzen, dass der Schritt aber nur bis zu einer neuen Grenze führen wird.

Ein Indiz dafür, dass diese These etwas für sich hat, liefert uns das Schicksal romantisch Verliebter, das alle Paare nach der Gnadenfrist des Honeymoons ereilt. Das heftige Gefühl nämlich, endlich jene Verbindung gefunden zu haben, die endlos über alle lästigen Grenzen des Daseins hinaushebt und rauschhafte Weiten der Glückseligkeit auf ewig verspricht, weicht allzu schnell schmerzlicher Ernüchterung und der Erkenntnis, dass sich auch das Verliebtsein nur kurz über dem First des alltäglichen Sorgengebäudes unbeschwert halten kann. Selbst der heftigste Freudensprung, den man begeistert in die scheinbar ideale Beziehung zu einem geliebten anderen tut, endet zu guter Letzt auf dem Boden der Realität. Und nur, wenn man die Tragik des Rückfalls in Liebe übersteht, hat die Realität nach dem Sprung eine Dimension mehr als zuvor.

3.10. Priester

Sowohl der „*Priester*" als auch die „*Frömmigkeit*" haben etwas mit Religion zu tun. Etymologisch gehen beide Begriffe auf den Vorfahren „*ver* = hinausführen-über, voranbringen" zurück. Trotzdem sind die Gemeinsamkeiten der Assoziationen und Bilder, die die beiden Begriffe bei gründlichem Nachdenken auslösen, begrenzt. Die meisten frommen Leute sind keine Priester und viele Priester sind nicht fromm. „*Frommen*" wurde früher als Verb gebraucht und meinte „fördern, nützlich sein, helfen". Heute gibt es das Wort „*fromm*" nur noch im religiösen Sinne und zwar zur Bezeichnung derer, die Gottes gute Zwecke fraglos fördern. Fromm ist, wer trotz eingestandener Dürftigkeit nicht neidet, sondern das wahrhaft Reiche am Reichen sogar noch fördern will.

Betrachtet man das englische Wort „*former* = *früher*", erkennt man, dass im „fromm" die Bedeutung einer zeitlichen Dimension mitschwingt. Altenglisch hieß „*fruma*" „der Anfang". Wenn Gott will, dass sich sein Lamm aus dem Abgrund der Sünde ins Licht der heiligen Versprechen führen lässt, zögert das fromme Lamm nicht, sondern es macht, wie sein Name es ankündigt, lammfromm den Anfang. Der wahrhaft Fromme zögert bei der Wahl seiner Taten nicht, bis er seinen Vorteil berechnet hat, sondern macht beim ersten Ruf der Wahrheit getrost den ersten Schritt. Der Fromme vertraut der Wahrheit blind, weil sein blindes Vertrauen bereits die höchste Weitsicht ist.

Während der wahrhaft Fromme per se immer gottgefällig ist, sind es Priester nur manchmal. Das Wort „Priester" ist vom griechischen „*presbyteros* = der Ältere" abgeleitet. Die Sinnverwandtschaft des „presbyteros" mit dem Präfix „*ver*" ist zu verstehen, wenn man „den Ältesten" als jemanden erkennt, der Dank seiner Lebensjahre schon weit *voran*gekommen ist, den das Leben also weit *über* unbeholfene Anfänge *hinaus* und seiner Bestimmung entgegen *geführt* hat. Im Licht einer Weltvorstellung, die alles Geschehen als den wechselvollen Weg zu dem einen Gott versteht, sind die Ältesten die, die in der Marschkolonne der suchenden Generationen am weitesten vorneweg sind.

Die Bezeichnung „Priester" für den ordinierten Geistlichen der Kirche ist nicht nur eine Altersbestimmung, sondern auch ein ausgewiesenes Programm. Der Priester, so postuliert es das Wort, geht auf dem Weg der Verheißung seiner Gemeinde voran und ist ihr daher auch näher als jene, die ihm, je nach Eifer und gläubiger Demut, in mehr oder weniger großem Abstand folgen. Manchmal hat man daran aber seine Zweifel. Oberflächlich betrachtet kommt das daher, dass Priester durchaus nicht immer besonders alt sind und ihnen daher so manche Erfahrung fehlt, die doch erst jene Weisheit schafft, in der man einen Funken Gottesnähe spüren kann.

Eine zweite Ursache für das Nachhinken vieler Priester hinter dem Anspruch ihres Standes liegt in ihrem übergroßen Eifer selbst. Sie möchten sich beim Frommsein als allzu tüchtig erweisen. Während der Fromme seinen Anfang erst macht, wenn die Wahrheit ihn tatsächlich ruft und es daher an der Zeit für ihn ist, einen Schritt nach vorne zu tun, drängelt sich so mancher Novize zu einer amtlichen Wahrheit vor, die sich bei echter Empfänglichkeit für das Wahrhaftige als dienernd angenommene Glaubenshülse offenbart. Außerdem mag Gott es vermutlich nicht, wenn er vom Ehrgeiz anderer Leute überrumpelt wird, da er es in der Ewigkeit nicht eilig haben kann. So mancher, der sich nach vorne drängt, möchte eigentlich nicht Gottes guten Zwecken frommen, sondern er möchte sich durch vermeintliche Nähe zum Allerhöchsten stolz über dessen Schöpfung erheben. Als ob Gott so ein Vorrecht ausgerechnet ehrgeizigen Dienern erlaubt!

Wie dem auch immer sei, das Wesen der Verbindung hat etwas mit Frömmigkeit zu tun. Gute Verbindungen und fruchtbare Kontakte schafft man, indem man nicht zu lange zögert, beim Anknüpfen den ersten Schritt zu machen. Außerdem muss man es aus einer inneren Haltung tun, die wirklich frommen, also fördern will. Ist man beim Verbinden tatsächlich fromm, kommt dem, der es jeweils ist, die Rolle eines natürlichen Priesters zu. Echte Priesterschaft ist ein konkretes Tun, das jeder dann erfüllt, sobald er sich mit etwas anderem verbindet, bereit, den Wert des Andersseins tatsächlich zu bejahen. Sie ist kein Privileg und auch kein Ehrenamt für die, die sich der Partei eines Rituals verschreiben. Wer missioniert ist damit schon kein Priester mehr, weil er den Wert des Andersseins durch die Mission verneint.

3.11. Die Fahrt nach England und zurück

Leicht zu erahnen ist die Verwandtschaft des deutschen Verbs *„fahren"* mit dem indogermanischen Urwort *„per = hinausführen-über, übersetzen, hinüberführen"*. Eine Fahrt führt hinaus und *fort* in die *Ferne*.

„Übersetzen" kommt in zwei Varianten vor, je nachdem ob man es auf der ersten oder der dritten Silbe betont. Zunächst fährt man nach Dünkirchen und setzt von dort nach Dover über. In Dover angekommen, denkt man sich einen deutschen Satz aus und übersetzt ihn ins Englische, zum Beispiel: 'From us germans could you slaves of monarchy learn what is real demokraty, politiliness and english grammar!' Dies teilt man der verdutzten

Bevölkerung des Inselstaats mit und setzt sich dann von Dover nach Dünkirchen ab, um sich dem Unmut der humorlosen Gesellen zu entziehen.

Im Griechischen gab es das Verb „*peran*", das man am besten mit „durchdringen" übersetzen kann. Das lateinische „*per = durch*", ein klassischer Verwandter des „peran", begegnet uns noch heute in einer Reihe von Fremdwörtern:

Perkutan (durch die Haut) dringt die Sonde des Kardiologen ins Gefäßsystem vor. *Perfide* ist der Kardiologe, wenn seine Untersuchung nicht den diagnostischen Notwendigkeiten dient, sondern der Auslastung seiner apparativen Investition. Trüge der durch die Auslastung traktierte Patient einen Degen, drohte dem Kardiologen eine Vergeltungs*perforation,* die die Zukunfts*perspektive* der Geräteamortisierung stören könnte.

„Peran" benennt einen wesentlichen Aspekt des Fahrens. Das Übersetzen-von-hier-nach-da, lässt sich mit dem alltäglichen Gebrauch des Verbs „fahren" nur beschreiben, wenn materiell Konkretes, also zum Beispiel die Leiber von Reisenden mit der Fähre vom Festland zur Insel übergesetzt werden. Was geistige Prozesse und die psychosoziale Dynamik der Seele betrifft, kommt man beim Verständnis des „Hinausführens-über" weiter, wenn man es als ein „Übersetzen" und „Durchdringen = peran" erkennt. Indem man im Geist dieses mit jenem verbindet und spielerisch neue Verknüpfungen ausprobiert, übersetzt man die unausgesprochene Wirklichkeit in die Sprache der Welt und nennt diese Sprache „Wahrheit". Wer denkt, dolmetscht (ungarisch: tolmács = Vermittler). Das Denken ist die Vermittlung zwischen den Dingen und ihrem Betrachter, zwischen Subjekt und Objekt, zwischen allem und nichts.

Beim Knüpfen von Kontakten, führt die Verbindung, die dadurch entsteht, hinaus in den anderen und hinein in die Welt. Indem man sich im Kontakt miteinander verbindet, lässt man es zu, dass sich zwei Existenzen gegenseitig durchdringen. Ein großer Teil des eigenen Daseins überlappt sich daher mit dem Dasein der anderen. Ein anderer Teil reicht bis in die verschiedensten Verästelungen der materiellen Gegenwart. In der Gemeinsamkeit sind die anderen für den einzelnen sowohl tragende Matrix als auch Korsett. Die eigentliche Individualität im üblichen Sinne ist nur ein Teilaspekt des realen Individuums - wenn man im eigenen Interesse auch postulieren wird, dass er zumindest für das Individuum selbst ausgesprochen wichtig ist.

Die „*Gefahr*" bei der Begegnung liegt darin, dass jeder Kontakt Verbindlichkeiten fordert. Wer sich im Kontakt mit anderen verbindet, schafft eine Plattform gemeinsamen Daseins und verliert damit jenen Teil seiner

Freiheit, mit dem er sich ohne Absprache schuldlos wieder abwenden könnte. Wer im Kontakt steht, kann nicht mehr anders, als dem anderen förderlich zu sein, es sei denn zu dem Preis, dass er sich selbst damit schadet. Wer wirklich begegnet, kann keinen Ehrgeiz mehr haben, mehr als er selbst und mehr als der andere zu sein. Die Illusion der Ichs, willkürlich autonom zu sein, wird im Kontakt zugunsten einer differenzierteren Selbstwahrnehmung heilsam enttäuscht. Das verbundene Ich erkennt sich als einem Raum, zu dem sich personale Autonomie und atomare Zerstreuung zur wesentlichen Realität verweben. In der absoluten Begegnung verlässt das Ich ohne zu sterben die Welt.

3.12. Banden

Nachdem wir uns mit den etymologischen Sinnverwandtschaften zwischen der Vorsilbe „ver" und den Strukturen der Verbindung beschäftigt haben, kommen wir jetzt zum Wort „Bindung".

Um das Wesen der Bindung zu verstehen, stellen wir zunächst eine unverständliche These auf: Eine Bande ist keine Bande und beide haben weniger miteinander zu tun, als man beim Gleichklang der Wörter vermuten könnte. Gemeint ist hier einerseits die Familienbande, andererseits die Verbrecherbande.

Das erste Wort „Bande" bezeichnet den schicksalhaften Zusammenhalt innerhalb der Familie. Es spricht davon, dass die Mitglieder der Familie eine Schicksalsgemeinschaft bilden, die im Interesse einer gemeinsamen Sache, des Überlebens ihrer Gene nämlich, miteinander verbunden sind. Dieses Wort *„Bande"* stammt vom Verb *„binden"*.

Unter dem zweiten Wort „Bande" versteht man heute zwar eine sogenannte „kriminelle Vereinigung" und man meint, das Wort bezeichne den Zusammenschluss einer Gruppe von Verbrechern zu einem Interessenverbund, wenn man aber vorschnell zu verstehen glaubt, was das Wort durch seine Klangverwandtschaft mit dem Verb „binden" suggeriert, versteht man den wesentlichen Sinn der Bindung eben nicht. Obwohl sich nämlich, besonders im Falle von Erbstreitigkeiten oder standesungemäßen Mesalliancen, die eigentliche Familienbande als recht brüchig erweisen kann und man meinen könnte, man habe es innerhalb der Familie mit einer Bande ganz anderer Art zu tun, benennen beide Wörter grundverschiedene Dinge.

Weder dieses Wort *„Bande"* noch das mit ihm verwandte *„Bandit"* gehen auf das indogermanische „bhendh = binden" zurück, sondern es sind späte Früchte des Wortes *„bha = sprechen"*. Gemeint ist aber keinesfalls, dass Banditen besonders viel sprächen. Gerade unter den Mitgliedern einer Banditenbande wird die Verschwiegenheit - man erinnere sich nur an die der ehrenwerten Gesellschaften im Süden Italiens - mit Todesdrohungen eingefordert. Als Bindeglied zwischen dem indogermanischen „bha" und der Bande der Banditen findet sich nicht die Bindung, sondern das Wort „Bann". Ein Bann ist ein Bannspruch und er wird gesprochen, um die Trennung des Banditen von der Gemeinschaft zu bezeugen. Während das Sprechen verbindet, wird der Bandit durch den Bannspruch von der Verbindung ausgeschlossen. Er wird in die Hinterzimmer klammer Heimlichkeiten, ins Straflager oder auf eine Insel verbannt.

Nicht alle jedoch, die durch Bannsprüche ausgesondert werden, sind aber tatsächlich bloße Banditen. Das Unterscheidungsmerkmal zwischen dem echten Banditen und dem als Bandit verunglimpften Rebellen liegt darin, dass es innerhalb der echten Verbrecherbande keine echt gemeinsame Sache gibt, in deren Interesse man sich verbände.

Das Ziel, „gemeinsam" eine Postkutsche auszurauben, ist kein wirklich gemeinsames Ziel, denn jeder Bandit hat nur das einsame Ziel, sich selbst zu bereichern. Die Banditen tun nichts gemeinsam, sie brauchen sich bloß als Komplizen, um ihre verschiedenen Ziele einsam zu erreichen. So ist es ein erstaunlicher Hinweis auf die Weisheit der Sprache, dass im Wort „Bandit" das indogermanischen Verb „bha = sprechen" im Passiv spricht. Indem der Bandit nicht selbst spricht und sich durch das Sprechen verbindet, sondern indem über seine egozentrischen Ziele das Bannwort gesprochen und er damit aus der Verbindung ausgeschlossen wird, wird in gleichen Zuge ausgesagt, dass eine wahre Verbindung nur in einem gemeinsamen Interesse entstehen kann[33].

Das gemeinsame Interesse, das über die Egoismen des individuellen Narzissmus hinausreicht, ist ein gemeinsamer Nenner aller echten Kontakte. Belegt wird diese Behauptung durch die Wörter „*Bund*", „*Bündnis*" und „*bün-*

---

[33] Der Konkurrenzgedanke der Leistungsgesellschaft steht dem gemeinsamen Interesse teilweise antithetisch entgegen. Nur wo das Konkurrieren zu einem echten Spiel gehört, ist es für das gemeinsame Interesse sinnvoll. Wird die Konkurrenz jedoch zum bitteren Ernst, bleibt die Gemeinsamkeit im Grunde auf der Strecke. So wundert es nicht, dass aus der Bundesrepublik eine Banditenrepublik zu werden droht. Je hemmungsloser das Konkurrieren sich austobt, desto mehr zerfällt der Bund in einen Flickenteppich von Parteiinteressen, die sich für das Gemeinsame so wenig interessieren wie Banditen, denen es beim Plündern der Postkutsche nicht darum geht, Beute zu teilen, sondern darum, sich einen möglichst großen Anteil zu sichern. Indem sie sich einer globalisierten Wirtschaft überlässt, einer Staatsform, bei der der Gewinn den Auftrag erhält, sich über alle Grenzen hinwegzusetzen, wird das Bündnis abgeschafft.

deln", die sinnvollerweise nicht mit „bha", sondern mit *„bhendh"* verbunden sind. Wer eine Verbindung eingeht, stellt damit nicht nur eine Brücke her, über die er mit dem anderen einen für beide Seiten einträglichen Tauschhandel betreibt - zum Beispiel Heilung gegen Honorar - sondern die Brücke entsteht, damit sich über sie hinweg die Kräfte zu einer gemeinsamen Sache verbünden. Die echte Verbindung schafft ein Bündnis, in dem man das fremde Interesse als ein eigenes erkennt.

Kontakte, Bündnisse und Beziehungen, die auf dem Boden echter Verbindung beruhen, werden von sich aus, trotz aller Tiefe, einfach und klar. Kompliziert sind dagegen Vereinigungen in Komplizenschaft. Bei der Komplizenschaft sind Eigeninteressen in komplizierter Weise ineinander verschachtelt (complectere = ineinander verwickeln), sodass es bloß so aussieht, als bestehe eine Gemeinsamkeit.[34] In Wirklichkeit besteht ein Knäuel getrennter Stränge, deren Verstrickung dazu dient, den gefürchteten Kontakt zu vermeiden, ohne ganz verloren zu gehen. Paare, die sich jahrelang in einen Wust gegenseitiger Vorwürfe verheddern, sind solche Komplizen ohne echten Kontakt. Der andere ist ihnen kein Partner, dem man zu begegnen wagt, sondern Komplize und Beute, um die man sich balgt, in einer Person.

---

[34] Auch die undurchdringliche Komplexität des deutschen Steuerrechts ist ein Indiz dafür, dass es den Gesetzgebern nicht um Rechtstaatlichkeit geht, sondern dass die komplizierten Konstrukte das Werk echter Komplizenschaft sind und dazu dienen, die Legalisierung illegitimer gesellschaftlicher Strukturen zu vertuschen. Recht muss verstehbar und durchschaubar sein. Sonst ist es keins. Da selbst die höchsten Verfassungsrichter über Rechtsfragen jahrelang grübeln, ist fraglich, wie es dem Laien abverlangt werden kann, sich gesetzestreu zu verhalten. Wenn es sogar Richter nicht sagen können, woher soll der Laie jeweils wissen, was gerade rechtens ist?

III. Regeln

1. Die Struktur des „reinen" Kontakts

1.1. Der Homunkulus kämpft um die Entscheidung

Die Psychotherapie befasst sich mit der Psyche. Sie geht meist davon aus, dass das Wesen der Seinsform „Psyche" grundsätzlich bekannt ist und dass nur seine jeweils individuellen Charakteristika weiterer Erforschung bedürfen.

Wie das Denken der Menschen von alters her, so ist auch das unsere konkretistisch. Wir neigen dazu, Abstraktes zu substantivieren. In Ermangelung differenzierter Vorstellungen versehen wir komplexe dynamische Phänomene mit einem „der", einem „die" oder einem „das" und sprechen dann von „der Liebe", „der Psyche", „der Seele", „der Beziehung" und „der Depression". Ohne uns über diesen Husarenstreich der Einfalt zu wundern, tun wir so, als seien die nun zu Substantiellem deklarierten Dynamiken genauso zu handhaben, wie jene materiellen Dinge, die tatsächlich aus Substanz bestehen und daher ohne Verkürzung durch Substantive benannt werden können. Wir haben dann eine Seele, eine Beziehung und eine Depression. Wir suchen nach der große Liebe wie nach einer verlorenen Wertsache - Verflucht noch mal! Wo ist sie denn? - und wir trennen uns von ihr, wenn sie unseren Ansprüchen nicht mehr entspricht.

Das Wort „Substantiv" kommt von lateinisch „sub-stare = darunterstehen". Wer mit Dingen zu tun hat, die darunter stehen, meint, dass er selbst darüber steht und den Umfang, die Ausdehnung und den Horizont des Substantiellen, über das er sich erhebt, von oben überblickt. Solange man erkenntnistheoretisch keine Perfektion verlangt, trifft dieser Anspruch tatsächlich Sächlichem gegenüber in ausreichendem Maße zu. Leichtsinnig[35]

---

[35] Wenn man allerdings dem Leichtsinn nicht nur den erhobenen Zeigefinger entgegenhält, sondern ihm zugesteht, dass ihm ein Quäntchen eines leichteren und damit höheren Sinnes innewohnt, kann man sich an der Aussicht erfreuen, dass „die Psyche", „die Liebe" und „ die Seele" und wie diese hehren Dinge alle heißen mögen, von einer höheren Warte aus betrachtet tatsächlich virtuelle Substanzen sind und dass es über den Wipfeln die Freiheit gibt, sich mit diesen „Sachen" straflos zu vergnügen, weil der Geist dort oben die Grenzen auch der virtuellen Substanzen erkennt und es so leichten Sinnes im Dienste erleichterter Sinnlichkeit vermeidet, dass durch die falsche Einschätzung der Dinge Schaden entsteht. Vielleicht sind wir eine Art Elementarteilchen und irren durch die Feldkräfte der Psyche wie Elektronen

wird man aber, wenn man mit den von der menschlichen Einfalt verdinglichten Phänomenen genauso verfährt - und wer tut das nicht? Dann redet man über die Liebe, als wisse man, was das ist, und über die Psyche, als sei schon lange klar, dass es sich bei der Psyche um einen virtuellen Homunkulus namens „Ich" handelt, der im menschlichen Gewebe sitzt und sich mit mehr oder weniger Fortüne an der Produktion erfolgreicher Verhaltensweisen versucht. Hat sich der Homunkulus ein neues Projekt ausgedacht, für das er einen Mitmenschen braucht, gibt er seinen Sprechwerkzeugen den Befehl 'Bitte Kontakt zu Zielperson A aufnehmen' und wenn er bekommt, was er will, geht es ihm gut. Leider sind die Fähigkeiten des Homunkulus, erfolgreiche Handlungsprogramme zu entwerfen, fruchtbare Geschäftsverbindungen zu anderen Homunkuli zu knüpfen und die eigene Software ans Laufen zu bringen jedoch beschränkt; oder das Umfeld wirft ihm in boshafter Weise zu viele Knüppel in den Weg! Dann wendet er sich an einen Psychotherapeuten, damit der am psychischen Apparat die suboptimalen Funktionen maximiert.

Irgendwie ist es so. Jedenfalls kann man mit diesem Denkmodell eine Menge erreichen. Wahrscheinlich ist es aber auch anders. Der Homunkulus „Ich", der einmal mehr das Herz und einmal mehr das Hirn seines Wirtskörpers bewohnt, betrachtet sich in diesem Denkmodell als ein Individuum, das bis auf ein paar lästige Abstriche autonom seine Existenz verwaltet und im Rahmen seiner egozentrischen Verwaltungstätigkeit mehr oder weniger lebhafte Außenkontakte unterhält, über deren Kanäle es die Vorgänge seiner Lebendigkeit abwickelt. Allgemein akzeptiertes Ziel dieser Umtriebigkeit ist es heutzutage, das Dasein des Ichs möglichst angenehm zu gestalten; jedenfalls steht es so in so mancher modernen Verfassung. In diesem Modell glaubt das Ich, es sei da, wo sein Körper ist und nehme von diesem aus Kontakt zu anderen Ichs auf, die sich dort in den benachbarten Körpern befinden. Verschiedene Burgherren schicken sich über die trennenden Abgründe individueller Einzelexistenzen hinweg mit gelehrigen Brieftauben Botschaften zu und niemand käme auf den Gedanken, die Tauben dabei als Teile ihrer Herren zu betrachten. Souverän knüpft ein Burgherr diplomatische Beziehungen zum Souverän der benachbarten Autarkie und zum derart definierten Ich gehört nur, worauf nichts anderes direkten Einfluss hat.

---

durchs Metall und das solange, bis wir einen Ausweg finden aus dieser Psyche und ihrem nur scheinbar abstrakten Inventar. Da wir aber unterhalb der Wipfel leben, steht es uns nicht zu, in unangemessener Weise so zu tun, als seien die fraglichen Phänomene für uns bereits Substanz. Wir müssen uns damit bescheiden, dass wir zu sehr mit diesen Substanzen verhaftet sind und mühsam von innen ertasten, was man von weiter oben mühelos überblickt.

Obwohl dieses Modell zur Absicherung der legitimen Rechte des Einzelnen unerlässlich ist, greift es zur Erklärung des menschlichen Wesens zu kurz. Egal welche Gaben Kindern nämlich genetisch bereits in die Wiege gelegt werden, wenn man sie ohne Kontakte zu Menschen aufwachsen lässt, werden aus ihnen bestenfalls unglückliche Kreaturen, aber keine Individuen in unserem Sinne.

Von Geburt an lebt man in einem Gefüge von Kontakten wachsender Komplexität. Die erwachsene Persönlichkeit entwickelt sich erst als besonderer Pol aus dieser Beziehungsdynamik heraus. Die Annahme einer autonomen Individualität innerhalb der Grenzen des Ichs wird aus einem fluktuierenden Muster von Begegnungen herausabstrahiert. Dies legitimiert sich zwar durch den relativ guten Erfolg dieser Arbeitshypothese im täglichen Leben, führt aber zu unrealistischen Vorstellungen, wenn man unkritisch meint, die Existenz dieses alltäglich erfahrbaren Ichs gehe ihrer Kontaktaufnahme mit anderen Ichs zeitlich voraus und belege damit das Ich als den strukturellen Träger der individuellen Autonomie[36]. Das Ich ist zu seiner Existenz jedoch auf die Begegnung mit dem Du angewiesen und über Ichs, die ohne Kontakt zu einem Gegenüber etwas von sich wüssten, ist nichts bekannt. Es ist also anscheinend so, dass die Brieftauben nicht nur Werkzeuge, sondern Organe der Burgherren sind und dass das Ich und das Muster seiner Begegnungen eine untrennbare Einheit bilden.

Meist erlebt das Ich sich selbst unklar. Zum einen glaubt es, bereits eine autonome Entität zu sein. Zum anderen identifiziert es sich heftig mit dem Netzwerk seiner egozentrischen und innerweltlichen Interessen, die nur in unauflösbarer Verzahnung mit der Welt - also dem Nicht-Ich - als faktische Realitäten wahrgenommen werden können und deren Akzeptanz als Selbstobjekte[37] damit jeder echten Autonomie widerspricht. Dieser Widerspruch löst sich nur auf, wenn man die Pole der seelischen Existenz[38]

---

[36] Wofür man das Ich implizit hält, sobald man sich für eine einseitige Aussage entscheidet und sagt: 'Ich trinke Coca-Cola.' und vergisst, dass dieselbe Realität auch durch den Satz: 'Die Limonadenfirma erobert mit mir ein neues Marktsegment.' zu beschreiben ist.

[37] Selbstobjekte sind hier die Erscheinungen, für die man sich - bewusst oder nicht - selbst hält.

[38] Die Existenz des Ichs wird hier als ein Minotaurus gedacht, zu dem sich das transzendente Selbst und die Realität im Brennpunkt der Begegnung des Individuums mit seiner Umwelt verschmelzen. Ich entstehe wie ein Himalaja, wenn Indien auf die eurasische Platte trifft. Das Selbst, dem hier unauffällig und diskret eine transzendente Qualität zugewiesen wird, wird im vorgeschlagenen Denksystem als Axiom gesetzt. Der Begriff des Selbst postuliert ein zentriertes Gesamtgefüge aller Faktoren und Motive, die zur Existenz des Individuums beitragen und dass es dem Individuum im Idealfall möglich wäre, die erkennbaren Eigenschaften dieses

nicht mehr durcheinanderwirft. Denn einerseits gibt es das Selbst als wirklich autonome Einheit, die befreit von jeder Beengung keine konkurrierenden Partikularinteressen in der Welt vertritt, andererseits gibt es ein Ich, das sich zwar so egozentrisch gebärdet, als sei es der Nabel der Welt, das bei genauer Betrachtung jedoch kaum so viel echte Autonomie besitzt, als dass all seine egozentrischen Bemühungen letztendlich nicht doch den angestrebten Thron verfehlten und das deshalb nur als ein unterworfenes Teilstück des Weltgefüges aufgefasst werden kann. So ist man bloß ein Teil des Ganzen, solange man sich für das eigene Ego entscheidet und erst wenn man sich dem Ganzen ohne definiertes Interesse überließe, würde man tatsächlich zu sich selbst. Wirklich autonom erlebt sich das Bewusstsein also nur, wenn es absolut auf all das verzichtet, worin es sein Ich von anderen grundsätzlich zu unterscheiden glaubt. Zwischen diesen Polen seiner Existenz bemüht sich der Homunkulus um die Entscheidung, wer er wirklich ist.

Natürlich heißt das nicht, dass ein Ich permanent im Blickkontakt zu jemand anderem stehen müsste, um zu existieren. Üblicherweise sagt man: Erst wenn eine Vielzahl von gelungenen Kontakten verinnerlicht ist und das Ich über stabile Objektrepräsentanzen[39] verfügt, wird es fähig, von sich dergestalt abzulassen, dass es sich selbst begegnet. Erst dann wird das Ich selbst-bewusst - also dessen bewusst, dass es über alle Flüchtigkeit des Seins hinweg von seinem Selbst getragen wird - und erst als ein seiner selbst und seiner Grenzen bewusstes Wesen kann das Ich sich reflektiert und sachgerecht Problemen widmen, ohne vom Erfordernis der Probleme fremdbestimmt zu sein.

Aber man kann es auch so sagen: Das Ich wächst durch differenzierende Kontakte, sodass die Kontakte nicht nur seine Funktion und Zeichen seiner seelischen Aktivität, sondern ein wesentlicher Teil seines Gewebes sind. Und wenn Kontakt als Organ zum Organismus der Psyche gehört, dann ist es ein Organ, das verschiedenen Ichs gemeinsam ist und es ist jenes

---

Gesamtgefüges irrtumsfrei wahrzunehmen. Das potentiell bewusste Gewebe aller Wahrnehmbarkeiten des individuellen Existenzgefüges ist das Selbst. Das Selbst ist umfassender als das Ich. Der Schwerpunkt des Ichs liegt im menschlichen Dasein, der Schwerpunkt des Selbst liegt irgendwo. Dem Selbst wird Transzendenz zugeschrieben, weil es seiner Subjektivität gelingen könnte, dem Ich als einem begrenzten Objekt in Zeit und Raum zu begegnen und sich auf diese Weise von sich selbst als einem konkurrierenden Ich bis zur völligen Neutralität zu distanzieren. Die Sprache hat für „das Selbst" keine Pluralform gebildet. Offensichtlich geht sie davon aus, dass es zwar viele Ichs, aber nur ein Selbst gibt, in dem sich alle Existenzen kreuzen.

[39] Das sind die gestalteten Vorstellungsbilder von Du´s.

Organ, über dessen Formbarkeit ein Psychotherapeut die Psyche des Klienten erreicht.

1.2. Psychopathologie als Kontaktpathologie

Die Quelle aller psychologischen Erkenntnis ist der Kontakt. So prägnant darf man es sagen, wenn man die wenigen Ausnahmen einmal ausklammert, ohne sie ganz aus dem Gedächtnis zu streichen. Zwar stammen einige Erkenntnisse tatsächlich aus Verhaltensbeobachtungen isolierter Personen - zum Beispiel halluzinierender oder katatoner Psychotiker - oder aus ausgeklügelten Versuchsanordnungen der experimentellen Psychologie, doch sind die so gesammelten Einsichten in die Dynamik des Seelenlebens dürftig. Der ganz überwiegende Teil des psychologischen Wissens stammt aus der Betrachtung zwischenmenschlicher Kontaktsequenzen, und die Ausnahmen davon bestätigen die Regel.

Selten stehen die Untersucher dabei außerhalb, zum Beispiel hinter einer Einwegscheibe und beobachten aus der Ferne, was andere miteinander machen. Meist ist der Untersucher selbst Teil des Kontakts, aus dem er seine Erkenntnisse schöpft. Entweder indem er die Strukturen des aktuellen Kontakts erfasst, oder indem er den Kontakt dazu benutzt, andere zwischenmenschliche Begegnungen zu analysieren.

Einen wesentlichen Teil seiner Erkenntnisse gewinnt der Untersucher introspektiv. Zum einen weil er in der Selbsterfahrung die Rolle des Klienten übernimmt, der an Hand erinnerter oder phantasierter Kontaktsequenzen seine seelischen Reaktionen studiert und zum anderen, weil er sich selbst in der Rolle als Therapeut nicht als eine objektive Größe verkennt. Er trägt dort vielmehr der Tatsache Rechnung, dass er selbst in jeder Begegnung von der ihr innewohnenden Dynamik erfasst wird und er sich zum besseren Verständnis des Geschehens in die Untersuchung miteinbezieht.

Das Wesentliche jedenfalls ist, dass das Kontaktverhalten des Klienten Hauptinhalt jeder Therapie ist und dass die Untersuchung „intrapsychischer" Vorgänge zwar logische Konsequenz, aber nur sekundäre Folge der Fokussierung des Kontaktverhaltens ist. Zwar kommt so mancher Klient mit Symptomen in die Therapie, die auf den ersten Blick nichts mit anderen Menschen zu tun haben - Phobien oder Panikattacken, Zwänge oder depressive Verstimmungen zum Beispiel - doch kommt man immer, wenn man diesen Dingen auf den Grund geht, zu einem Muster gestörter Sozialbeziehungen und pathologischer Kontakte.

Diese Tatsache und die oben versuchte Beschreibung einer einheitlichen Genese von Psyche und Beziehung führen zur These, dass man Psychopathologie auch als Kontaktpathologie beschreiben kann. Wenn man das tut und davon ausgeht, dass Kontakt nicht nur eine schillernde Funktion sozial aktiver Einzelseelen ist, sondern ein übergeordnetes ontisches Phänomen, geht man implizit auch davon aus, dass es eine gesunde, adäquate und im bestem Falle mit der eigenen inneren Gesetzmäßigkeit stimmige Form des Kontakts gibt und dass die krankhaften Variationen mehr oder weniger von diesem Ideal abweichen.

Allerdings, so muss betont werden, soll diese archetypische Sonderform des Kontakts, deren Beschreibung hier versucht wird, nicht als einheitliches Ideal aller gesunden Formen zwischenmenschlicher Beziehungen postuliert werden. Die Gesundheit einer Beziehung misst sich nicht daran, ob durchgehend ein Höchstmaß an Begegnungsintensität erreicht wird. Das könnte niemand aushalten. In der gesunden Beziehung sind aber solche Momente intensiver Begegnung möglich und in ein wechselndes Muster positiver Variationen geringerer Intensität eingebettet. Kranke Beziehungen zeichnen sich durch starre Muster negativer Variationen aus und echte Begegnungen intensiver Art fehlen. Was im kranken Kontakt als intensiv imponiert, ist nicht die Begegnung, sondern das Ausagieren pathologischer Muster, die immer mehr oder weniger autistisch bleiben.

Die reine (= ausgesiebte) Form des mit sich stimmigen Kontakts ist nicht der therapeutischen Situation vorbehalten, sondern die ontische Urform, an der sich alle interindividuellen Kontakte orientieren. Der Begriff „reiner Kontakt" kann jedoch als synonym mit dem Begriff „therapeutischer Kontakt" verwendet werden, weil die Qualität der alltäglichen Kontaktvarianten des Klienten davon abhängt, welche positive Begegnungsintensität er erlebt und damit verinnerlicht hat. Je reiner ein Mensch begegnen kann, desto freier ist er im Kontakt zu seiner Umwelt. Schon aus ökonomischen Gründen ist es daher Aufgabe des Psychotherapeuten, eine größtmögliche Kontaktintensität herzustellen, damit sich das Repertoire an Beziehungsmöglichkeiten beim Klienten neu strukturieren kann. Weniger intensive Begegnungsformen zwischen Therapeut und Klient sind selbstverständlich wirksam. Je oberflächlicher der interpersonelle Kontakt jedoch bleibt, desto länger dauert es, bis er wirkt und desto flacher wird die Wirkung sein. Da Kontakt nicht nur Funktion, sondern Teilstruktur der Psyche ist und zwar jene Teilstruktur, die Veränderungen von innen nach außen und von außen nach innen vermittelt, ist eine größtmögliche Kongruenz des therapeutischen Kontakts mit den Regeln des reinen ontischen Phänomens „Kontakt" die beste Voraussetzung für eine gute Wirksamkeit.

Um Hinweise auf jene Form des Kontakts zu bekommen, die mit ihrem Wesen stimmig ist, wurden in den ersten drei Kapiteln dieses Buchs die Begriffe „Kontakt", „Berührung" und „Verbindung" etymologisch untersucht. Grundidee war, dass sich in den Bedeutungen der verschiedenen Verwandten der drei Wörter die Bedeutungsfacetten eben dieser Wörter in allen Farben spiegeln, sodass man die Vielfalt des ganzen Phänomens im Prisma seiner Assoziationen erkennt.

Dieses Vorgehen hat eine Reihe von Ergebnissen erbracht, deren Bedeutung für die Struktur des „reinen Kontakts" näher bestimmt werden soll. Dazu werden einige der etymologisch gewonnenen Begriffe erneut aufgegriffen und dahingehend untersucht, welche relevanten Themen sie ansprechen. Die Hinweise werden dann entsprechend bestimmter Themen gruppiert, die sich bei der Synopsis der Ergebnisse herauskristallisieren. Jedem Thema wird ein Charakteristikum des „reinen Kontakts" entsprechen. Wie man dabei sehen wird, überschneiden sich die Bilder, die den unterschiedlichen Überschriften zugeordnet sind, sodass ein Gewebe von Vorstellungen entsteht, in dem die wesentliche Struktur des „reinen Kontakts" hängen bleibt.

1.3. Vom Wort zu den Kriterien des „reinen" Kontakts

1.3.1. Mit

„Mit" meint „einschließlich, inbegriffen" und ist somit der Inbegriff von Zugehörigkeit und (→) Integration. Die Zugehörigkeit einer Person, die in ihr Umfeld integriert ist, bedeutet jedoch mehr als ein Dabeisein, in dessen Folge die Person quasi als Lohn dafür, dass sie zu ihrem Umfeld passt, passiv dessen Schutz genießt. Echte Zugehörigkeit bedeutet, dass man im selben Maß auf das Umfeld einwirkt, wie man dessen Impulse empfängt. Zugehörigkeit ist eine Integration von Aktivität und Passivität, von Ausdruck und Hinnahme, von expansivem Impuls und Berührbarkeit. Die echte Integration beruht auf (→) Gegenseitigkeit. Individuen, die auf die aktive Einwirkung auf ihr Umfeld verzichten, sind daher sozial desintegriert, selbst wenn sie ein Leben lang nicht auffallen[40].

---

[40] Viele dieser unglücklichen Menschen haben große Angst, nicht mehr dazuzugehören, sobald sie als die, die sie tatsächlich sind, einmal auffallen sollten. Daher orientieren sie sich so zwanghaft an den Klischees der Normalität, dass sie mehr mit den Normen in Kontakt

„Mit" bedeutet also nicht nur, dass man dabei ist, sondern auch, dass man mitmacht. Wenn man sich auf die Dynamik seiner Lebenswelt einlässt und bei dem, was vorgeht, mitmacht, passiert es zwangsläufig, dass man so auch fortkommt. Jedes Fortkommen heißt Verwandlung und ist ein weltliches Äquivalent der (→)Transzendenz. Jedes Mitmachen mit authentischem Ausdruck ist ein primär religiöser Akt[41].

1.3.2. Neben

„Neben" klingt nach *Nähe* und *Nachbarschaft*. Gleichzeitig spricht es die Frage an, ob man den Nachbarn, der nebenan in der Nähe wohnt, als *ebenbürtig* achtet oder nicht. Der Anspruch auf die Anerkennung der (→) Ebenbürtigkeit im konkreten Kontakt ist tief im Wesen des Menschen verwurzelt. So ist es kein Zufall, dass sich an dieser Frage, über den Jägerzaun des persönlichen Horizonts hinweg, so mancher Streit entzündet und dass die vermeintliche Liebe[42] und der echte Hass so nahe beieinander liegen.

1.3.3. Bei

„Bei" meint *„in der Nähe von..."*. Eindeutig schwingt neben der Grundidee des Beieinanders zweier Personen, die die gegenseitige Nähe als Ausdruck der Akzeptanz ihrer (→) Ebenbürtigkeit bejahen, eine zweite Bedeutungsfacette mit. „In der Nähe von..." ist auch als ein *„ungefähr"* zu verstehen, als ein *„fast"*, ein *„circa"*, ein *„nahezu"* und es erinnert daher daran, dass es in der Menschenwelt zur wirklichen Nähe gehört, den anderen ganz zu akzeptieren, auch wenn er den Erwartungen nur ungefähr entspricht. Die Akzeptanz der Nähe erfordert die Akzeptanz der Tatsache, dass unsere Vorstellung von Perfektion der lebendigen Varianz der Wirklichkeit nicht gewachsen ist.

---

sind als mit der Realität sozialer Beziehungen, vor deren Verlust sie sich so fürchten. Ihr ängstlicher Versuch auf Teufel komm raus dazuzugehören, führt sie paradoxerweise in einen Zustand, den man als überangepasste oder stille Desintegration bezeichnen könnte.

[41] Sofern man nicht bei etwas mitmacht, das dem Ausschluss dient.

[42] Vermeintlich, weil die echte Liebe keiner Bestätigung mehr von außen bedarf, also auch keiner wohlwollenden Nachbarschaft jenseits des Jägerzauns. Liebe ist kein Geschäft und sie kann am Undank nicht leiden. Echte Liebe liebt nicht, weil sie vom Geliebten als Dank eigenes Geliebtsein erwartet, sondern weil sie mit Freude den zweckfreien Wert des Geliebten erkennt.

Nahe bei der Welt kann nur sein, wer nicht mit der Vernunft über sie herrschen will. Erst der Kontakt macht die Prinzipien weise.

1.3.4. Kontra

„Kontra" ist eine lateinische Variante des „mit" und man könnte leicht denken, die teilweise Synonymität, die im etymologischen ersten Kapitel behauptet wurde, sei bloß eine exotische Eigenheit des Lateinischen. Falsch! Auf deutsch heißt „kontra" „gegen" und man braucht nur daran zu denken, dass 'gegen fünf Uhr' nichts anderes heißt, als „ungefähr, circa, fast, nahezu fünf Uhr", um zu erkennen, dass all dies gleichzeitig synonym mit „bei" ist. Und das „bei" spricht doch vom akzeptierenden Miteinander derer, die sich als ebenbürtige Partner begegnen. Die Spannung zwischen dem Ungefähr der echten Begegnung und dem abstrakten Anspruch nach perfekter Erfüllung der Wünsche bewirkt, dass der Gegensatz von Interessen beim (→) solidarischen Kontakt als (→) Intensität erlebt werden kann, die die Sehnsucht nach solipsistischer Wunscherfüllung in den nüchternen Realismus (→) transzendiert, dass irdische Stachelbeeren für den Menschen besser sind als himmlisches Manna. Im solidarischen Gegeneinander liegt das Versprechen, die Welt füreinander zu erweitern, indem man den Raum zwischen sich und den anderen aus eigener Kraft offenhält.

1.3.5. Kontingent

Kontingente bilden die Komponenten von Systemen, die dem Kontingent einerseits eine begrenzte Rolle im Ganzen zuweist, es ihm aber andererseits ermöglichen, an etwas teilzuhaben, das seinen Horizont übersteigt. Kontakt heißt daher Überstieg (→Transzendenz) in ein (→) integriertes Ganzes durch gleichzeitiges Innesein der eigenen (→) Begrenzung. Zugehörigkeit ist nicht erst sekundärer Erwerb isolierter Teile. Sie gehört wie die Begrenzung wesenhaft zum Teil dazu.

Individuen verwirklichen ihre wahre Bestimmung deshalb nur, wenn sie im realen Kontakt ihre Grenzen erleben und im gleichen Zuge mit jenem unberührbar Ganzen übereinstimmen, in das sie der Kontakt integriert. Das Ganze ist unberührbar, weil es selbst keine Grenze hat, an der man es berühren könnte. Es kann sich nie von außen, sondern nur als innere Stimmigkeit begreifen, deren Resonanz jenseits aller Grenzen schwingt[43].

1.3.6. Tangieren

Was mich tangiert, geht mich etwas an. Wenn mich etwas angeht, was so nicht angeht, muss ich es eben angehen. Wenn ich ernsthaft angehe, was mich etwas angeht, wird es auch angehen.

Anders ausgedrückt: Was mich tangiert, betrifft mich. Wenn es mir Kummer macht und ich nicht will, dass es so weitergeht, muss ich etwas tun. Wenn ich ernsthaft anpacke, was mich betrifft, wird die Mühe Früchte tragen.

Erst im Kontakt erfahre ich von dem, was mich tatsächlich betrifft. Dort begegne ich meiner wahren Sorge und dem Feld, auf dem ich tun kann, was die Sorgen vertreibt. Jede Begegnung erfordert die (→) Solidarität mit dem, was man trifft. Nur wenn man in der Begegnung nicht der Sorge ausweicht, kann man im richtigen Handeln der Welt (→) ebenbürtig sein. Lässt man sich nicht auf die Sorge ein, um eine scheinbare Souveränität zu bewahren, verharrt man in einer zerbrechlichen Pose. Wirklich sicher ist nur, wer sich von der Tragik der Welt überwältigen lässt.

1.3.7. Tasten

Mit dem Tastsinn erfühlt man die Welt. Das Bild, das man von ihr hat, entspricht entweder der Struktur der Kontakte, die man zur Welt unterhält oder den Vorstellungen, die man sich von ihr macht. In der Realität ist das Bild eine Mischung aus beidem, das sich um so mehr vom bloß Vorgestellten entfernt, je mehr man die Welt im Kontakt berührt. Der Kontakt ist der Ausstieg, durch den sich das Halbe verlässt, um durch die *Teil-nahme* am Stückwerk des Daseins den Einstieg in seine Ganzheit zu finden. Im ande-

---

[43] Also dröhnt die Welt wie ein Orgelkonzert in einer Kathedrale, deren Bausubstanz aus dem Schalldruck besteht, der sich dort aufbaut, wo sich tausend Vibrationen zu Wänden, Böden und Pfeilern überlagern und der Stein ist, solange es niemanden gibt, dessen Gehör dieser Gewalt zur Empfängnis bereit widersteht.

ren tastet die suchende Ganzheit nach dem, was sie selbst einmal werden wird.

Die Psyche ist der virtuelle Abdruck der Wahrheit jenes Teils der Wirklichkeit, dem sie bereits begegnet ist. Da die Struktur der Psyche der Wahrheit als Ganzem nie genügt, fühlt sie sich stets von ihrer Macht bedroht. Vorstellungen beruhen auf hypothetischen Urteilen, auf gedanklichen Simulationen, durch die ein Weltbild entworfen wird, das die Struktur der Psyche in ihrem aktuellen Wissensstand auf die Welt überträgt. So versucht die Psyche zu erraten, was sie nicht wissen kann, oder was sie nur wissen könnte, wenn sie den wahren Kontakt zu den Dingen riskierte.

Vorstellungen verstellen der Wahrheit den Weg ungehemmt auf die Psyche einzuwirken. Die Psyche setzt sich aus dem Echo tatsächlicher Begegnungen mit der Wirklichkeit und jenen Vorstellungen zusammen, die als Spekulationen über diese Wirklichkeit auf dem Boden bereits integrierter Erkenntnisse möglich sind und die der Psyche zum Schutz ihrer Integrität als notwendig erscheinen.

Bedingung zur (→) Integration weiterer Aspekte der Seins in den Korpus der Psyche ist die (→) Exploration der als Realität verwirklichten Wahrheit. Da die Wahrheit als Ganzes jede Psyche vielfach durchkreuzt, ist der echte Kontakt für die Psyche ein ständiges Wagnis, in dem sie sich fürchtet, an der Wahrheit zu zerbrechen. Unabdingbarer Teil jeder Erkenntnis ist das Scheitern von Vorstellungen an der Realität. Nicht umsonst ist es der Psyche so zumute, wie sie den Mut hat, zu erfühlen, wie die Dinge wirklich sind.

1.3.8. Taxieren

„Taxieren" heißt „einschätzen" und „abschätzen". Es meint daher, dass das Taxierte als Schatz erkannt und als Wert in das Weltbild eingebracht wird. Der Wert des Abgeschätzten wird durch das Taxieren von dem abgetrennt, was ihn unkenntlich macht. Richtig einschätzen kann man Dinge also nur, wenn man ihnen einen positiven Wert zuspricht. Man kann nur erkennen, was man als liebenswert auffasst. Bejahende (→) Solidarität und Akzeptanz der (→) Ebenbürtigkeit sind deshalb Grundpfeiler eines jeden Kontakts, der den ihm inneliegenden Impuls zum Taxieren stimmig befolgt. Indem das Verb „taxieren" einen Modus der Erkenntnis benennt, verbindet es die (→) Exploration mit der Solidarität und der Ebenbürtigkeit in einen gemeinsamen Kontext. Nichts wird erkannt, ohne dass man seinen Wert durch die

Erkenntnis anerkennt. Erkenntnis ist die Wertschätzung der Dinge. Man hat erst erkannt, wenn man erkennt, worin der Wert des Erkannten besteht.

Im Gegensatz zum „Abschätzen", das den Wert des Abgeschätzten grundsätzlich bejaht, bezeichnet der Begriff „abschätzig" einen feindseligen Missbrauch des Abschätzens. Die abschätzige Geste trachtet danach, den Wert des Erkannten zu leugnen.

1.3.9. Intakt

„Integer" und „intakt" bedeuten beide „unberührt", doch fällt es bereits beim Wort (→) „Integration" leicht, zu erkennen, dass die Unberührtheit des Integrierten nachgerade darauf beruht, dass das Integrierte sein Umfeld harmonisch berührt. Auch die „Integrität" einer Person besteht wesentlich darin, dass die integere Person mit sich selbst und ihrer Lebenswelt in inniger Berührung steht. Unberührt ist also nicht, was in spröder Isolation abseits aller Bezüge sich selbst überlassen bleibt, sondern was jene stimmige Beziehung zu den Dingen verwirklicht hat, die seinem Wesen zukommt. Ganz ist erst jener, der seine Autonomie gewinnt, indem er sie seinem Beziehungsschicksal überlässt. Zu diesem Schicksal gehört auch, dass der Berührung gleichzeitig eine Ablösung innewohnt, die erst gewagt sein muss und dann als Lohn genossen werden kann. Integration verbindet die Freiheit mit der Anerkennung des handelnden Dankes, den der Freie der Welt für die Freiheit schuldet. Erst wenn er den Dank leistet, kann er es annehmen, dass die Welt ihn in kein Joch mehr bindet. Nur wer liebt, wovon er sich frei macht, kann sich ohne Schuld in die Freiheit entbinden.[44]

1.3.10. Berühren

Im vollen Sinne des „Bei-rührens" ist jede Berührung ein „Einbringen". Echte Berührung ist daher ein grundsätzlich (→) solidarischer Akt. Er kann nur im vollen Sinne geschehen, wenn man ins Berührte etwas einbringt, dass heißt, wenn man ihm durch die Berührung etwas gibt. Berührung ist Gabe. Wer die Gabe hat, zu berühren, wird in der Berührung stets etwas geben.

---

[44] Das ist auch der Grund, warum man so oft über die Sklaverei jammert, an die man sich klammert. Nur wenn man annehmen könnte, was man nicht loslässt, wäre man davon befreit.

Da (→) Gegenseitigkeit zum Wesen des (→) ebenbürtigen Kontakts gehört, entspricht der solidarischen Gabe im Kontakt die (→) Akzeptanz dessen, was man dabei gegeben bekommt. Man kann nichts geben, ohne zu empfangen.

Auch wenn man die Berührung als ein bloßes „Angrenzen" versteht, ist diese Regel gültig. Beim Angrenzen gibt man dem Berührten eine Grenze, was für jedes Dasein, das sein wahres Wesen nur in einer begrenzten Form unbegrenzt erfüllen kann, durchaus förderlich ist, selbst wenn die Abgrenzung womöglich empört. Doch in jeder Grenze, die man gibt, findet man auch eine eigene.

Ist man von einer Sache berührt, so kann es sein, dass man durch sie zutiefst bewegt wird. „Bewegt" meint, dass man durch die Berührung auf einen Weg gebracht wird, der, geht man ihn beherzt zu Ende, dorthin führen wird, wo man sich selbst verwandelt. Jede echte Berührung ist somit ein kleiner Schritt in die Richtung einer großen (→) Transzendenz.

1.3.11. Für

„Für" ist ein Nachkomme des räumlichen „vor" und es beschreibt „Vortschritt" im übertragenen Sinne. Überträgt man den derben deutschen Begriff des „Fortschritts" in edles Latein und wendet man ihn auf das Verhältnis zwischen dem Geist und seiner Wahrheit an, spricht man von (→) Transzendenz. Der Fortschritt des Geistes ist sein Streben nach Transzendenz. Jede Welt, die ein Geist schafft, dient dem Zweck, sich daraus zu entfernen. Geist schafft Welten, damit er von dort aus auf sich zukommt.

Wesensmerkmal der Subjekte ist, dass sie keine Gegenstände, sondern „Fürstände" sind. Das Ich definiert sich als das, wo*für* es ist: für die Respektierung seiner Rechte, für die Fortsetzung der Koalition, für die Senkung der Körperschaftssteuer. Auch wer dauernd gegen etwas ist, bleibt im Modus des „Für". Er ist dann für den Widerstand gegen die Atomkraft, die Abtreibung oder die Abholzung der tropischen Regenwälder. Wie immer es sich drehen und wenden mag, es gehört zum Wesen des Ichs, das es der Einsatz für das ist, was es gutheißt. Das Ich weist stets auf jenes hin, was es durch sein Dasein fördern will.

Wenn überhaupt Wertunterschiede zwischen zwei Ichs benannt werden können, so kann ein Unterschied nur im Wert dessen begründet sein, wofür sich das eine oder das andere Ich einsetzt. Bezüglich der Herkunft können Menschen sich nie in ihrem Wert unterscheiden. Ein Denken, das derlei behauptet, widerspricht dem Wesen des Menschen. Es ist unwesentlich, weil es das Wesen des Menschen als Fürstand verleugnet.

Noch mehr, als wenn das Ich für sich allein ist, gilt dies, wenn es sich im Kontakt mit einem Du befindet. Der gesunde Kontakt, so wie er dem eigentlichen Wesen des Ichs entspricht, beinhaltet stets die (→) Solidarität mit dem, was sich im Kontakt begegnet. In jedem reinen Kontakt will das Ich das Berührte fördern, auch wenn dieses Fördern ausschließlich im unnachgiebigen Widerstand gegen jene Aspekte des Berührten besteht, die dessen eigentliches Wesen bis zur Unkenntlichkeit verstellen. Die Abgrenzung gegen das Falsche, der Widerstand gegen das Unwahre am anderen ist eine besondere Form der Solidarität mit dem, was er wirklich ist.

1.3.12. Fort in die ferne Fremde

Indem die Verbindung über etwas hinausführt, weist sie von dem, der sich bindet weg und fort in die Ferne. Auch hierin wird das Motiv der (→) Transzendenz benannt. Indem man durch eine Kette wechselnder Verbindungen in die Ferne geht, erkundet man im gleichen Zuge alles, was einem unterwegs begegnet. Verbindung und Kontakt sind daher (→) explorativ. Kontakt ist dem Fremden zugewandt. Er ist per se (→) solidarisch. Indem Kontakt Grenzen überschreitet, zerstört er sie nicht, sondern er belässt sie dort, wo sie sind. Die solidarische Überwindung von Grenzen, ist der volle Respekt der (→) Begrenzung als Prinzip jeden Daseins. Durch die Solidarität im Kontakt mit dem Fremden, vollzieht sich seine Integration.

1.3.13. Fürst

Für, fürster, am fürsten; so lautet die Steigerung des Wortes „für". Personifiziert wird der Superlativ eines 'Ich bin dafür' im Titel des Fürsten. Der Fürst ist jenes hypothetische Subjekt, in dem sich der Bezug jener Dinge bündelt, die stellvertretend für seine Einheit ins Viele aufgefächert im Raum der Existenz stehen. Das Wesen des Fürsten ist das „Maximum des Füreinanderseins", das die Dinge verbindet[45]. Wenn das Wesen des eigentlichen

---

[45] Theorien, die den Leser nicht so sehr wie die meine durch komplizierte Abstraktionen zu beeindrucken versuchen, bezeichnen das „Maximum des Füreinanderseins" gerne mit dem altmodischen Begriff der „Liebe". Obwohl es sich hier um ein und dasselbe handelt, vermei-

Fürsten im Maximum eines Füreinanders zu finden ist, heißt das, dass der Verbindung der einzelnen Teile eine Schlüsselrolle im Kontext des Daseins zukommt. So ist es folgerichtig, dass im Wort „Verbindung" das (→) solidarische Wesen des „Für" bereits mitschwingt, das stets über die Grenzen eines Teiles hinausweist und im Hinausweisen aufs Ganze die (→) Begrenzung des Teils gelassen hinnimmt.

1.3.14. Die Gefahr der Erfahrung

Eine gemeinsame Schnittstelle der Wörter „Experiment" und „Gefahr" liegt in der indogermanischen Ursilbe „per = hinausführen über". Von dort aus weist der Weg bis zur „Verbindung". Echte Verbindungen sind stets Wagnisse und weil man im Wagnis wirklich etwas riskiert, machen sie das Leben (→) intensiv. Das Wort „Wagnis" meint, dass da etwas abgewogen wird, also eingeschätzt und in seinem Wert beurteilt. Sieht man die unverbrüchliche Gemeinsamkeit von Wagnis und Verbindung, von Experiment und Gefahr, erkennt man leicht, dass jeder echte Kontakt die Welt (→) exploriert. Begegnen heißt, vom anderen etwas Neues zu erfahren und wer meint, er kenne bereits, was ihm begegnen wird, begegnet nicht. Kontakt ist immer expansiv und führt stets hinaus in die Gefahr, in der man eine Erfahrung riskiert, nach der man selbst nicht mehr zu halten ist. Im Kontakt erfährt der Mensch, dass er die Reise zu etwas anderem ist.

1.3.15. Fordern

Die Sprache hat Möglichkeiten erfunden, Tatsachen, die jemanden verschrecken könnten, in gezähmter Weise mitzuteilen. So sagt man beim Bäcker, man hätte gerne sechs Brötchen, und der Mann hinter dem Tresen versteht, was man will, ohne dass man sich weiter exponieren müsste. Tatsächlich heißt „gerne" jedoch 'Ich bin gierig'. Unter wohlerzogenen Menschen ziemt es sich aber nicht, die blanke Gier unverhohlen einzugestehen,

---

den wir den süßlichen Begriff. Zum einen, weil von der Liebe hundert mal mehr gesprochen als verstanden wird und zum anderen, weil jeder Autor so tun muss, als hätte er etwas Neues zu sagen. In Wirklichkeit steht alles, was fürs Menschsein von Bedeutung ist, jedoch schon bei Seneca und Marc Aurel.... und einem Dutzend anderer Zeitgenossen der Antike; und oft sogar unübertrefflich gut formuliert!

weil man sich vor der Intensität der Impulse und den abweisenden Blicken befremdeter Mitmenschen fürchtet. Wo käme man auch hin, wenn man einer Angebeteten, statt sie mit einem arglosen 'Ich möchte Dich heute Abend gerne zum Essen einladen' zu ködern, gleich die nackte Wahrheit offenbarte: 'Du süßes Luder, lass uns erst unsere Gier auf ein gutes Essen stillen! In der Nacht danach will ich dann als dampfende Brunst im Strudel Deiner Wollust meinen wilden Tod erleben!' Nur wenige Frauen nähmen da nicht gleich Reißaus und so lohnt sich weiterhin das Kreidefressen.

Fordernd wird man, wenn die sublimante Höflichkeit des zarten Wünschens in Begierden umschlägt, deren Drängen man nicht für sich allein behält, sondern die man ohne falsche Scham - vielleicht beflügelt von einem Glas glutroten Weins - dem Gegenüber näherbringt. Dann mündet, was bei Tisch bis dahin harmlos plätschert, in eine andere Phase der Beziehung, in der die (→) Intensität, die jeder Begegnung prinzipiell innieliegt, endlich aus den Fesseln bricht und rauschhaft spürbar wird. Wer mehr vom geladenen Gegenüber verlangt, als dass ihr die angebotene Mahlzeit mundet, bringt die Speise dem segensreichen Gott des Kontakts als ein vorgezogenes Dankesopfer dar, damit der dafür sorgt, dass sich das verborgene Verlangen als mächtige Versuchung offenbart und nach der Sättigung des Magens in eine andere Art ihres Hungers mündet.

1.3.16. Fahren

Kontakt ist das Medium einer Fahrt, die jeden, der daran teilnimmt, befördert. So weist das Wort „fahren" auf die (→) Gegenseitigkeit der Beförderung, auf die Erfahrung die man dabei macht, auf die (→) Solidarität des gemeinsamen Tuns und auf die (→) Transzendenz hin, die hinter jeder Begegnung erahnt wird. Im Wort „Fahrt" wird das Wesen des Menschen genauer benannt, als wenn man bloß vom „Dasein" spricht. Eigentlich ist der Mensch nicht da, sondern er kommt vorbei. Kontakte sind Etappen, in denen er vorübergehend wirklich wird. Mit jedem Kontakt will er präsenter sein, denn in der Gegenwart des anderen findet er das Diesseits, in das er hineingeboren wird.

1.3.17. Fördern

Wenn im Wort „Verbindung" die Verwandtschaft zum Verb „fördern" angelegt ist, braucht man hier keine besonderen geistigen Umwege zu gehen, um daraus abzuleiten, dass es zum grundsätzlichen Wesen des Kontakts gehört, dass sich die Partner darin in (→) gegenseitiger (→) Solidarität nützlich sind. Nützt ein zwischenmenschlicher Kontakt nur einer Seite, hat er sein reines Wesen nicht nur verfehlt, sondern schadet sogar beiden. Wollen sich beide aktiv schaden, dann gilt diese Regel erst recht. Wahre Berührung wird nur in der Bejahung wirklich. Wer schaden will, kann dies nur in dem Maße tun, wie er dabei einsam ist.

1.3.18. Bündnis

Einmal mehr: Verbindung spricht vom Bündnis und Bündnisse von der wechselseitigen (→) Solidarität derer, die sich im Bund verbinden. Wenn Kontakt mit jedem Verbinden verbündet und Bündnisse im gemeinsamen Nenner jener Interessen begründet sind, der das solipsistisch Subjektive der Verbündeten in eine interpersonelle Objektivität bereinigt, dann zielt der Kontakt, wenn man seine Wirkung ins Letzte extrapoliert, darauf ab, die reine (= ausgesiebte) Wahrheit ins Dasein zu entdecken, eine Wahrheit also, die von jeder perspektivischen Beschränkung befreit ist, ohne die perspektivische Komplexität des Seins zu beschneiden. Das Absolute existiert in der Begegnung seiner aufgespalteten Fälle. Das Ganze muss sich in die Halbheit beugen, damit die Halbheit sich, über sich selbst hinaus, ins Ganze erhebt.

1.3.19. Fromm

Zu glauben ist nicht die halsstarrige Tätigkeit dessen, der Dinge unbeirrbar für wahr hält, obwohl sie in den Augen der reinen Vernunft unwahrscheinlich sind. Glauben heißt nicht, dass man eine Hypothese bis aufs Blut verteidigt, bloß weil sie ebenso unbeweisbar ist wie ihr Gegenteil und bloß weil irgendein Gegner einen anderen Quatsch behauptet. Selbst wenn man das Verb „glauben" mit „für wahr halten" übersetzt, meint es mehr als die „trotzige-Annahme-unbeweisbarer-Theorie". Da das Gute nicht unwahr sein kann, heißt man stets gut, was man für wahr hält. Wirklich zu glauben ist nicht nur passive Übernahme einer Weltsicht und ein Sicheinfügen in den

Lauf der Dinge, wie sie sind, sondern es ist ein solidarisches Gutheißen dessen, was man als *wahr* anerkennt. Der eine wahre Glaube ist nichts anderes als die tätige Bekenntnis zur Wahrheit. Deklamiert werden muss da nichts. Glaube ist Abscheu vor Lüge und Irrtum.

Belegen lässt sich diese Behauptung, indem man sich verdeutlicht, dass das Verb „glauben" dem germanischen „ga-laubjan" entspringt und mit „für lieb halten, gutheißen" zu übersetzen ist. Der wahre Glaube, der alle Rituale als belanglos entlarvt, ist keine willkürliche Entscheidung für eine bestimmte Liturgie, sondern tatsächlich glaubt, wer sich für das einsetzt, was er wirklich gutheißt. Glaube ist die aktive Bejahung dessen, was man für gut hält.

Fragen wie jene, ob Mariä Empfängnis jungfräulich war oder Mohammed der Prophet Gottes, sind keine Glaubensfragen, weil man gar nicht entscheiden kann, ob die Jungfräulichkeit der Empfängnis gutzuheißen ist oder nicht, oder ob es besser gewesen wäre, Gott hätte seinerzeit nicht Mohammed aus Medina, sondern Minh-Nyguen-Prath aus Phnom-Phen als seinen Boten zur Erde gesandt. Derlei Fragen dienen abergläubischem Gezänk. Da das Wahre dem Zweifel dankbar dafür ist, dass der Zweifel ihm den Schmutz des Irrtums von der unverletzbar klaren Schale kratzt, ist niemals wahr, was sich eigens durch Dogmen, also das Verbot des Zweifelns, vor der Überprüfung schützen muss. Dogmen[46] sind gottlos.

Da Glaube der (→) solidarische Einsatz für das ist, was man liebt, wundert es nicht, dass der Begriff assoziativ mit der Frömmigkeit in Verbindung steht. Sie spricht davon, dass man nach vorne und ohne Zögern fort in jene Ferne geht, von der man ahnt, das in ihr jenes Wahre liegt, dem man sich völlig überlassen wird. Durch die Bejahung des Guten (→) transzendiert die Seele aus dem Reich der flüchtigen Vermutung in das ihres wirklichen Seins.

1.3.20. Vor

Würde man das Wort „vor" in allen seinen Bedeutungen daraufhin untersuchen, welche Kriterien zur Definition des „reinen Kontakts" daraus abzuleiten sind, fände man wieder, was schon gefunden ist. Also kann man sich die Mühsal einer differenzierten Analyse ersparen.

---

[46] Das Wort „Dogma" stammt vom griechischen „dokein = scheinen". Und der Schein trügt nun mal.

Ein Bild sei allerdings noch aufgegriffen, bevor es zur Beschreibung der neun jetzt extrahierten Kriterien des Kontakts geht. In der Vorsilbe „ver" liegt die Verwandtschaft der Verbindung mit dem räumlichen, dem zeitlichen und dem kausalen Sinn des Adverbs „vor". Indem die Verbindung als Lichtung des menschlichen Daseins verstanden wird, in die die Existenz dieses Daseins in besonders eindringlicher Form hineinragt, verknüpfen sich in ihrem virtuellen Raum die drei Aspekte des Begriffs „vor" zu dem, was das Wesen des menschlichen Daseins ausmacht. Im Raum liegt es vor, mit der Zeit geht es fort und im Grunde seiner selbst ist es eine bange Angst, die tastend in der unbestimmten Weite ihre wahre Mitte sucht.

2. Neun Kriterien des gesunden Kontakts

2.1. Ebenbürtigkeit
(neben, bei, tangieren, taxieren, Priester)

2.1.1. Kaiser, Bürger und Bettelmann

Der Respekt vor der prinzipiellen Ebenbürtigkeit aller Menschen ist die wesentlichste Voraussetzung dafür, dass existenzielle Kontakte zustande kommen. Bei jeder Begegnung spielt die Frage, ob der Selbstwert der Beteiligten geachtet wird, eine zentrale Rolle. Die Antwort darauf wird vor jeglicher Kommunikation über weitere Inhalte durch die Form der Kontaktaufnahme gebahnt. Die Formen und Rituale[47] verraten - sofern sie nicht mit Absicht betrügen - ob die Haltung dessen, der sie benutzt, den Wert seines Gegenübers ebenso achtet, wie er es mit dem eigenen tut. Und das gleiche gilt umgekehrt. Auch ein beflissener Bewunderer bemächtigt sich des ande-

---

[47] Asymmetrische Kontaktrituale sind in der Regel Unterwerfungsgesten. Sie dienen der Kontaktabwehr zum Zwecke des Missbrauchs von Menschen. Im reinen Kontakt ist ein Missbrauch nicht möglich.
  Als Beispiele können hier alle Asymmetrien im Kontaktverhalten zwischen verschiedenen Gesellschaftsschichten und sozialen Rangstufen genannt werden: Haltung annehmen. Aufstehen, wenn der Lehrer kommt. Kratzfüße, Bücklinge, Knicksemachen. Blickabsenken und Anrede mit Titeln wie: „Hohes Gericht", „Herr Doktor", „Euer Hochwürden", „Herr Pfarrer", „Ihre Majestät" und dergleichen. Insofern sich die konkreten Ereignisse zwischenmenschlicher Kontakte als jene Lichtungen im Dasein des Kosmos auffassen lassen, in deren Linse sich Wahrheit objektiv durch die unverstellte Begegnung zweier geistig aktiver Pole feststellen lässt, ist die Trübung der Linse durch subjektive Dominanzansprüche gottlos.

ren und vermeidet so den vollen Kontakt. Er tut es, indem er den anderen wie ein tönernes Idol auf einen zerbrechlichen Sockel stellt, unter dem er sich vor der Gefahr einer echten Begegnung in scheinbarer Demut wegduckt.

Der Begriff „ebenbürtig" meint, dass die Kontaktpartner „von gleicher Geburt" sind und sich dementsprechend begegnen. Der Wert des einen Partners wird im Kontakt nur dann geachtet, wenn das gleiche mit dem Wert des anderen geschieht. Jeder Verachtung eines anderen Menschen entspringt eine gleichen Menge an Missachtung der eigenen Person. Wer den fremden Wert verkennt, nimmt damit hin, dass er selbst besudelt wird, denn ein Kaiser, der einen Bettler verachtet, bespuckt unbewusst damit sein Spiegelbild.

Das Wort „Geburt" ist eine Zusammensetzung aus der Vorsilbe „ge = zusammen" und einer heutigen Abwandlung des althochdeutschen Verbs „beran = tragen, hervorbringen". „Von gleicher Geburt" heißt „aus dem gleichen zusammengetragen" bzw. „aus dem gleichen hervorgebracht". Ebenbürtige gehen davon aus, dass sie auf der tiefsten Ebene ihres Wesens, die alle anderen Ebenen ihres Daseins an Tragweite übertrifft, von gleichem Ursprung sind[48].

Die Qualität eines jeden Kontakts kann man zwischen zwei gegensätzlichen Pole einordnen. Auf der einen Seite steht der vollständige wechselseitige Respekt[49], auf der anderen die maximale narzisstische[50] Rivalität. Das eine ist Liebe, das andere Feindschaft.

---

[48] Wenn es so ist, dass der Respekt vor der Ebenbürtigkeit Voraussetzung für das Zustandekommen realer Kontakte ist, muss es Ebenbürtigkeit erst recht sein, denn gäbe es sie nicht, wäre an ihr nichts zu respektieren. Wenn es andererseits einen Gott gibt, so wie es die Gläubigen glauben, einen Gott also, dessen reine Güte durch ihre Erhabenheit allmächtig ist, wundert es nicht, dass so ein Gott den Menschen nicht auf Schritt und Tritt begegnet. Die Begegnung könnte nur zustande kommen, wenn Menschen Gott ebenbürtig wären. Vielleicht liegt hierin eine Erklärung der Sterblichkeit. In einer Welt, in der nicht nur Menschen jeweils einem kleinen Splitter des Ganzen gegenüberstehen, sondern der als Ganzem ein ebenbürtiger Gott begegnet, gibt es notwendigerweise den Tod, weil alles sterben muss, was aus Mangel an Ebenbürtigkeit die Begegnung mit Gott nicht ertragen könnte.

[49] Der Begriff „Respekt" ist vom lateinischen „re-spicere = zurückblicken" abgeleitet. „Respektieren" heißt aber nicht, dass man auf den anderen bloß zurückschaut, quasi großzügigerweise, während man selbst schon vorneweg ist und der andere folglich hinterherhinkt. Jemanden zu „respektieren" meint vielmehr, dass man ihn nicht nur erkennt, wenn man von sich aus nach vorne oder hinten blickt, sondern auch, wenn man in sich zurückblickt, also auf sich selbst. Wer respektiert, erkennt sich im anderen und umgekehrt. Nicht umsonst stammt vom selben Wort „spicere" auch der „Spiegel" ab. Der andere ist vor mir, aber er ist auch in mir. Er spricht mich an und spricht mich aus.

Beim gesunden Kontakt begegnen sich die Partner, trotz aller Unterschiede, die ihren jeweiligen sozialen Rollen eigen sind, als ebenbürtige Personen. Es bleibt von vorn herein deutlich, dass der eine zu allererst des anderen existenzielle Gegenwart ist und dass später übernommene Rollen die ursprüngliche Gleichheit nicht überwiegen. Als eine *Gegenwart* ist mir der andere *gegenüber*. Er ist weder unten drunter noch ist er oben drüber!

Wenn man sich duckt oder sich überhebt, kann man dem Hier und dem Jetzt nicht gegenwärtig sein, sodass man sein Leben nur zum Teil durch eigenes Dasein erfüllt. Nur der Ebenbürtige ist ganz da, wo ihm die Welt, aus der er sich erhebt, begegnet. Tatsächlich Kaiser kann nur sein, wer sich nicht über Bettler erhebt, denn das Erhabene ist dem Banalen zutiefst immanent.

Wenn sie ehrlich miteinander sind, wissen Kaiser und Bettler genau, dass die Verteilung der Rollen kaum je das alleinige Verdienst unabhängiger Individuen, sondern größtenteils Ergebnis des Zufalls und überpersönlicher Kräfte ist. Der äußerliche Erfolg im Leben ist oft mehr Schicksal als Verdienst und kein Thron, auf den sich ein echter Hintern setzen kann, steht irgendwem von ganz allein aus eigener Tüchtigkeit zu. Im ursprünglichen Kontakt gestehen sich Kaiser und Bettler durch die Form ihrer Begegnung wortlos ein, dass keiner der beiden eine autonom funktionierende Einheit ist, die sich aus sich selbst heraus erschaffen und am Leben halten könnte. Im Hinblick auf die reale Struktur der Individualität ist deshalb jedes Verhalten inadäquat, das die Bedeutung des anderen für das eigene Sosein missachtet. Daher hat niemand ein vom Wesen des Menschen legitimiertes Recht, sich eines anderen in einer Weise zu bedienen, mit der dieser nicht ausdrücklich einverstanden wäre. Die definierten Rollen bleiben im Alltag zwar bestehen, es wird im gesunden Kontakt jedoch implizit anerkannt, dass es jenseits der Rollen eine tiefere Ebene der Begegnung gibt. Die Aufgabe der Rollen ist es, den Vordergrund des sozialen Gefüges im Dienste funktionaler Effizienz zu ordnen, damit im Hintergrund die Begegnung auf der existenziellen Ebene der ebenbürtigen Schicksalsgemeinschaft „Mensch" zustande kommt.

2.1.2. Narzissmus

Beim kranken Kontakt handelt man entweder aus der narzisstischen Illusion persönlicher Souveränität heraus, oder man tut umgekehrt so, als ob man

---

[50] Narzissmus ist der ausagierte Irrglaube, mit dem man meint, dass die Unterschiede größer als die Gemeinsamkeiten sind.

selbst das Anhängsel eines großartigen Gegenübers sei, welches den Unterwürfigen zur Belohnung seiner Unterwürfigkeit vor den Unbilden des Daseins und der eigenen Aggressionen beschützt. In jedem Falle strebt man eine Rolle an, die sich nicht am effizienten Funktionieren einer Gemeinschaft orientiert, sondern die das Einzelinteresse in unausgesprochener Form in den Vordergrund stellt, ohne die Relativität jedes Einzelinteresses einzugestehen.

So wie das Kriterium der Ebenbürtigkeit nur in der Begegnung relevant wird, so ist auch das Verfehlen der Ebenbürtigkeit, nämlich der Narzissmus, nur als eine Beziehungsstörung zu verstehen. Beim Narzissmus geht eine Kontaktstörung Hand in Hand mit der libidinösen[51] Hinwendung des Ichs[52] zu sich selbst.

Die Ursachen der narzisstischen Kontaktstörung können entweder aus der existenziellen, der biologischen, der psychologischen oder der soziologischen Perspektive heraus gedeutet werden. Als gemeinsames Resultat aller Betrachtungsweisen erscheint das Wesen des Narzissmus als eine Mischung aus verleugneten Selbstwertzweifeln und versteckten Größenphantasien, die verleugnet und versteckt werden, weil sie bei Licht betrachtet nicht haltbar sind.

Auf der existenziell-ontischen Betrachtungsebene wird erkennbar, dass die Wertfrage prinzipiell ins Dasein derer eingewoben ist, die einander begegnen möchten, da sich jeder im Kontakt in dem Maße einer gemeinsamen Wahrheit stellen muss, wie der Kontakt tatsächlich zustande kommt. Alle echten Unterscheidungen des Wertseins gründen im Anspruch der Wahrheit, mehr zu gelten als Lüge und Irrtum. 'Ich bin wert' heißt im Grunde 'Ich bin wahr'. Bezüglich dieser Art Wahrhaftigkeit kann es zwischen Menschen zwar Wertunterschiede geben. Da die Wahrheit aber weiß, dass auch der Irrtum zu ihr gehört, während sich der Irrtum bloß blind gegen die Wahrheit verteidigt, wird der, der den Unterschied der Werte wirk-

---

[51] Der Narzisst tut so, als gelte es zu allererst, ihn zu lieben und wenn die anderen das nicht zur Genüge tun, tut er es eben selbst. Durch diese Hinwendung zum eigenen Ich, wendet er sich von den anderen ab.

[52] Das Wörterbuch erlaubt zwei Genitivformen des Wortes „Ich": „des Ich" und „des Ichs". Ich habe lange mit mir gerungen, welche davon für mich die bessere ist. Schließlich habe ich mir einen Kompromiss erlaubt. In der Regel habe ich mich für die zweite Form entschieden, weil das Ich, wenn es sich im Genitiv durch ein „s" sichtbar beugen lässt, zumindest hier von seinem Anspruch auf Besonderheit Abstand nimmt. Damit ist jedoch nicht gemeint, dass der Drang des Ichs, sich zu betonen, immer etwas Schlechtes ist. Es steht ihm aber gut, diesen Drang an geeigneter Stelle zu begrenzen. Wo es andererseits aber besser klingt, dort soll das Ich in ungebeugter Form erscheinen.

lich erkennt, ihn nicht benutzen, um sich durch die Leugnung der Ebenbürtigkeit von denen entscheidend abzugrenzen, die sich stärker irren, als er selbst.[53]

Biologisch betrachtet braucht man sich nicht um die Wahrheit als abstraktes Gut und als den heiligen Gral der Philosophen zu kümmern, sehr wohl aber darum, ob es wirklich wahr ist, dass es sich bei dem grünlich-blassbraunen Pilz auf der Pizza, die die einst liebende Gattin zum fünfzehnten Jahrestag des bestehenden Ehekriegs zubereitet hat, um einen Champignon und nicht doch um einen Knollenblätterpilz handelt. Der physiologische Nährwert der beiden Sorten ist für die biologischen Aspekte des Gatten nämlich sehr verschieden. Der praktisch erfahrbare Respekt vor dem persönlichen Wert hängt, wenn man den Leib als inkarnierten Aspekt seiner selbst betrachtet, auch davon ab, was man zu essen bekommt und er leidet nicht erst dann, wenn man am Gift der Nahrung stirbt, sondern bereits wenn man beim Essen den unterschwelligen Ekel ertragen muss, den lieblos oder gar industriell gefertigte Speisen mit sich bringen.

Bei der psychologischen Perspektive stößt man auf die schwierige Aufgabe des kindlichen Ichs, sogenannte „negative und positive Selbst- und Objektrepräsentanzen" - wie es im Psychologenjargon spröde heißt - zu einer Einheit zu verschmelzen. Gemeint ist, dass das reifende Kind es - manchmal zähneknirschend - akzeptieren muss, dass weder es selbst noch der andere nur gute und wertvolle Eigenschaften hat; oder zumindest solche, die man als „gut" und „wertvoll" bezeichnet, weil man sie als nützlich erkennt. Narzisstisch gesund und bereit zum vollen Kontakt wird man erst, wenn man die Hoffnung fahren lässt, doch noch „bessere" Menschen zu finden, als die, die schon da sind; und wenn man der Begegnung mit ihnen nicht ausweicht. Narzisstisch gesund ist man erst, wenn man es nicht nur so hinnimmt, sondern es sogar als unzweifelhaft richtig begrüßt, „bloß" man selbst zu sein und eben nicht dermaßen großartig, wie es die eigene Phantasie im Vorgriff auf ein fernes Jenseits erfunden haben mag. Authentizität ist das einzige Ideal, das die Realität nicht verrät. Im Zweifelsfalle verzichtet der Gesunde darauf, sich absichtlich zu verbessern.

Soziologisch gesehen wird der narzisstische Selbstwertzweifel durch Abwertungen und Demütigungen verursacht, die dem einzelnen und ganz besonders Kindern, die sich am wenigsten dagegen wehren können, auf Schritt und Tritt begegnen. Der Zweifel am Selbstwert ist fast ebenso verbreitet wie die krankmachenden gesellschaftlichen Strukturen selbst. See-

---

[53] Frei nach Seneca: Auf dem Gipfel erkennt man, dass alle gleich sind.

lisch gesund kann nur werden, wer zu den Sitten der Gesellschaft, in der er lebt, genügend Abstand hält[54].

Welcher Betrachtungsweise man die größere theoretische Bedeutung zumisst, ist für den praktischen Umgang mit der Forderung nach ebenbürtigen Kontakten nur von geringem Belang. Wesentlich ist, dass Ebenbürtigkeit und Narzissmus nur in der konkreten Begegnung wirklich werden. Ein Eremit, der sich fälschlicherweise für den Kaiser von China hält oder aber für einen von dessen wertlosen Untertanen, ist zwar aus existentialistischer Sicht zu bedauern, da er sich selbst verfehlt, er wird aber durch seinen Irrtum keine weiteren Probleme bekommen - zumindest wenn er sich wenigstens das Wasser selbst vom Brunnen holt, statt verdurstend zu erwarten, dass ein Lakai es ihm bringt. Der Wüste ist das Fehlverhalten, das aus dem Irrtum resultieren mag, völlig egal. In der Wüste schreitet der verträumte Eremit ungestört im heißen Sand. Im praktischen Alltagsleben jedoch ist man auf Kontakte angewiesen und man bekommt es dort mit den eigenen Schwierigkeiten zur ebenbürtigen Begegnung ebenso heftig zu tun, wie mit den Schwierigkeiten, die andere damit haben. Im Alltagsleben stößt man als verträumter Eremit auf tausend unsichtbare Wände.

Als Reaktion auf eine Vielzahl von kränkenden Beziehungserlebnissen bildet man häufig ein Kontaktverhalten aus, bei dem die Abwehr weiterer Kränkungen überwertig wird. Charakteristisch ist mangelnder Mut zur authentischen Begegnung, da man sich innerlich enttäuscht vom Mitmenschen zurückzieht, obwohl die Kontakte zu ihm formal weiterbestehen. Den tatsächlichen Bezugspunkt der eigenen Existenz verlegt man je nach Ausprägung der Störung mehr oder weniger vollständig in die eigene Person. Man lebt so, als ob das erstrebenswerte Gut nicht die gelungene Beziehung zum anderen wäre und die kreative Expansion hinaus in die Welt, sondern man selbst und die narzisstische Verliebtheit in ein idealisiertes Ich. Man „begegnet" folglich, als ob man ohne den anderen bereits vollständig wäre oder als ob der andere bloß eine nebensächliche Unterfunktion des eigenen zeitlosen Größendaseins ist, das seinen Wunsch und sein Ziel schon in sich trägt.

---

[54] Vielleicht ist die ideale Gesellschaft schon deshalb Utopie, weil das Individuum zu seiner Entfaltung auf ein gewisses Quantum an gesellschaftlichem Missstand angewiesen ist, an Missstand, von dem es sich als bewusst vollzogene Tat in den heroischen Aspekt der individuellen Einsamkeit abgrenzen kann. Es könnte also sein, dass es ein Heidegger'sches Man, dem man solange verfällt, bis man sich selbst davon löst, immer geben wird, weil ein Man zu jeder Gesellschaft, die aus Individuen besteht, zwingend notwendig gehört; wenn auch der Schwerpunkt des Man womöglich wandert und in tausend Jahren hoffentlich woanders liegt, als im Abendprogramm des Privatfernsehens.

Man braucht den anderen zwar, doch nicht im Eingeständnis eines eigenen Bedürfnisses nach echter Bezogenheit, sondern man tut so, als ob man ihn wie ein Mittel und Werkzeug benutzen könnte. Man begegnet ihm, als wäre er kein Du, sondern ein Es, und statt zu wissen, dass man ihn tatsächlich braucht, missbraucht man ihn, ohne zu wissen, was man tut.

Eine echte Akzeptanz von Gegenwart wird im Bann der narzisstischen Illusion individueller Vollständigkeit nicht erreicht. Vollständigkeit ist ein zeitloses Phänomen, in dem Gegenwart weder als Zeitpunkt noch als Anwesenheit eines Gegenübers einen realen Platz hat. Daher bleiben alle missbräuchlichen „Begegnungen" in gewissem Sinne virtuell. Sofern man sich aus der narzisstischen Illusion herausentwickelt, gab es zwar das Falsche, in Gegenwart des Richtigen wird es aber nie wirklich stattgefunden haben. Wenn man wirkliche Begegnungen wagt, erscheint alles andere als ein böser Traum.

Ganz offensichtlich oder gut versteckt zwischen den Zeilen weist die Struktur der Kontakte jedem, der daran beteiligt ist, bestimmte Rollen zu. Soweit es sich um rein pragmatische Rollen handelt, die der Bewältigung des Alltags dienen und Sachproblemen bestimmte Kompetenzen zu ihrer Lösung zuordnen, zum Beispiel berufliches Fachwissen, bergen die zugewiesenen Rollen, obwohl sie Hierarchien mitbegründen, nicht die Gefahr der Kränkung. Kränkungen im Sinne tatsächlicher Erzeugung von seelischen Krankheiten drohen jedoch besonders dort, wo ein Kontakt so strukturiert ist, dass er ein Gefälle persönlichen Wertseins postuliert, ohne dass man den narzisstischen Missbrauch, der darin steckt, sofort erkennt. Erst ein genaues Beachten von Gestik und Wortwahl, von zugewiesenen Pflichten und wortlos beanspruchten Rechten führt zur Entdeckung der pathogenen Kräfte. Soziale Hierarchien sind nur dann nicht pathogen, wenn sie durch sachliche Notwendigkeiten gerechtfertigt sind. Sonst sind sie krank (= gekrümmt) im Sinne verbogener Wahrhaftigkeit.

Fraglich ist, ob die narzisstische Problematik, wie mancherorts behauptet, in den letzten Jahrzehnten zugenommen hat. Zu vermuten ist vielmehr, dass das Elend des verletzten Selbstwerts und der neurotischen Überkompensation seit der partiellen Enthierarchisierung der Gesellschaft deutlicher wird und als Problem auf breiter Ebene überhaupt erst benennbar. Ein Blick in die Archive alter Wochenschauen und der trivialen Filmkunst zeigt, dass selbst das Weltbild von Kulturschaffenden bis in die fünfziger Jahre hinein feudalen Gesellschaftsstrukturen treu blieb, Strukturen, in denen die fraglose Aufteilung der Menschheit in Herren und Diener kaum jemandem die Schamesröte ins Gesicht trieb. Solange die Gesellschaft in diesem Feudalismus kohärent war, hatte fast jeder einen festen Platz, von wo aus er die beiden Facetten der narzisstischen Störung, nämlich die Verachtung des anderen von oben herunter und die Unterwerfung in devoter Loyalität nach oben hinauf, problemlos ausagieren[55] konnte, ohne dass die Krankhaftigkeit dieses Normalverhaltens in größerem Ausmaß hinterfragt worden wäre. Man wäre damals durch solcherlei Fragen meist nur auf ungläubiges Kopfschütteln und, schlimmer noch, auf die bezwingende Knute einer despotischen Alltäglichkeit gestoßen.

Seit demokratische und kooperative Ansätze im Gefüge der Gesellschaft zumindest teilweise Verbreitung gefunden haben, besteht langfristig eine Chance zur Abmilderung des narzisstischen Problems, soweit es durch feudale Gesellschaftsstrukturen aufrechterhalten wird. In der Übergangszeit wimmelt es aber einerseits von Menschen, deren soziale Prägung sie eigentlich auf das Ausagieren ihrer Störung vorbereitet hat, denen in der veränderten Situation aber die passende Gelegenheit dazu fehlt, zum Beispiel ein sozial akzeptierter Militarismus oder ein ubiquitärer Zivilgehorsam. Andererseits ist zu befürchten, dass durch die weitere Entwicklung hochkomplexer Gesellschaftsformen genügend Neues - zum Beispiel anonyme Feldkräfte vernetzter technischer Konstruktionen - entsteht, von dem der Selbstwert des einzelnen bedroht werden wird. Doch selbst wenn die politische Entwicklung zum Positiven verläuft, werden Selbstwert und Ebenbürtigkeit nicht durch gesellschaftliche Umstände allein gesichert und verliehen. Sie müssen, gerade nach außen hin, erstritten und im Boden persönlicher Wahrhaftigkeit verankert werden.

2.2. Gegenseitigkeit
(meta, mit)

2.2.1. Charakter und Auswirkung

Menschliche Interaktionen laufen nach bestimmten Regeln und Mustern ab. Die Muster, die dabei zum Ausdruck kommen, sind nicht absolut starr,

---

[55] „Ausagieren" benennt einen seelischen Funktionszustand, bei dem ein psychischer Konflikt (z.B.: Wenn ist etwas wert bin, muss ich aufrecht gehen. Wenn ich aufrecht gehe, gerate ich in Konkurrenz. Vor den Konkurrenten habe ich aber Angst. Also mache ich mich lieber klein. Dann fühle ich mich allerdings wertlos.) im sozialen Rollenspiel in Szene gesetzt wird, ohne dass der Regisseur es bemerkt und zu seiner Unklarheit stünde.

sondern schwanken innerhalb individuell verschiedener Bandbreiten. Trotzdem ist ihre Variabilität erkennbar begrenzt. Das Bündel an Verhaltensmustern, über das ein Mensch verfügt, ist für seine Person charakteristisch. Es macht folglich als das Repertoire seiner Beziehungsmöglichkeiten seinen Charakter aus.

Der Begriff „Charakter" wird hier nicht bloß individualpsychologisch aufgefasst, als hafte er, in Analogie zur Haarfarbe als einem Merkmal des Körpers, einer individuellen Psyche unabhängig von allen Bezügen als objektivierbares Kriterium an, sondern er wird primär im Hinblick auf die Beziehungsmöglichkeiten, also das Kontaktverhalten eines Menschen gesehen, weil der Charakter im Wesentlichen im Rahmen von Kontakten erkennbar ist und von dort aus erst als „charakteristisch" benannt wird.

Das Wort „Charakter" stammt aus dem Griechischen. Es meint „Gravur", „Brandzeichen" oder „Schriftzug". Charakter ist aber nicht nur das Ornament, welches von Vererbung und Schicksal als Gesicht in eine einst jungfräuliche psychische Masse eingeritzt wurde und beim Blick von außen als seelische Physiognomie erkennbar wird. Charakter offenbart sich vielmehr als Aktivität, denn als Struktur. Er offenbart sich als wiedererkennbare Klarheit, mit der die handelnde Präsenz eines Menschen ihre Spur im sozialen Umfeld hinterlässt. Der Charakter eines Menschen ist ein Impuls. Er ist, was der Mensch tatsächlich bewirkt.

Die Charakterzüge eines Menschen werden daher zum größten Teil in Relation zu seinem Beziehungsverhalten definiert. Wie jemand ist, kommt hauptsächlich in der Art zum Ausdruck, mit der er seiner Umwelt begegnet. So erkennt man den Eigenbrötler daran, dass er abgewandt von der Gemeinschaft der anderen nach eigenem Rezept Brote backt. Den Warmherzigen erkennt man, da er im Kontakt eine wärmende Emotionalität verschenkt, die der Geizige ebenso wenig hergibt wie Geld und Gut. Und den Umgänglichen nennt man so, weil es im Umgang mit ihm leicht fällt, Konflikte zu umgehen.

2.2.2. Rollenspiel und Begegnung, Stabilität oder Fortschritt

Treten zwei Personen miteinander in Kontakt, springt in der Regel bei jedem jenes Verhaltensmuster an, das am besten eingeschliffen ist, das einer relativ stabilen Kompromissbildung der individuellen Motive und Impulse entspricht und das für die konkrete Kontaktsituation einen möglichst reibungslosen Ablauf erwarten lässt. Diese Verhaltensmuster entsprechen sozial zugeordneten Rollen oder solchen, die man selbst gewählt hat. Die

Kontaktsequenzen, die aus diesem „Rollenverhalten" bestehen, führen meist nicht zu intensiven Begegnungen und beeinflussen die Persönlichkeiten der Beteiligten nur wenig. Wenn überhaupt eine formende Wirkung zu erwarten ist, handelt es sich eher um eine Tendenz zur Verfestigung bestehender Muster und nicht um deren Veränderung im Sinne eines seelischen Reifungsprozesses. Beim „Rollenverhalten" geschieht die Interaktion nach einem möglichst glatt funktionierenden Schlüssel-und-Schloss-Prinzip. Dabei treffen weniger individuelle Personen in ihrer existenziellen Einzigartigkeit aufeinander, als vielmehr ihre jeweiligen Rollen, in denen sie mehr oder weniger austauschbar sind. Das Kriterium der Ebenbürtigkeit tritt bei dieser Kontaktform in den Hintergrund. Die Beziehungen bleiben der Asymmetrie der Rollen und ihrer Wertigkeit innerhalb der sozialen Hierarchie verpflichtet.

Im Gegensatz zur Kontaktform der Rollenspiele, die die Routine des Alltages weitgehend regelt, gibt es den existenziellen Kontakt. Beim existenziellen Kontakt treten die Rollen zurück und es kommt zur Interaktion „nackter" Individuen. Während im Rollenkontakt die gewohnten Verhaltens- und Erlebensmuster stabilisiert werden, kommt es beim reinen[56] Kontakt zur Herausforderung und Infragestellung des Gewohnten. Durch den existenziellen Kontakt können Charakterzüge verändert werden. Persönlichkeitsentwicklungen schreiten durch sie unweigerlich voran.

Während man sich beim Rollenverhalten auf einen ausgesuchten Ausschnitt reduziert damit eine ordnungsgemäße Kontaktsequenz zustande kommt, weitet man sich bei der existenziellen Begegnung aus. Hier begegnet man nicht nach Plan, sondern ohne sich die Zukunft auszudenken; und so weit der eigene Freimut eben reicht. So kommt es, dass das Rollenspiel - und zwar solange beim Spielen keiner aus der Rolle fällt - die Partner in berechenbaren Bahnen hält, während beim existenziellen Kontakt Impulse freigesetzt werden, deren Konsequenzen nicht vorher abzusehen sind. Beim existenziellen Kontakt nimmt man den Spaß des Lebens ernst, während der Ernst, mit dem Rollen gespielt werden, aus der Ferne manchmal spaßig wirkt.

Beim psychotherapeutischen Kontakt ist es wichtig, diese Ebene der existenziellen Begegnung zu erreichen. Tut man es nicht und bleibt als Therapeut einseitig einer Therapeuten*rolle* verhaftet, die möglicherweise unreflektiert dem Credo irgendeiner Schule huldigt, geschieht es leicht, dass sich ein pseudotherapeutisches Rollenspiel einstellt, dem die zündende Intensität fehlt, mit der allein man relativ rasch tiefere Persönlichkeitsebenen erreicht.

---

[56] „Existentiell" und „rein" werden hier synonym verwendet.

Der Therapeut sollte nicht nur mit fachmännischer Distanz darauf warten, wohin sich der Patient entwickelt, sondern sich als individuelle Person in der Begegnung engagieren. So kann der Patient spüren, dass er mehr als nur ein Kunde[57] ist.

Selbstverständlich können Impulse zu tiefgreifenden Persönlichkeitsentwicklungen auch Folge von Rollenkontakten sein. Sie sind es jedoch dann, wenn das Rollenverhalten an einer ungewohnten Situation, für die das bekannte Repertoire kein passendes Schnittmuster enthält, scheitert und sich damit in der krisenhaften Begegnung einer der beiden Partner als der Situation nicht gewachsen erweist. Dann kann es sein, dass der Scheiternde in eine kreative Krise stürzt, die ihn zur Neuanpassung seiner Möglichkeiten an die Realitäten zwingt. Das Verfehlen der Ebenbürtigkeit wird in diesem Ablauf offenbar. Die Gefahr einer narzisstischen Kränkung ist daher groß und somit auch die Gefahr, dass aus der Krise keine befreiende Öffnung zu neuen Möglichkeiten resultiert, sondern ein pathologischer Rückzug aus all jenen Kontakten, die dem soeben traumatisch erlebten ähneln.

Persönlichkeitsentwicklungen, die durch den existenziellen Kontakt zustande kommen, passieren im Gegensatz dazu nicht, wenn der intendierte Kontakt scheitert, sondern wenn er gelingt. Sobald es zum existenziellen Kontakt kommt, werden - wie es die etymologische Analyse der Silben „mit" und mehr noch „meta" gezeigt hat - Impulse zur Verwandlung und Transformation jener seelischen Gestalten ausgelöst, die sich im gelungenen Kontakt begegnen. Im Gelingen des existenziellen Kontakts wird gleichzeitig die prinzipielle Ebenbürtigkeit der Partner sichtbar, sodass die Gefahr einer Verletzung des Selbstwertempfindens gering ist.

Zur Ebenbürtigkeit als Strukturkriterium des existenziellen Kontakts gehört folgerichtig die prinzipiell gegenseitige Offenheit für den Austausch von Impulsen. Der gelungene existenzielle Kontakt ist ein symmetrisches Geschehen, sodass der Anstoß zur Weiterentwicklung auf Gegenseitigkeit beruht. Das Ausmaß der Veränderungen, die durch solche Kontakte ausgelöst werden, mag dabei, abhängig von dem, was der eine oder der andere

---

[57] Diese Erfahrung ist für eine Heilung oft wichtig. Da der „Kunde" eine Rolle ist, da allen Rollen Dank ihrer Austauschbarkeit etwas Unwirkliches anhaftet und sich die wirkliche Gesundheit der Psyche nicht auf die Beherrschung der Kunst gelungener Rollenspiele reduzieren lässt, ist es besonders für tief gekränkte Menschen nötig, sich im therapeutischen Kontakt nicht nur als eine sekundäre Rolle, sondern als eine primäre Existenz erkannt zu fühlen. Nur so kann das Selbstbewusstsein, das in der Therapie entsteht, sicher sein, dass das, wovon es weiß, jener tragende Boden ist, auf dem es voll Vertrauen stehen kann. Die volle Wirklichkeit taucht erst jenseits der Rollen auf.

später daraus macht, unterschiedlich sein, ganz ausbleiben können Veränderungen, wie im Falle reiner Rollenspiele, jedoch nicht. Persönlichkeitsentwicklungen, die durch gescheiterte Rollenkontakte angestoßen werden, resultieren dagegen nicht aus wechselseitiger Offenheit zum Austausch, sondern aus dem mehr oder weniger traumatischen Durchbrechen einer in stereotype Verhaltensmuster geronnenen Abwehr, die zur Routinebewältigung des Alltags zwar dienlich ist, die hinter den kreativen Möglichkeiten der seelischen Reaktivität jedoch zurückbleibt. Anstöße aus Rollenverhalten bleiben außerdem fast immer einseitig, da der jeweils andere Kontaktpartner eine Position vordergründiger Überlegenheit beibehält.

2.2.3. Ein Teufelskreis aus Kontaktvermeidung und Angst

Das Prinzip der Gegenseitigkeit ist es, das existenzielle Kontakte zu einem Wagnis werden lässt[58]. Wagnisse geht man nur ein, wenn man sich einigermaßen sicher fühlt. Die tiefergehende Sicherheit, die im existenziellen Kontakt zu erwerben ist, kann aber nur erreicht werden, wenn man oberflächlich sicherndes Verhalten aufgibt. Selbstunsicherheit und narzisstische Zweifel führen auf diesem Wege automatisch zu ihrer Stabilisierung, weil der verunsicherte Mensch gerade jene Kontakte vermeidet, die ihn langfristig selbstsicherer machen könnten. Die Vermeidung des Kontakts führt zu jener verunsichernden Vereinzelung, die es dem Betroffenen nahe legt, sich abzusichern und ihm rät, dem Wagnis von Kontakten, die ihn unweigerlich ergreifen würden und die damit seine Sicherheit vordergründig untergraben, vorsichtshalber aus dem Wege zu gehen.

---

[58] Man stelle sich nur vor, wie man beim Bäcker in der Brötchenschlange steht. Dort liest man beiläufig in einer Zeitung, die auf dem Tresen angeboten wird, dass sich die Politiker für ein paar Jahre gut bezahlter Arbeit schamlos Pensionen ausbezahlen lassen, obwohl sie nicht im Rentenalter sind und auf dem nächsten Posten noch besser verdienen, als auf dem alten bisher. Trotz der Wut, die einen dabei packt, bleibt man der angepassten Rolle eines Bäckerkunden treu. Man stelle sich nur vor, dass man aus der Rolle fiele und mit den Bäckersleuten und deren Kundschaft den Skandal bespräche!
  Man tut es eben nicht, weil man das Prinzip der Gegenseitigkeit fürchtet, das dazu führen könnte, nicht nur heftige Impulse im Bäckerladen freizusetzen, sondern sich durch die Freisetzung eigener Impulse in Kontaktsequenzen einzulassen, die einen selbst aus der sicheren Bahn des Gewohnten herauszulenken drohen. In schlimmsten Falle käme man nicht mehr zu Hause an, um die Brötchen, die man eben gekauft hat, zu essen, sondern man würde mit dem Wechselgeld in der einen und der Brötchentüte in der anderen Hand in der Bannmeile erschossen.

2.3. Begrenzung
(Kontingent, Fürst, First, Frist)

2.3.1. Psyche, Ich und Selbst

Kontakte finden an Grenzen statt. Sie sind Austausch zwischen innen und außen. Einerseits vermitteln sie zwischen Traum und wachem Erleben der Wirklichkeit, andererseits zwischen verborgenen Phantasien im Innenleben des Individuums und jenen Wahrheiten, die erst im dialogischen Bezogensein erkennbar sind. Zum Verständnis der Rolle von Grenzen bei diesem zweifachen Kontaktverhalten ist es sinnvoll, ausdrücklich zwischen *Psyche*, *Ich* und *Selbst* zu unterscheiden.

Die Psyche ist das dynamische Gefüge der Bedürfnisse, Impulse und Motive, die den lebendigen Organismus und sein Umfeld teils synergistisch, teils konflikthaft konkurrierend in eine prozessuale Einheit verwebt. Die Psyche ist der virtuelle Körper eines Lebens, dessen Kontur den Leib vieldimensional durchkreuzt und umschließt. Sie hält den Leib und das Feld, in dem er lebt, in einem Zustand angespannter Differenz, sodass ein Binnenraum entsteht, der Wissen in sich sammeln kann. Je komplexer die Physiologie eines Lebewesens ist, desto mehr Psyche ist ihm zuzuordnen[59]. Die Psyche ist so alt wie das Leben selbst.

Im Gegensatz dazu ist das Ich eine moderne Entwicklung der Phylogenese. Es ist das Faktum und die Fähigkeit zur aktiven Parteinahme. Das Ich kann zu dem, was sich im Binnenraum zwischen dem Tier und der Matrix, aus der es entsteht, an Wissen ansammelt, Stellung nehmen. Das Ich kann wählen und für etwas sein. Im Bewusstsein ist das Ich zunächst die Partei des individuellen Körpers und des Beziehungsnetzes, das es in dessen Interesse webt. Bewusstseinsinhalte, die sich mit dem physiologischen Schicksal des

---

[59] Wissenschaftliche Tatsache ist, dass bei schlafenden Katzen die gleichen phasischen Augenbewegungen festzustellen sind, die bei schlafenden Menschen ein aktuelles Traumgeschehen anzeigen. Träume sind Äquivalente psychischer Aktivität. Es ist also zu vermuten, dass auch Katzen träumen und eine Psyche haben, wenngleich die letzte Bestätigung dieser Hypothese wohl auf Dauer ausbleiben wird, da es den Katzen an menschlichen Sprachkenntnissen mangelt, mit deren Hilfe sie uns die gewünschte Bestätigung geben könnten. Vielleicht träumt die Katze ja davon, wie sie ihre menschlichen Versorger durch rätselhafte Blicke dazu bringt, ihr ohne erkennbare Gegenleistung weitere Vergünstigungen zukommen zu lassen. Im eigenen Interesse sollte sie solcherlei Trauminhalte sowieso für sich behalten, denn würden sie publik, wäre das verführerische Rätsel der Katzenseele dahin und die Pensionen, die es zu verzehren gäbe, bescheidener.

Körpers in Verbindung bringen lassen, werden vom Kleinkind zur Vorstellung einer geistig-seelischen Individualität verdichtet und summarisch als „Ich" bezeichnet.

Wie eine politische Partei, so bleibt auch das Ich dem, für den es ursprünglich angetreten ist, nicht selbstlos treu. Manchmal verfolgt das Ich Ziele, über die sein Körper gerne noch lauter als durch psychosomatische Leiden lamentieren würde. Wenn er es denn könnte! Außerdem ist das Ich dazu bestimmt, sich von seiner Rolle als Partei des Körpers loszusagen, um in der Transzendenz zum Selbst Anwalt größerer Zusammenhänge zu werden, als es die paar Millionen Algorithmen sind, mit denen sich ein individuelles Erdenleben berechnen lässt.

Als Partei und Interessenvertreter eines Körpers, der mit anderen Körpern konkurriert, neigt das Ich dazu, Bewusstseinsinhalten, die es verdächtigt, seinen egozentrischen Impulsen entgegenzuwirken, den Zugang zu jenem Bewusstseinsfenster zu verwehren, das es selbst kontrolliert. Das unreife Ich hält unbewusst - was so viel heißt wie: es ignoriert[60] - wovon es sich in seiner Sonderrolle gefährdet glaubt; denn von dem, was seine Bedeutung relativiert, würde es zunächst am liebsten gar nichts wissen. Als Partei eines schwachen Körpers, den es den Gefahren einer übermächtigen Welt ausgesetzt sieht, ist das Ich hauptsächlich an jenen Indizien interessiert, die ein Gefühl der Sicherheit vermitteln.

Falls es dem Ich während seiner Entstehung nicht gelingt, sich seines Wertes soweit zu versichern, dass es die Relativität dieses Wertes und sein bedeutungsarmes Huschen über die Bretter des irdischen Schauspiels gelassen hinnimmt, wird es die Aufmerksamkeit des Bewusstseins dergestalt steuern, dass sein ängstlich-überzogener Anspruch nach fremder Bestätigung nicht auf spürbare Grenzen trifft. Aus Unsicherheit beansprucht es im eigenen Bewusstsein so viel Platz, dass weder die Welt, noch sein tieferes Selbst vom gleichsam ich-besessenen[61] Bewusstsein unverstellt erkannt werden können. Das Resultat ist ein mangelndes Selbstbewusstsein, was das Problem des Ichs und seiner untauglichen Abwehr gegen den Schrecken der Flüchtigkeit oft weiter verstärkt.

---

[60] Von lateinisch „ignorare = nicht wissen wollen".
[61] Als vom Ich besessen gilt hier nicht nur ein Bewusstsein, dass sich ständig in phallischer Expansivität an der angeblichen Großartigkeit seines Besitzers ergötzt, sondern auch das gehemmte und schüchterne. Der Gehemmte ist in seinen Grübeleien befangen - wie er sein, was er sagen und wie er sich geben sollte - um reibungslos ins schützende Gefüge zu passen und letztlich, um ohne etwas zu bekennen all seine blind wuchernden Sehnsüchte von den anderen erfüllt zu bekommen.

Würde ein Ich aufhören, es für selbstverständlich zu erachten, dass es seinem eigenen Körper und sich selbst auf Kosten anderer Körper und anderer Ichs Vorteile verschafft, würde es mit seinem Selbst identisch, weil es sich dann ohne egozentrische[62] Vorurteile selbst verstünde, wobei das Verb „ver-stehen" hier wörtlich verstanden wird als das Hinüberwechseln [=ver] von einem Standpunkt zu einem anderen. Der andere Standpunkt des Ichs wäre der, dass - wenn überhaupt - nur von jenem Aspekt der Individualität viel Aufhebens gemacht zu werden braucht, von dem das Individuum ahnt, dass er über den Horizont seines Ichs hinweg mit dem Kontext eines Daseins in durchdringender Verbindung steht, der sich ohne jedes Maß erstreckt und der allein imstande ist, den Sturz des Geistes aufzufangen. Diese Verbindung des Individuums in den unbegrenzten Kontext seiner Welt ist das Selbst. Und erst in dem Maße, in dem das Selbst-bewusstsein[63] steigt, bilden sich Selbstsicherheit und ein Selbstwertgefühl, das gegen die Anfeindungen des Daseins einigermaßen gefeit ist. Ein sicheres Selbstwertgefühl basiert nie auf Qualitäten, die bloß im Ich begründet sind, weil jedes Ich viel zu zerbrechlich ist, als dass man sich auf seine Qualitäten verlässlich stützen könnte. Dem Ich braucht man meist nur eine oder zwei seiner wichtigsten Rollen im Leben zu entziehen und schon droht der Sturz in eine tiefe Krise; falls es nicht von einem Selbstwert aufgefangen wird.

Die Psyche bringt den Organismus in einen integrativen Datenverrechnungsbezug zum Biotop, in dem er lebt. Das Ich ist eine Funktion, die sich weniger an die physikalische Umwelt wendet, als vielmehr an ein analog gedachtes Du. Während die Kontaktaufnahme der Psyche zur Außenwelt über die Trennlinie zwischen Tod und Lebendigkeit vonstatten geht, knüpft das Ich den Kontakt zu seiner Außenwelt, indem es der Innenwelt eines Du's oder der eigenen Psyche begegnet. Das Selbst ist die Identität des Subjekts mit einer transpersonalen Wirklichkeit, der sein Ich zum Teil begegnet. Die Macht eines unerschütterlichen Selbstbewusstseins, das von den weiteren Umständen nicht abhängt, fließt dem Ich zu Recht nur zu, wenn es als Ich Inhalte vertritt, die seinem Selbst entsprechen.

---

[62] Es macht schon was her, ein Fremdwort zu erfinden! Wenn dem Ich stets mit Zwiespalt in der Seele zugeschrieben wird, egozentrisch zu denken, wäre dem Selbst ein edles „verizentrisch", von „veritas = die Wahrheit", recht angenehm. Innerhalb der Wahrheit ist das Ego ein harmloses Spiel.
[63] Gemeint ist ein Bewusstsein, das sich nicht mehr blind mit dem Ich identifiziert, sondern dass das Ich als bloßen Teil seiner selbst erkennt.

2.3.2. Träumen und Wachen

Ohne den Kontakt zur Außenwelt, der ursprünglich als leibliche Geburt entstand und sich als physiologisches Erwachen aus dem Schlafzustand täglich als kleines Ritual erneut vollzieht, bliebe alles, was die Psyche erleben könnte, ein autistischer Traum. Erst durch diesen Kontakt wird die Grenze zwischen dem Binnenraum der eigenen Psyche und der äußeren Welt erkennbar.

Ohne diesen Kontakt würde man womöglich im Kerzenschein einer begrenzten Vorstellungskraft endlos vor sich hinträumen. Zwar gäbe es in solch einem endlosen Traum nur wenige oder gar keine Gesetze, um die man sich zu kümmern hätte und man könnte glauben, ohne festgesetzte Grenzen sei die Traumwelt weit, tatsächlich hätte man in diesem Traum jedoch nur das begrenzte Inventar jener Möglichkeiten, die die eigene Phantasie erfindet und man würde diese Möglichkeiten immer wieder neu verknüpfen, ohne dass eine Erinnerung an die Wiederholungen bestehen bliebe. So ginge es in einem endlosen Traum im Kreise herum und ohne dass das Bewusstsein zu sich käme, würde es durch eine Welt von Verknüpfungen taumeln, von denen es nichts verstünde[64].

Würde das Erlebnis der Grenze zwischen innen und außen fehlen, wäre niemand wach. Erst indem man aufwacht, erkennt man die Grenze zwischen dem Traum und der Wirklichkeit und je besser man sie kennt, desto weniger neigt die Grenze dazu, die Psyche in ihre Begrenztheit zu verengen. Je mehr Kontakte zur Außenwelt bestehen, desto klarer wird zwar, wie eng

---

[64] Vielleicht ist das alles falsch. Vielleicht ist der Traum nicht bloß Gaukelbild einer verschrobenen Phantasie, die sich im Schatten des Schlafs und jenseits der „vernünftigen" Kontrolle durchs wache Bewusstsein wie ein taumelnder Kreisel austobt. Vielleicht erhascht man im Traum einen Blick auf die fernen Quasare des seelischen Kosmos, die allzu oft in einem Rhythmus blinken, den man kaum versteht und die, unter uns gesagt, gar nicht verstanden werden wollen. Es mag sein, dass der Glaube des Ichs, die Träume wollten ihm etwas sagen, eingebildet ist. So wie der Schlaf nämlich der kleine Bruder des Todes ist, so ist der Traum der kleine Bruder des Jenseits. Wer schläft, ist tot. Als Traum erzählt er dem Jenseits, was er erlebt hat. Der Traum ist keine Botschaft, die man bekommt, sondern eine die man versendet.

Dass man Träume bei Tage schnell vergisst, ist keine Folge der Verdrängung, bei der das Bewusstsein verdrängt, wovon es angeblich nichts wissen will. Vielmehr erzählt man im Traum dem Jenseits in dessen eigener Sprache vom Diesseits, und da die Sprache des Jenseits von einer anderen Zeit durchzogen wird, als der, die wir beim Erwachen auf dem Leuchtzifferblatt des Weckers sehen, vergessen wir den Traum, weil er Minuten nach seinem Ende schon jahrelang vergangen ist.

und überschaubar die eigene Psyche ist, mit einer Enge, die man anerkennt, ist man aber weiter, als wenn man von der Beschränkung nichts wüsste.

Der Austausch zwischen Traum- und Wachbewusstsein spielt, so lässt sich vermuten, eine wenig verstandene Rolle im seelischen Dasein des Menschen, eine Rolle, die weit über die bisher erreichten Versuche zur Traumdeutung hinausreicht. Die Traumdeutung selbst kann im Hinblick darauf, dass sich kaum jemand damit ernsthaft beschäftigt, nur als künstliche Facette der Interaktion zwischen Traum und Wachbewusstsein aufgefasst werden. Was die wirkliche Aufgabe des rhythmischen Grenzgangs der Seele zwischen Traum und Wirklichkeit ist, bleibt bisher im unbeweisbaren Gestrüpp von Spekulationen verborgen, dem unter der jüngsten Fußnote ein neuer Seitenzweig auswächst. Plausibel am mysteriösen Thema erscheint lediglich die Annahme, dass es zum erfolgreichen Funktionieren der seelischen Prozesse notwendig ist, dass die Grenze zwischen den beiden Bewusstseinswelten zumindest aus der Perspektive des Wachbewusstseins klar zu ziehen ist. Wer im Schlaf davon träumt, dass er sich von jetzt ab ungestraft an jeder hübschen Frau vergreifen dürfe, dem würde ein böses Erwachen blühen, wenn er im Wachzustand nicht prompt den traumhaften Charakter seiner nächtlichen Gesichte einsähe und er von der Umsetzung dessen, was einfach nicht wahr sein kann, nicht klugerweise Abstand nähme.

2.3.3. Ichgrenze

Die zweite Kontaktebene zur Außenwelt, die für ein Individuum von zentraler Bedeutung ist, ist die des Kontakts zu einem anderen Ich. Auch dieser als „existenziell" bezeichnete Kontakt funktioniert nur mit klar definierten Grenzen.
Damit sich zwei Personen begegnen können, müssen sie prinzipiell die Grenze zwischen Traum und Wachbewusstsein erkannt haben. Zum Ich- und-Du-Kontakt reicht diese Klarheit aber nicht aus. Darüber hinaus muss im wachen Zustand entschieden werden, ob ein Bewusstseinsinhalt der objektiven Wirklichkeit oder der subjektiven Phantasie zuzuordnen ist. Denn ohne das kann man schlecht erkennen, was der Realität des Gegenübers und was dem Reich subjektiver Vermutungen angehört. Diese Grenze zwischen innen und außen ist die grundlegendste Form der Ichgrenze. Es geht dabei um die Unterscheidung zwischen den subjektiven Vorstellungsinhalten des wachen Bewusstseins und den objektiven Tatsachen jenseits des als abgegrenzt gedachten Individuums.

Die Entwicklung des reifen Ichs vollzieht sich als ein Prozess zunehmend richtiger Zuordnung von Bewusstseinsinhalten in die beiden Kompartimente „Innen" und „Außen". Kontakt zwischen zwei Personen entsteht in dem Maße, wie die angenommenen Ichgrenzen, die im Kontakt beansprucht und verteidigt werden, mit den wahren Kontingenten übereinstimmen, die den Ichs im Gesamtfeld der geistigen Wirklichkeit zum Zeitpunkt der Begegnung zukommen. Auf der Ebene der alltäglichen Interaktionen ist die Wirklichkeit der Zusammenhänge, die sekundär vom Bewusstsein erkannt werden können, in aktuell abgegrenzte Ichs unterteilt, wie die Oberfläche einer Kugel in konkrete Strukturen. Dort, wo die wahre Ichgrenze vom Ich irrtümlich verfehlt wird, entsteht kein Kontakt, sondern illusionär überdeckte Einsamkeit oder pseudopotentes Agieren. Parallel zum Auffinden seiner tatsächlichen Grenzen jedoch vertieft sich das Ich ins Selbst und wird dadurch zur echter Begegnung befähigt.

Die klassische Definition der Ichgrenze als Trennlinie zwischen Psyche und Wirklichkeit einerseits und Ich und Du andererseits überbetont jedoch - besonders im abendländischen Denken - den Aspekt der Eingrenzung des Ichs in einen individuellen Binnenraum. Sie verkennt, dass durch Kontakte die Begrenzungen dieser Binnenräume nicht nur aufeinandertreffen und im Aufeinandertreffen zu respektieren sind, sondern dass durch existenzielle Kontakte die Binnenräume tatsächlich erweitert werden; dass sich die Grenzlinien also verschieben. Die Weite des Bewusstseins und der Horizont des seelischen Erlebens liegt im Individuum nicht unrealisiert, quasi verpuppt, schon vor und wird dann durch Kontakte mehr oder weniger verwirklicht, sondern der erweiterte Horizont entsteht durch die reale Begegnung tatsächlich neu. Die Welt wächst durch den Kontakt.

Insofern treffen im Kontakt nicht nur bestehende Grenzlinien aufeinander, sondern durch Kontakt entstehen Grenzen als erweiterte Horizonte neu. Der Begriff „Grenze" hat im 13. Jahrhundert als Lehnwort aus dem Westslawischen den ursprünglichen Begriff „Mark" verdrängt. Im alten Wort „Mark", heute noch in der 'Mark Brandenburg' überliefert, wurde „Grenze" als „Gebiet" oder „Grenzland" bezeichnet, ja sogar als „Gesamteigentum einer Gemeinde an Grund und Boden". Grenze muss also nicht im Sinne einer scharfen Trennlinie verstanden werden, sie ist auch überlappendes Territorium, das jedem nur zugänglich ist, solange es gleichzeitig auch einem anderen offen steht; oder ihm zumindest offen stand. Ichgrenzen sind in Wirklichkeit nicht nur die Scheidelinien zwischen dem „Entweder-Ich" und dem „Oder-Du", sondern der gemeinsame Nenner des „Sowohl-Ich-als-auch-Du". Ohne das Du fehlt dem Ich seine Grenze und ohne Grenze verfehlt das Ich seine klare Kontur.

Die Trennung zwischen dem Ich und dem Du ist im Kontakt nur ein pointierter Sonderfall der Wirklichkeit. Ebenso wahr ist, dass die Ichs in ein dynamisches Feld sich überlappender Teilgebiete verwoben sind, in dem sie entstehen und ebenso wenig voneinander zu trennen sind, wie eine einzelne Welle vom Meer[65].

Da die eigenen Grenzgebiete unmittelbar mit fremden Grenzgebieten zusammenfallen, findet das Ich seine Grenzen und damit eine Sicherheit in sich selbst nur im realen Kontakt. Grenzen sind nicht nur Trennung, sondern reale Koexistenz. Sind Grenzen als gemeinsame Struktur etabliert, entfällt die Notwendigkeit von narzisstischem Anspruch und Verteidigung; und im gelungenen Kontakt wird die Wahrheit berührt.

2.3.4. Anspruch und Fehlsteuerung

Auch für die Grenzen an der Nahtstelle des existenziellen Kontakts gilt: je besser die Grenzen definiert sind, desto durchlässiger können sie sein und je sicherer sie sind, desto freier machen sie.

Gestört wird das Auffinden der wahren Grenzen und damit des vertieften Kontakts durch expansive Phantasien der Beteiligten, denen die Einsicht in das bescheidene Ausmaß ihrer Bedeutung schwerfällt. Im Eifer seiner Parteilichkeit für sich und seinen Körper, der ihm durch Zufall zufiel, meint das Ich, es müsse sich für grundsätzlich wichtiger halten, als den Rest der Welt, weil es sonst seiner Rolle etwas schuldig bliebe. So neigt es dazu, sich in fürstliche Phantasien zu verlieren, weil die eigene Phantasie es nur allzu gerne glauben macht, so viel Lohn wie die Träumerei dem Ich verspricht, könne die Wirklichkeit ihm niemals bieten. Tief im Inneren spürt zwar jeder, dass dem Menschsein mehr zukommt, als tatsächlich realisiert ist. Die wahren Ansprüche, also jene, die ihm aus dem Grund des Seins heraus schuldfrei zustehen, können aber nicht offen angemeldet werden, weil das Ich in seiner Rolle als Konkurrent weiß, dass sich Konkurrenten um die Erfüllung ihrer Ansprüche beneiden. Erst dem Ich, das sich bewusst im Selbst verankert und von dort aus die Konkurrenz der Ichs als ein Ge-

---

[65] Und doch stürzt manche Welle trotzig in einen echten Tod. Denn sie will sterben und sie will ganz untergehen, ohne dass das letzte Nein von ihr je das Meer erreicht. Da ist die unbeugsame Weigerung, jemals anderswo dabei zu sein, als bei sich selbst.

sellschaftsspiel erkennt, gelingt es angemessen mitzuspielen, ohne den Ernst des Spiels zu übertreiben.

Da meist aber nicht gewagt wird, die von der Wahrheit gedeckten Ansprüche an das Menschsein wahrzunehmen, geschweige denn, sie im Kontakt wirksam anzumelden, wird der Kontakt durch Verleugnung und fehlgeleitete Anspruchlichkeit verzerrt. Statt Kontakt im eigentlichen Sinne, findet man im Grenzbereich ängstliches Sichern und Manipulation als Ausdruck einer unverstandenen Expansivität.

Die fehlgeleitete Expansivität wird auch erkennbar in der Überschätzung der dynamischen Möglichkeiten des konkreten Kontakts. Je größer das unerkannte Bedürfnis nach der Expansion in die wesensmäßige Weite des Daseins ist, desto mehr wird am Beginn einer neuen Beziehung an deren wahren Möglichkeiten vorbeierwartet, was die Entstehung echter Begegnung im Anhub behindert und das wenige, was trotzdem wachsen kann, oft beim Umschlag in die erste Enttäuschung untergehen lässt. Vieles, was heftig beginnt, kommt daher bald zu einem raschen Ende.

Zur Struktur des Kontakts gehört nicht nur die Begrenzung seiner dynamischen Möglichkeiten, sondern auch seiner zeitlichen. Der Vereinigung liegt die Trennung bereits inne. Um Trennungen zu verhindern, kann man schon beim Vereinigen zögerlich sein - und umgekehrt. So wird so mancher Kontakt vermieden, um stabile Verhältnisse zu erhalten. Viele Formen gesellschaftlich vereinbarter Stabilität lassen sich nur fortsetzen, wenn man tiefere Kontakte verhindert, denn der existenzielle Kontakt ist ein dialektischer Prozess, der mit der einen Hand zwar Sicherheit gibt, der mit der anderen aber wieder etwas davon nimmt.

Im existenziellen Kontakt verschmilzt die Suche nach der eigenen und der Respekt vor der fremden Grenze zu einem einheitlichen Prozess. Je besser man die Grenzen zwischen sich und dem anderen respektierend erkennt, desto freier wird der eigene Ausdruck und desto mehr Kontakt kann man damit herstellen. Je klarer Grenzen definiert sind und je weniger umstritten, desto mehr Kontakt halten sie aus und desto durchlässiger können sie sein. Gleichzeitig werden durch die Begegnung von Grenzen scharfe Trennlinien als Hindernisse und Beengungen überschritten. So werden im Kontakt Grenzen dadurch überwunden, dass man sie festlegt und sichert. Indem man um diese Begrenzungen weiß, vermeidet man, dass Tiefe und Wirksamkeit des Kontakts durch die Überladung mit falschen Erwartungen beeinträchtigt wird.

2.4. Intensität
(Tango, Tangens, kontra)

2.4.1. Leidenschaft...

Auf einen existenziellen Kontakt kann man sich nicht bloß nebenher einlassen, während man im Geiste mit der Steuererklärung oder der Reparatur eines Fahrradreifens beschäftigt ist. Erreicht ein Kontakt eine existenzielle Qualität, erfasst er zwei ganze Personen. Kontakt wird nicht wie eine Telephonverbindung hergestellt und bleibt als Selbstläufer bestehen, solange man die Verbindung nicht abbricht, sondern man verliert an Kontakt, wenn ein Kontakt Intensität verliert. So kann man zwar nicht sagen 'Alles, was intensiv ist, ist Kontakt', aber man kann sagen 'Jeder Kontakt ist Intensität'. Beim Kontakt erlischt die Verbindung, wenn ihr die Spannung fehlt, die sie begründet.

Allerdings ist zu beachten, dass die vordergründig erkennbare Erregung zweier Personen nicht notwendigerweise mit der Intensität ihres Kontakts korreliert. Kontakt ist in solchem Maße Lebenselixier der Psyche, dass man ihn, aus Angst ihn zu verlieren, oft lieber vorgibt, als sich einzugestehen, wie schwer es fällt, sich tatsächlich auf ihn einzulassen. Daher wissen viele aus Erfahrung, dass so manches, was unter der Bettdecke geschieht, weit weniger Leidenschaft und Hingabe an das Königreich des Eros ist, als man als gutgläubiger Beobachter meinen könnte. So wird Intensität simuliert, weil man ahnt, dass sie das eigentlich Richtige ist. Und sie wird simuliert, weil man das als richtig Erahnte verfehlt und deshalb meint, man müsse sich die Fähigkeit zur Intensität beweisen, um doch noch als ganzer Kerl oder echtes Weib zu gelten. Die Liebenden[66] sind dann nicht als Leib und Seele aufeinander ausgerichtet, sondern jeder fragt sich selbstbezogen, ob er die Rolle gut spielt, von deren Erfüllung er sich Liebe und Zuwendung verspricht. Die Intensität der Erregung signalisiert hier nicht die des Kontakts, sondern die der Angst, dass er misslingt.

---

[66] Eigentlich müsste man die „Liebenden" hier in Gänsefüßchen setzen, denn wer damit beschäftigt ist, seine Liebesfähigkeit unter Beweis zu stellen, liebt sicher weniger, als dass er sich vor Liebesentzug fürchtet. Und wenn er überhaupt liebt, dann watschelt seine Liebe eher auf Gänsefüßen daher, als dass sie sich beim Vögeln wie eine trunkene Schwalbe in den Himmel schwingt.

Bei der etymologischen Analyse des Wortes „Kontakt" sind wir auf die drei Begriffe „kontra", „Tango" und „Tangens" gestoßen, die, betrachtet man ihre Bedeutungen genauer, auf das nahe Verhältnis zwischen dem Wesen des Kontakts und dem der Intensität hinweisen.

„Kontra", so haben wir gesehen, enthält die erste Hälfte des Wortes „Kontakt" und benennt doch, obwohl es so mit „kon = mit" beginnt, etwas scheinbar Gegensätzliches zum verbindenden Kontakt. *„Kontra"* heißt „gegen" und weist durch seinen zweiten Bestandteil „-tra" darauf hin, dass „gegen" „mit-ter" als „mit" ist.

Will man ein Miteinander zu größerer Intensität und Spannung steigern, muss man es um jene Elemente bereichern, die dem „mit" offen widersprechen. Zwar kommt Kontakt nur zustande, wenn es Kräfte gibt, die im Wunsch zu verschmelzen aufeinander zustreben, intensiver wird der Kontakt jedoch und Verschmelzung letztendlich nur erreichbar, wenn er auch jene Impulse in sich sein lässt, die voreinander fliehen, die sich gegenseitig leugnen oder die sich sogar leidenschaftlich bekämpfen. So entsteht in jedem Kontakt, der sich nicht vor Paradoxien fürchtet, eine intensive Spannung, die die Pole, die da aufeinander treffen, stärker aneinander bindet, als es ein naives 'Ja' je könnte[67].

Dasselbe Bild entsteht, wenn zwei partnerschaftlich verbundene Kontrahenten miteinander Tango tanzen. Bei diesem Tanz, der mehr als alle anderen eine Choreographie des Kontakts ist, sind die einander widerstrebenden Kräfte, die den Kontakt von der faden Gemeinsamkeit paralleler Bewegungen in das spannungsreiche Knistern eines erotischen Kampfes verwandeln, in jeder Faser der tanzenden Körper und in der Emphase des fordernden Rhythmus erkennbar.

Nicht umsonst stammt das Fremdwort *„Kontrahent"*, das man mit „Gegner" übersetzen kann, vom lateinischen Verb *„con-trahere* = zusammenziehen". Die Bindekraft der Gegnerschaft ist größer als die der eingespielten Harmonie, die stets synchron in dieselbe Richtung blickt und wenn die Harmonie alle Beziehungsprobleme mit sanfter Hand beseitigt hat, fragen sich die aneinandergezähmten Kontrahenten oft zu Recht, wie lange ihr

---

[67] Als Beispiel eines solch verbindlichen Kontrapunkts kann die historische Wirkung Martin Luthers gelten. Durch seinen Widerspruch gegen die Unsitten der katholischen Kirche hat er im Katholizismus mehr Reaktionen und Nachdenken verursacht als zehn fromme Päpste zuvor und danach. Ein „Nein", das das Verneinte nicht vernichten, sondern es durch den Impfreiz des Widerspruchs zur Genesung bringen will - und das kann man Luther unterstellen - schafft eine heilsame Spannung solange das „Nein" vonnöten ist und es nicht durch ein zweites „Nein" beantwortet wird, das seinerseits Vernichtung will.

Zusammenziehen so viel Gleichklang überleben kann. Im Tango verlangt das Miteinander, dass man sich nach besten Kräften gegen seine Versuchung wehrt, obwohl die Verneinung des Miteinanders weiß, dass sie doch in einem ungelogenen Kampf letztendlich überwunden werden will[68].

2.4.2. ...und trocken' Brot

Nüchtern, wie die Mathematik sich in ihrer irdischen Form bekanntermaßen zeigt, weist ihr Tangens unbeirrbar und gelassen, so wie das, was mathematisch eben mal so ist, auf zwei Pole hin, zwischen denen sich die Spanne der möglichen Intensitäten des Kontakts erstreckt. Am einen Pol hat der Kontakt seine größtmögliche Intensität. Am anderen geht die Intensität des Kontakts gegen Null, obwohl sich zwei Personen mit scheinbarer Heftigkeit begegnen.

Sehr intensiv wird Kontakt, wenn der eine Partner es, in Worten, Gesten und Taten, zulässt, dass der andere alles von ihm sieht und wenn der andere bereit ist, das, was er sehen kann, als willkommen geheißene Wahrnehmung ohne ein altkluges „aber" in sich gelten zu lassen. Legt man offen, was man in seinem Innenleben findet, reicht es manchmal nicht, dass man schonungslos und unverhohlen über alles spricht. Denn manch eine Wahrheit ist so fein, dass sie nicht ausgesagt, sondern nur als sprachloser Ausdruck unbenennbarer Impulse getan werden kann[69]. Um den maximal möglichen

---

[68] Da reizt es, sich dem Bild des Beischlafs noch einmal zuzuwenden, obwohl der Beischlaf etwas ist, bei dessen kognitiver Erkundung man in höchstem Maße vorsichtig sein muss, will man sich nicht als philosophierender Dilettant blamieren. Man denke nur an den unglücklichen Fauxpas von Friedrich Nietzsche, der, statt mit dem Mut, seine Ängstlichkeit zu überwinden, mit einer Peitsche zum Weibe gehen will.

Eben haben wir unser liebendes Paar jedenfalls keuchend unter der Bettdecke zurückgelassen, als beide diesseits des Keuchens darüber nachdachten, ob sie die Hingabe an Lust und Leidenschaft glaubhaft machen könnten. Die These war, dass sie gerade durch ihr Bemühen, die intensive Verschmelzung zu erreichen, die angestrebte Intensität um etliches verfehlten. So bleiben beide in der Einsamkeit ihrer Selbstbestätigung zurück. Mehr Kontakt entstünde, wenn sie sich nicht bemühen würden, vom Strudel der Erotik *mit*-gerissen zu werden, sondern dazu stünden, dass sie zu diesem Ausmaß eines Miteinanders nicht fähig sind, sondern erst die Eroberung des anderen brauchen, um sich im Selbstgenuss eines autonomen Egos zu etablieren, das sich, bevor es sich etwas Mächtigerem überlassen kann, beweisen muss, dass es fähig ist, etwas Gleichwertiges zu rauben. Beim gegenseitigen Rauben würde das *Kontra* transparent und die Angst vor dem anderen wiche der Lust, ihn zu nehmen.

[69] Deshalb ist der höchste Geist eher Wirksamkeit als bloß Wissen und Sprache.

Kontakt zu erreichen, ist es notwendig, bei der Offenbarung des eigenen Ichs nichts anderes als Intensität zu intendieren. Der, der wahrnimmt ist nur dann voll im Kontakt, wenn er nichts unternimmt, um sich vor der Wucht dessen zu beschützen, was er durch die Wahrnehmung in sich als wahr annimmt.

Kaum Kontakt entsteht, wenn der eine, statt frei von Vorurteilen wahrzunehmen, was er zu sehen bekommt, es dem anderen reflexartig recht machen will und er ihm daher stereotyp zustimmt.

Kaum Kontakt entsteht auch im umgekehrten Fall; wenn man ebenso schematisch widerspricht und nichts von dem in sich gelten lassen will, was man eigentlich als richtig erkennt, weil man meint, man müsse sich auf alle Fälle selbstbehaupten.

Stark gestört ist ein Kontakt, wenn man sich nur scheinbar offenbart und sich in Wirklichkeit belügt. Die Lüge ist ein Werkzeug, mit dem man echten Kontakt verhindern will, weil man seine Folgen fürchtet. Der echte Kontakt wird zum Schein durch falschen ersetzt und als Folge davon geht man samt der Begegnung in die Irre. Man lügt, weil jede echte Begegnung mächtig ist.

2.4.3. Vom Pulsschlag des Geistes

Je mehr man beim Kontakt die Wirklichkeit des faktisch unantastbaren Seins für die eigenen Zwecke vereinnahmen will, desto geringer ist seine Intensität, denn das Sein lässt nichts Halbes über seinen Abgrund verfügen. Weil das Sein die Unverfügbarkeit der Wahrheit schützt, um weiter reine Form seiner selbst zu sein, schwächt es die Intensität aller versuchten Kontakte, die sich zum Zwecke gezielter Nützlichkeiten dessen, was ist, bemächtigen wollen, soweit ab, bis der Versuch im Unwirklichen versandet. Die Wahrheit unterscheidet sich vom Falschen dadurch, dass man sie nicht wie das Falsche als Werkzeug benutzen kann. Immer, wenn man es versucht und sie zu einem seelischen Kommerz gebrauchen will, benutzt man nicht sie, sondern man wird von ihrem Herrschaftsanspruch selbst erfasst. Und doch erfolgt daraus die einzige Besessenheit, deren Herrschaft die von ihr versklavten Opfer in beständiger Bindung befreit. Den Willigen führt die Wahrheit Schritt für Schritt seiner Bestimmung entgegen, den Unwilligen peitscht sie Millimeter für Millimeter voran.

Da die Existenz und der Bestand des Kontakts in so ausgezeichneter Weise mit seiner Intensität verbunden ist, tiefer noch als mit den Charakteristika

"Ebenbürtigkeit", "Gegenseitigkeit" und "Begrenzung", liegt es nahe, sich den Begriff selbst näher anzusehen.

"*Intensität*" stammt vom lateinischen Wort "*intensus* = gespannt, aufmerksam, heftig". "Intensus" gehört zum Verb "*intendere* = hinstrecken, anspannen, seine Aufmerksamkeit ausrichten". Von dieser sprachlichen Wurzel ausgehend, findet sich eine Reihe vielsagender Fremdwörter im Deutschen wieder.

Der "*Intendant*", einer Rundfunkanstalt, ist ein "Anspanner und Ausrichter", also jemand, der im Binnenbereich des Unternehmens jene Spannung erzeugt, die die Kräfte auf neue Ziele hin ausrichtet.

Die "*Intention*" ist eine Absicht, ein Vorhaben, also eine Haltung, in der man sich im Hinblick auf das intendierte Ziel hin anspannt. Intendiert man ein Ziel, so liegt in dieser Absicht die "*Tendenz*" sich dem Ziel entgegenzuneigen, ein Hang, ein Impuls, eine Strömung in seine Richtung.

Zur Familie der teilsynonymen Verben "*intendere*" und "*tendere*" und damit zur "*Intensität*" gehört das Verb "*tenere* = (gespannt) *halten*". Vom Verb "tenere" abgeleitet sind die "*Abstinenz*", die "*Impertinenz*", die "*Kontinuität*", sowie die Wörter "*Te̱nor*" und "*Teno̱r*".

So fällt es leicht bei der Abstinenz, also dem aktiven Abstand*halten* vom Dämon Alkohol, die Anspannung zu erkennen, die darin liegen kann, das Sich-Hinstrecken zur lichten Seite des Lebens und die Aufmerksamkeit, die im nüchternen Zustand dem Dasein gegenüber ebenso möglich ist wie der Aufgabe, es von toxischen Trübungen frei zu *halten*. Es sind also alle drei Übersetzungen des Verbs "intendere" ohne Mühe aus dem Thema "Abstinenz" herauszulesen und man wagt nicht viel, wenn man sagt, dass Ursprung und Motiv der Süchte in der Vermeidung intensiver Kontakte liegt.

Impertinent wirkt, wer sich beharrlich mit Bemerkungen einmischt, die mit der in Frage stehenden Sache nichts zu tun haben. Statt sich unpassend in das Thema einzumischen, über das man sich gerade spannend unterhält, sollte sich der Impertinente besser heraus*halten*[70].

---

[70] Haben Sie gesehen, wie die Kostermann letzte Woche im Sauerland dem Chef schöne Augen gemacht hat?

Bei der Kontinuität springt der Zusammenhalt des Kontinuierlichen so direkt ins Auge, dass weitere Erläuterungen des Begriffs überflüssig sind[71].

Wenn eine Aussage zur Sache im gleichen T<u>e</u>nor erfolgt wie die bisherigen, meint die Sprache damit, dass derselbe atmosphärische Sinnzusammenhang, um den sich die bisherigen Aussagen scharen, auch vom neuen Beitrag einge*halten* wird. Im gleichen T<u>e</u>nor spricht, wer den Rahmen ein*hält*, der vorgegeben ist[72].

Der Ten<u>o</u>r schließlich soll als Hauptstimme ohne Zittern das Kathedralendach des Opernklanges *halten*[73].

In allen zitierten Abkömmlingen des Verbs „tenere" ist das ursprüngliche „halten" zu finden. Forscht man weiter in der Ahnengalerie indogermanischer Wörter, findet man als Vorfahren des „tenere" und des „tendere" das Urwort *„ten = dehnen*, ziehen, spannen", das darauf hinweist, dass zum Sinnkreis des Haltens und Spannens das „Dehnen" gehört[74].

Für die Untersuchung der Tiefenstruktur des Kontakts ist ein naher Verwandter des „Dehnens" bedeutsam. Es handelt sich um das Wort *„gedeihen"*, dessen etymologische Wurzeln sich bis in die widersprüchlichen Bilder des Dehnens und des Sich-Zusammenziehens erstrecken, und das somit nachweist, dass das Gedeihen ein dialektisches Wechselspiel aus Kontraktion und Expansion erfordert.
Ohne die Intensität wechselnder Kontakte, die den Horizont des Interesses in das nähere Umfeld ausdehnt, würde sich das Ich durch die Gravitationskraft seiner individuellen Egozentrik auf eine ausweglose Enge innerhalb der eigenen Grenzen beschränken. Oberflächliche Kontakte haben kaum die Kraft, das Ich aus einem angestammten Schwerpunkt heraus in eine neue Bewegung zu bringen, da widerstrebende Kräfte, die der Bewegung entgegenwirken und Anwälte des Beharrens sind, es gelernt haben, schwa-

---

[71] Das ist ein ganz durchtriebenes Luder. Ich glaube, die würde mit diesem Saftarsch sogar ins Bett gehen, wenn sie dafür die Revisionsleitung im Zweigwerk Hagen bekäme.
[72] Also ich mache mir nichts aus der Stelle in Hagen! Es gibt schließlich noch anderes im Leben als bloß Geld und Karriere!
[73] Vor drei Jahren beim Betriebsausflug, oder sind das jetzt schon vier Jahre... na ja, ist doch ganz egal... boah, da sind wir danach noch mit dem Meier und dem Blennemann aus der Buchhaltung auf der Rolle gewesen. Der Meier kann ja saufen wie ein Stier!
[74] Und im Club Tabu hat Blennemann erzählt, wie er die Kostermann flachge.... Jetzt halten Sie sich mal raus, Kunzler! Das ist ja wirklich impertinent!

che Impulse in ein Netzwerk abwehrender Routinen einzuspeisen, wo rasch auch das wenige an Schwung, mit dem sie kamen, im viskösen Puffer selbstverständlicher Gewohnheiten verschwindet. Deshalb ist es die Aufgabe des Therapeuten im Kontakt mit dem Klienten, der in den gewohnten Mustern seiner Neurose festsitzt, eine intensive Begegnung zu suchen. Intensität braucht dabei nicht blind mit spektakulärer Heftigkeit gleichgesetzt zu werden. Intensiver als ein Strohfeuer, das seine Kraft sofort verbrennt, ist oft die unbeirrbare Beharrlichkeit der Wiederholung, die die nötige Spannung, die zur therapeutischen Wirksamkeit gehört, solange hält, bis sie reif ist, sich zu entladen.

Die Intensität des Kontakts wird durch die Begriffe „Dehnen", „Spannung" „Halten" und „Aufmerksamkeit" benannt. Selbst wenn man mit entspannter Aufmerksamkeit Kontakt geschehen lässt, so wie er sich seinen eigenen Gesetzen gemäß entwickelt, gründet die Präsenz, die bei der Begegnung erforderlich ist, darin, dass man unter dem entspannten Da-sein eine präsente Spannung hält. Daher ist gerade der intensive Kontakt nur vorübergehend möglich und muss durch Phasen des Rückzugs unterbrochen werden. Wem es gelingt, eine Beziehung zwischen entschiedener Begegnung und angstfreiem Rückzug pulsieren zu lassen, hat eine große Chance, dass sich sein Horizont dehnt und er selbst gedeiht. Rückzug und Kontakt bilden den Pulsschlag des Denkens.

2.5. Exploration
(tasten, taxieren, fort, fern, fremd, fahren, Erfahrung, Gefahr)

2.5.1. Der Löwe und sein Denken

Bei den Mitgliedern eines Löwenrudels handelt es sich um Individuen. Die Löwen bilden durch soziale Interaktion einen Verband, dessen Binnendynamik von den Tieren ausgefochten wird und der durch die so gewonnene Ausgestaltung einer individuellen Rudelstruktur nach außen abgegrenzt ist. Der Verband ist eine intern konkurrierende Symbiose von dynamisch variablen Elementen und bildet eine eigene Gestalt. Die Struktur des Verbandes scheint dabei weitgehend durch den Kontakt zum umgebenden Biotop und durch instinktive Verhaltensmuster geprägt zu sein. Die Verhaltensmuster variieren im Rahmen des genetisch vorgegeben Verhaltensrepertoires der Spezies Löwe und werden von den kybernetischen Gesetzen hierarchischer

Ordnungen moduliert. Diese ihrerseits sind vom Nutzen symbiotischer Synergien und den Regeln konkurrierenden Kräftemessens bestimmt.

Das Kontaktverhalten der Löwen im Rudel erfüllt zwei Funktionen: Es orientiert das einzelne Tier über seine Position im Verband und gibt durch die Einbindung ins Rudel Sicherheit. Junge Löwen testen durch spielerische Rangeleien aus, wo ihr Platz im Rudel ist. Ist der Platz gefunden, lässt die Intensität ihres Interaktionsverhaltens nach und der Kontakt zu den Gruppenmitgliedern dient von da ab weniger der Erkundung, als vielmehr der gesicherten Einordnung im Verband.

Die Löwen scheinen jedoch über die ganze Angelegenheit nicht bewusst nachzudenken. Man hat zwar den Eindruck, als nähmen sie sich bei ihren Interaktionen jeweils als fremdes Gegenüber wahr, es sieht aber nicht so aus, als würden sie nach der erfolgten Wahrnehmung des anderen in bewusster Reflexion entscheiden, welche Haltung sie selbst bei der Begegnung einnehmen möchten. Trotzdem sind Löwen keine seelenlosen Apparate. Auch im Löwen spielen sich je nach Situation Ambivalenzkonflikte zwischen widerstrebenden Impulsen ab - zum Beispiel Impulsen zu Angriff oder Rückzug - und es gibt keinen Grund, warum man dieser Dynamik nicht entsprechende Affekte zuordnen und dem Löwen damit eine Psyche zusprechen sollte.

„Affekt" heißt das „Hinzu-getane" bzw. das „Dabei-gemachte". Der Affekt ist ein Steuerimpuls, den das Subjekt der komplexen Situation zur gezielten Einstimmung auf individuelle Zielsetzungen hinzufügt. Mit der Stimmung stimmen sich der Handlungsablauf der organischen Struktur, die Wahrnehmung und die Realität des subjektiven Wunschgenerators aufeinander ab. Spricht man dem Löwen Affekte zu, impliziert dies die Existenz einer „Löwenperson", deren Wunsch und Wille durch die Maske des Löwentieres hindurchtönt, denn wenn etwas „hinzugetan" wird, muss jemand da sein, der das macht. Ob die Existenz der Löwenperson, der des Tieres vorangeht, ist damit nicht gesagt. Es könnte sein, dass sie erst als Brennpunkt der komplexen Lebenssequenz „Löwe" entsteht. Die Brennweite einer Sequenz, die Distanz die man braucht, um ihre Struktur zu erkennen, hängt von ihrer Komplexität ab und entspricht der Tiefe der geistigen Dimension, die als Erkenntnis ausgelotet wird. Man kann daher vermuten, dass der Löwe vom Menschen nur wenig erkennt, weil der Mensch zwar einiges vom Löwen, der Löwe aber nur wenig vom Menschen enthält.

Richtige Entscheidungen für das Überleben, Entscheidungen über Angriff oder Rückzug kann das Zentralnervensystem des Löwen nur treffen, wenn es vor der Entscheidung mit Hilfe aktueller Sinnesdaten verschiedene Handlungsabläufe simuliert und die Ergebnisse der Simulation mit abgespeicherten Varianten möglicher Handlungssequenzen vergleicht. Das Zentralnervensystem des Löwen ist ein Wirklichkeitssimulator und ohne dass er etwas davon merkt, ist es ohne Zweifel so, dass das Gehirn des Löwen im Schatten eines fehlenden Ich-Bewusstseins durchaus denkt.

Da die Löwen mögliche Verhaltensvarianten nicht bewusst gegeneinander abwägen, um durch bewusste Wahl zu entscheiden, welche sie für die richtige Variante halten, geschieht ihr Verhalten, ohne dass sie es eigens geschehen lassen müssten. Die Affekte und Emotionen, die das Verhalten vermitteln, bleiben ebenso unbewusst, wie die kognitiven Simulationen ihres Gehirns.

Das Verhalten der Löwen konstituiert sich vornehmlich als eine Motorik ihrer Körper. Die leibliche Motorik wird vom psychischen Phänomen der Emotionalität nahtlos begleitet. Welche Körperbewegungen der Löwe im einzelnen macht, hängt von der jeweiligen Emotion (e-movere = herausbewegen) ab, die den Löwen als Resultat seines Denkens aus jener anorganischen Passivität herausbewegt, in der er ohne die Informationsverarbeitung seines Gehirns verharren würde; ohne dann noch ein wirklicher Löwe zu sein. Bewusst wird sich der Löwe aber nicht, da er selbst zu seinen Emotionen nicht Stellung nehmen kann. Sein Denken bleibt eine emotive Motorik, die ihn bewegt, aus der er sich selbst jedoch nicht herausbewegen kann. Bewusst wird ein Denken im Gegensatz dazu, wenn seine Resultate nicht nur spontan eine Bewegung von innen heraus bewirken, sondern wenn die Zentrierung des Prozesses nach außen verlagert und der Prozess dadurch von außer her verstanden wird. Das reine Bewusstsein befindet sich außerhalb der Körper, in deren Innerem es die Psyche Wahrheitshypothesen simulieren lässt. Gott gar versteht sich aus der Welt. Er kann sie deshalb von außen betrachten.

Den Löwen wird nicht bewusst, dass sie eine Psyche haben, in der es denkt und fühlt. Da nicht das einzelne Tier über sein Verhalten entscheidet, sondern das Resultat seiner Phylogenese, brauchen die Löwen kein Ich, das bei „falschen" Entscheidungen unter Selbstzweifeln zu leiden hätte.

Auch das Wort „Ich" benennt im Regelfall einen Verband konkurrierender Strebungen, die gleichzeitig als symbiotisches Interessenbündnis zum gegenseitigen Nutzen ineinander verwoben sind[75]. Was vom Organismus

---

[75] Vielleicht geht bei schweren Psychosen die Rudelstruktur des Ichs verloren, sodass der integrierte Verband in archaische Strebungen zerfällt. Dies könnte erklären, warum ein Psychotiker dazu neigt, seine Positionen für absolut zu halten. Erst die Rudelstruktur ist es nämlich, die durch ihre symbiotische Verbindung dafür sorgt, dass die einzelne Position im

Mensch als „Ich" etikettiert wird, hängt zum großen Teil von unreflektierten Annahmen ab. Offensichtlich besteht zwischen dem Bewusstsein und dem Ich eine zentrale Verbindung. Das Ich wird einerseits im Bewusstsein sichtbar, andererseits kann das Ich das ihm Bewusste für seine Zwecke gezielt verwenden. Meist setzt sich das Ich jedoch nicht mit dem Bewusstsein gleich, sondern identifiziert sich mit allerlei Elementen, die es innerhalb oder außerhalb seiner Psyche im Lichtschein des Bewusstseins entdecken kann. So sagt es zum Beispiel 'Ich bin müde', 'Ich bin der Besitzer eines Zweitwagens' oder 'Ich bin Dein Vater'. Je nach Situation definiert es sich also anders. Pauschal kann man in etwa sagen: Je reifer ein Ich wird, desto abstrakter sind die Phänomene, mit denen es sich gleichsetzt. So spiegelt sich in dem, was das Ich in seinem Werden macht derselbe Vorgang, durch den es wird. Das Ich entsteht aus der Substanz.

2.5.2. Ich bin beigesehen

Eine erneute Stippvisite im wundersamen Reich der Etymologie lässt verstehen, was man sich unter unbewusstem Denken und Fühlen vorstellen kann. Das Wort „bewusst" besteht aus zwei Teilen. Erstens der Silbe „be- = versehen mit", also einer Kurzform des Wortes „bei"[76] und der zweite Teil führt über das Verb „wissen" zur indogermanischen Wurzel „ueid = sehen". Die bewusste Wahrnehmung ist also eine „beigesehene" Wahrnehmung.
Der Löwe, der träge unter seiner Akazie liegt und in die flirrende Mittagshitze blinzelt, nimmt die Situation mit seinen Sinnen wahr. Er setzt die diversen Eindrücke seinen Augen und Ohren, der Nase, des Tastsinns, der Wärmeempfindung und der Binnensensoren, so wie wir, zu einem konsistenten und gestalteten Modell der Wirklichkeit in sich zusammen. Im Gegensatz zu

---

Verband nur relativ gelten darf. Man könnte darüber hinaus denken, dass der Zerfall des psychotischen Ich es dem Psychotiker außerdem erlaubt, dank der dadurch erworbenen Tendenz zur absoluten Subjektivität, Sichtweisen anzunehmen, die normalen Augen verschlossen sind, weil die Sichtweisen des Normalen eben jener Norm unterworfen sind, die sich den Kompromissregeln einer anderen Rudelstruktur, nämlich der der menschlichen Gemeinschaft, beugt. Da der Psychotiker aus der Normalität herausfällt, verliert er ihren Schutz und ihre Fessel, sodass er manchmal mit der Freiheit geschlagen ist, Bilder zu sehen, die weder in den Rahmen der sozialen Norm noch in ein konsistentes Ich zu integrieren sind. Dabei müsste aus therapeutischer Sicht auch gesehen werden, dass der Horizont dessen, was in ein konsistentes Ich zu integrieren ist, auch von den Du´s abhängt, in deren Präsenz sich das Ich formiert.

[76] Diese Vereinfachung soll es uns erleichtern, den Sachverhalt zu verstehen.

uns, sieht der Löwe diesem Bild aber nichts bei. Da er nichts beisieht, wird ihm das Bild nicht bewusst. Sein Denken besteht daraus, dass sein Gehirn die organismische Logik, die aus der Binnendynamik des Bildes zwingend hervorgeht, mit Schablonen vergleicht, die im Gedächtnis vorliegen. Das Resultat des Vergleichs wird unmittelbar als Verhaltensergebnis ausagiert. Das Denken des Löwen zielt unmittelbar nach außen, ohne das die Zentrierung des Denkens dorthin verlagert wird. Überwiegt zum Beispiel die Trägheit den Hunger und sind die Zebras weit weg, bleibt der Löwe liegen, ohne das ihn wegen seiner Faulheit von irgendwoher ein Gewissen plagt.

„Bewusst" ist eine Wahrnehmung, wenn dem Bild der Sinne simultan etwas „beigesehen" wird, was mit den Sinnen aktuell nicht wahrgenommen werden kann. Der Löwe sieht die Zweige der Akazie im sengenden Savannenwind vibrieren. Der Löwenforscher, der die Szene vom sicheren Wagen aus betrachtet, sieht das Vibrieren auch. Ihm wird das Vibrieren jedoch bewusst, weil er dem sichtbaren Phänomen etwas Virtuelles beisieht, zum Beispiel: 'Wenn der Wind ungünstig steht, wird der Löwe mich riechen' oder 'Laura aß zum Frühstück danach am liebsten Brötchen mit Akazienhonig'.

Nota bene: Auch der Löwe kennt das Problem des ungünstigen Windes. Wenn er den Wind jedoch spürt, denkt er nicht 'Das Zebra wird mich riechen', sondern der Löwe denkt bloß 'Bei diesem Wind laufen die Zebras wahrscheinlich weg'. So kommt man schon wieder zum Ich. Das Ich ist ein zentrales Symbol, das der Wahrnehmung beigesehen werden kann, damit ein konstantes Bewusstsein entsteht. Das Ich ist ein abstraktes Faktum, das mit keinem Sinnesorgan wahrgenommen werden kann und das somit nur in dem Bewusstsein besteht, dessen Bestand es von innen heraus selbst erschafft und das es wie ein Haus ohne Wände immer weiter ausbaut. Bewusstsein entsteht aus der Beisicht von Dingen, die das Auge nicht erfassen kann. Der Löwenforscher denkt an Laura und wie sehr es ihn reut, in Mombasa nicht im letzten Moment vom Zug abgesprungen zu sein, als er im Auge dieser Frau mit Gewissheit sah, dass er ohne den Sprung aus dem Zug die Erde für immer verlassen wird. Das Denken des Löwen über die Entfernung der Zebras ist, dass er unter der Akazie liegen bleibt. Er denkt nicht, dass er liegen kann, sondern dass er liegt, ist was er denkt. Kurz: Der Löwe tut, was er denkt.

2.5.3. Eine individuelle Perspektive
bedarf individueller Informationen

Das menschliche Kontaktverhalten erfüllt wie das der Löwen zwei verschiedene Funktionen. Zum einen dient es der Orientierung, zum anderen der Sicherheit. Im Gegensatz zum Löwen aber, dessen Verhalten nicht im Interesse des einen individuellen Exemplars, sondern im Interesse seiner Spezies von der Stammesgeschichte gesteuert wird und dessen Verhalten daher artzentriert auch ohne sein bewusstes Zutun geschieht, hat der Mensch ein Ich, das als Anwalt des einzelnen Individuums in den Gang der Dinge eingreift, der ohne die Entscheidungen des Ichs spontan aus der Interaktion seiner Psyche mit der Umwelt heraus geschehen würde.

Damit das Ich in seinem Interesse, also egozentrisch, entscheiden und parteiisch eingreifen kann, braucht es besondere Informationen, die nur ihm unmittelbar zugänglich sind und die sich aus seiner unverwechselbaren Perspektive auf die Dinge ergeben. Dabei handelt es sich um Informationen, die sich nicht auf eine biologische Interaktion des Organismus mit seiner Umwelt beziehen, sondern auf eine soziale Interaktion mit diversen Du's. Da die Du's, auf die das Ich treffen wird, pränatal nicht vorherzusehen sind, kann es einen großen Teil der nötigen Informationen nicht genetisch verankert mitbringen, sondern es muss sie postnatal sammeln. Die Informationen, um die es geht, findet es durch den Kontakt. In seiner Funktion als Partei eines Körpers, der nicht nur wie der Körper des Löwen im Auftrag der Stammesgeschichte mit anderen Löwenkörpern um die besten Plätze in der Löwensymbiose konkurriert, sondern es darüber hinaus auf eigene Rechnung tut, braucht das menschliche Ich mehr dieser speziellen Informationen als ein Löwenjunges, um seinen Platz und damit seine Identität zu finden. Deshalb sucht der Mensch im Kontakt mehr, als es ein Löwe tut, nach dem Neuen. In der reinen Sicherheit kann der Mensch nicht ruhen, ohne dass er durch diese Behäbigkeit an menschlicher Lebendigkeit verlöre. Ein gesunder Mensch kann auf Dauer nicht den ganzen Tag verdösen, so wie es gesunde Löwen tun.

Während bei Tieren also das explorative Element des sozialen Kontakts gegenüber dem sichernden Element zweitrangig bleibt und mit dem Erwachsenwerden fast verschwindet, sind Sicherheit und Erkundung des Neuen durch Exploration beim zwischenmenschlichen Kontakt zumindest gleich wichtig. Je intensiver die Begegnung zwischen einem Ich und einem Du - je spezifisch menschlicher sie daher ist - desto mehr rückt die Exploration des bisher Unentdeckten in den Vordergrund.

Von daher kommt die Hypothese: Intensiver Kontakt ist explorativ. Durch Kontakt möchte man sein Umfeld erkunden. Die Impulse zur Kontaktsuche richten sich daher am leichtesten dorthin aus, wo es etwas Neues zu entdecken gibt. Ist eine Möglichkeit gut erkundet, lässt das Interesse daran nach. Der Kontakt zwischen zwei Menschen ist nur solange in hoher Intensität aufrechtzuerhalten, wie beide im jeweils anderen etwas Neues entdecken können. Intensiver Kontakt besteht, wenn man sich bei der Begegnung gegenseitig ertastet. Der Kontakt lässt nach, wenn man meint, den anderen zu kennen; wenn man also glaubt, man müsse ihn von nun an nicht mehr ertasten, sondern man habe ihn bereits begriffen. Statt noch im wirklichen Kontakt mit dem Gegenüber zu sein, bezieht man sich auf die Begriffe, die man sich vom anderen macht. Ohne dass man sich darüber Rechenschaft ablegt, begegnet man nicht mehr der Realität, sondern jenen inneren Bildern, die man zu den Begriffen assoziiert. Das scheinbar Bekannte lebt nebeneinander her. Das tatsächlich Bekannte spielt sich aufeinander ein, sodass auch hier die Intensität der Begegnung nachlässt.

Wirklicher Kontakt fordert dazu heraus, das eigene Innenleben, das Reich der unverbindlichen Vorstellungen und Phantasien zu verlassen, um statt dessen in der Realität wirklich zu sein. Statt sich vom Fremden dazu herausfordern zu lassen, dass man es ertastet und berührt, bleibt man jedoch oft zu lange mit ihm in einer vorsichtig zurückhaltenden Konkurrenz. Von dort aus ertastet man nicht vorbehaltlos, sondern man taxiert, in wie weit das Ertastbare dem Eigeninteresse förderlich erscheint. Oft hält man sich endlos mit Überprüfungen auf und statt dass man im Kontakt lebendig wird, bleibt man hinter ihm in stummer Einsamkeit zurück.

Da es zum Wesen des reinen Kontakts gehört, Unbekanntes zu erforschen, kann sich die therapeutische Wirksamkeit nur ungestört entfalten, wenn man die Psychotherapie nicht als applizierbares Verfahren begreift. Soweit ein Kontakt nämlich nicht original und existenziell echt ist, wird er nur oberflächlich simuliert. Je austauschbarer ein Kontakt ist, desto weniger findet er tatsächlich statt. Da Kontakt immer nach dem Neuen sucht und das Neue auch neue Kontaktformen erfordert, lassen sich Kontaktformen nicht auf Dauer konservieren, ohne dass die Intensität des Geschehens darunter litte.

Die Herausforderung, dem Neuen zu begegnen, setzt das Ich unter Leistungsdruck. Es wird herausgefordert, aus sich herauszutreten und dort draußen einer Existenz zu begegnen, in der es als Teil einem unbeherrschbaren Ganzen ausgeliefert ist. So kommt das Ich in eine paradoxe Situation. Angetreten als Anwalt von Parteiinteressen, die an seinen Körper gebundenen sind, muss es in Erfüllung dieser Aufgabe nach Informationen suchen, die es nur erhält, wenn es aus sich heraustritt und durch sein Heraustreten aus der punktuellen Perspektive seiner körperlichen Individualität erkennt, dass seine Parteilichkeit eine absurde Verengung des Blickwinkels ist.

2.6. Integration
(intakt, integer, fremd, Kontingent)

2.6.1. Gegensätze

Die paradoxe Situation, in die das Ich bei der Erfüllung seiner Aufgabe gerät, dass es nämlich zu ihrer Erfüllung von ihr absehen muss, ist ein Beispiel jener Widersprüchlichkeit, die man im Kontakt in unterschiedlicher Weise zu gegenwärtigen hat. Vieles, dem das Ich bei seiner Erkundung der Umwelt begegnet, schwingt ständig im Takt verschiedenster Rhythmen und was heute warm erscheint, kann morgen bitterkalt sein.

Erst im kontinuierlich gehaltenen Kontakt oder in dem, der sich beharrlich wiederholt, wird die Koinzidenz des Gegensätzlichen zur Erkenntnis einer ganzen Wahrheit integriert. Nur so wird erkannt, dass das Gegensätzliche - die Kälte des Eises und die Hitze des Wasserdampfs - nicht nur in der empirisch erfassbaren Welt zufällig koexistiert, sondern so zum Wesen des Wassers gehört, dass die Gegensätzlichkeit diesseits der Sinne nachgerade auf einen gemeinsamen Schnittpunkt jenseits des Sinneshorizontes zielt. Wasser wird immer nur in einem Temperaturbereich erlebt, der im Gegensatz zu den anderen Bereichen steht. Daher ist das Wesen des Wassers erst der gemeinsame Nenner verschiedener, zum Teil widersprüchlicher Aspekte.

Analog dazu ist auch sonst nichts erkennbar, was nicht im Gegensatz zu etwas anderem stünde und mit der Integration all dieser Unterschiede zu einem stabilen Bild, mit dem es etwas anfangen kann, ist das Ich beschäftigt, sobald es mit seiner Welt in Kontakt kommt; und solange, bis es sie wieder verlässt.

Gegensätze, die verschiedene Objekte auszeichnen - dass Ameisen klein und Elefanten groß sind - sind für das werdende Ich, das aus dem Dämmerschlaf seiner organischen Ursprünge erwacht, leicht zu verdauen.

Etwas mehr stutzt es, doch auch nicht sehr lange, wenn dieselbe Sache - kaltes und warmes Wasser - jetzt so und so sein kann, obwohl sie eben noch ganz anders war. Die Zeit und das schillernde Kaleidoskop ihrer Verwandlungen, so sagt sich das Ich, macht den Wechselschritt im Tanz der Dinge möglich.

Merkwürdiger als das bisher Genannte, in dem das Ich sich mit etwas Übung gut orientieren kann, empfindet es die anderen Ichs und damit auch sich selbst. Nicht nur, dass es zu unterschiedlichen Zeiten von verschiedenen Wünschen, Gefühlen und Impulsen bestimmt wird, sondern in jedem einzelnen Augenblick ist das Ich, wenn es sich daran macht und nach der Bedeutung seiner Haltungen und Motive forscht, bereits in verwirrender Weise polyvalent. Nichts am Ich erscheint so eindeutig festgelegt, dass es an der Allgemeingültigkeit einer psychologischen Deutung keine Zweifel mehr gäbe. Kein Symptom, das eine Seele plagt, lässt sich aus einem einzigen Blickwinkel heraus vollständig erklären. Alle Tiefenpsychologie kommt daher zur Erkenntnis: 'So ist es, und so ist es, und anders ist es auch.'

Mit welchen Problemen das Ich bei der Selbsterkenntnis zu kämpfen hat, kann man sich durch ein amüsantes Gedankenexperiment deutlich machen. Man stelle sich vor, Autos[77] wären hinsichtlich ihrer Eigenschaften nicht stabil, sondern unterlägen - wie ihr vollständiger Name „Auto*mobil*" es interpretieren ließe - einem steten Wandel. Montags verlässt man das Haus und besteigt einen dunkelblauen Wagen französischer Bauart mit Heckklappe und Dieselmotor. Während des Arbeitstages bekommt das Ding ein Stufenheck. Am Dienstag schimmert das Blau schon mehr grünlich und unterwegs stellt man verwundert fest, dass die Rückbank fehlt und man in einem englischen Roadster durch die Gegend fährt. An der Ampel steht in der Reihe nebenan eine süße Blondine im roten Cabrio mit Ledersitzen und lolitaluderfarbenem Lidschatten. Die Zahl der eigenen Zylinder steigt jetzt auf sechs bis acht. Am Armaturenbrett bildet sich der Tourenzähler. Mit den Lippen lächelt man souverän der Blondine zu und der Fuß tippt spielerisch ans Gaspedal. Schon brummt es sonor unter der bebenden Haube! Da springt die Ampel frech auf grün, der Fuß gibt lässig Gas, doch statt dass der Schlitten richtig spurt, verwandelt er sich blitzschnell in einen Lieferwagen. Das alles wäre nicht so schlimm, denn mit derlei Überraschungen bei der Autofahrt hat man sich zwischenzeitlich abgefunden. Doch ärgerlich wird man dann doch, wenn man abends zum Parkplatz kommt, auf dem man morgens den Lieferwagen abgestellt hat. In der Zwischenzeit hat er sich so verändert, dass man nicht mehr weiß, ob der eigene Fahrzeugschein nun zur lila Rostlaube oder zum gelben Kombi gehört.

Hat man an diesem Beispiel die Berg-und-Tal-Fahrt erkannt, die das Ich bei der Bildung eines Selbstbilds durchleidet, kann man sich denken,

---

[77] Passenderweise heißt „selbst" auf griechisch bekanntlich „auto".

dass es sich manchmal danach sehnt, einfach „genauso" und nicht „anders" zu sein. Hat es den Eindruck, als wüchsen ihm mehr Gegensätze zu, als es schmerzfrei zu integrieren im Stande ist, wird es manchmal trotzig und tut so, als hätte es mit einigen Gegensätzlichkeiten nichts zu tun. Wie Vogel Strauß steckt es den Kopf in den Sand. Nach dem Motto 'Dass nicht sein kann, was nicht sein soll' nimmt es das, was es nicht sehen mag, nicht mehr wahr. Die Verdrängung ist geboren.[78]

2.6.2. Anfang und Ende, Höhepunkt und Untergang

Als entstünden aus der Polyvalenz der Partner im Kontakt nicht Probleme genug, kommt noch dazu, dass in der Dynamik des Kontaktes selbst je nach Kontext und Zeitpunkt in unterschiedlicher Art zwei schwer vereinbare Pole am Werke sind: Indem Kontakt sich intensiviert, spielt er schon mit seinem Ende. Aus Erfahrung weiß man bald, dass gerade die intensivsten Freuden der Liebe nicht zu konservieren sind - obwohl man ganz sicher war, dass man das gefundene Paradies nur durch das Werk boshafter Kräfte von außen verlieren könnte.

Im Kontakt liegt die Tendenz zur Steigerung seiner Intensität, indem ein erstes Anknüpfen assoziativ nach seiner Erweiterung drängt. Ergibt sich bei einer zufälligen Begegnung - in der U-Bahn oder der Warteschlange im Supermarkt - ein Blickkontakt, neigt die Dynamik des Kontakts dazu, die erste Begegnung durch ein Lächeln oder ein freundliches 'Hallo' zu vertiefen. In unseren Breiten beginnt hier häufig das Ich, sich bereits in die gegenläufige Tendenz zu versteifen. Gehemmt von einem vagen Gefühl der

---

[78] Verdrängung ist kein rätselhaftes Phänomen, bei dem ein unbekannter Fährmann namens Zensor missliebige Bewusstseinsinhalte als Zivilist getarnt aus der Öffentlichkeit herausgriffe und sie über den Styx hinweg ins Reich der Verdrängten verbringt. Verdrängung geschieht durch die Selektivität der Wahrnehmung. Das Individuum nimmt besonders deutlich wahr, wofür es sich vorrangig interessiert. Interessen sind die Impulse unvollständiger seelischer Gestalten, den Lichtkegel des Bewusstseins dorthin auszurichten, wo sie das Baumaterial zu ihrer Vervollständigung vermuten. Indem sich das Interesse nach vorne drängt, wird, was ihm nicht als förderlich erscheint, nach hinten geschoben und wenn niemand das Verdrängte mehr nach vorne holt, verschwindet es im Abgrund des Vergessens. Wer beim Gang durch die Altstadt Hunger hat, riecht lauter leckere Speisen und wenn er es sich leisten kann, stellt er alles andere zunächst zurück. Das Problem des psychisch Kranken liegt meist darin, dass er sich des Essens schämt und dass er die Wahrnehmung des Hungers daher fürchtet. Im Fokus seiner Aufmerksamkeit bleibt sein guter Ruf und der Versuch, nicht gefräßig zu sein. Aufgabe des Therapeuten ist es, den wahren Hunger zu entdecken.

Schüchternheit blickt es eilig in die nächste Ecke. Vordergründig befürchtet es, bald nicht mehr weiter zu wissen und betreten dazustehen, falls es sich jetzt noch einen Schritt weiter hinaus aus dem sicheren Gehege seiner vorgefassten Ziele und hinein in den Fahrtwind der Begegnung wagt. Dass die grundlegenden Muster sozialer Primatenkontakte jedoch genetisch verankert im Fundus der Psyche bereitliegen und man eigentlich das Natürliche nur geschehen lassen muss, zeigt die Beobachtung unverdorbener Kinder, zumindest sobald sie das entwicklungsbedingte Fremdeln überwunden haben. Auch Kinder vermeiden zwar Kontakte, aber nicht weil sie glauben, die zu vermeidende Gefahr liege in ihnen selbst[79], sondern so, wie Erwachsene sich vor einem freilaufenden Nashorn fürchten.

Erst wenn in der Psyche des Kindes ein Ich installiert ist, das erkennt, wie man der Welt ein privates Gehöft abtrotzen kann, in dessen Abgeschiedenheit es sich einer kleinen Willkür frönen lässt und erst, wenn in der Psyche dieses Ich sich daran macht, die eigenen Pfründe zu behüten, wenn das Kind also gelernt hat, zwischen den eigenen und den fremden Interessen zu unterscheiden, kommt die erwachsene Kontaktangst auf. Im Zuge seiner Parteilichkeit glaubt das Ich, dass seine Rivalität mit den anderen nicht im Dienste eines gemeinsamen Ganzen steht, sondern dass es selbst ein Ganzes ist, dessen scheinbare Autonomie es gegen den Neid der Konkurrenten zu erhalten gilt und dessen brüchige Stellen im nahen Kontakt wie Siegfrieds Schwachstelle sichtbar würden. Die vordergründige Angst, nicht mehr weiter zu wissen, sobald man sich der Wellenbewegung des Kontakts überließe, verdeckt die tiefere Befürchtung, im Kontakt zu verlieren, was das Ich misstrauisch für sein Parteivermögen hält.

Doch in der dynamischen Struktur der Kontakte liegt nicht nur die Tendenz zu ihrer Steigerung und damit der Grund für die Angst, dass man sich selbst darin verliert, sondern mit der Steigerung verbunden ist der Keim ihres Endes. Neue Kontakte werden vermieden, weil sie das Ende der alten einläuten könnten. Bestehende Kontakte werden auf Sparflamme gelebt, denn wenn man ihre Intensität nicht künstlich drosseln würde, würde ihr Feuer jene Strukturen bedrohen, in denen man sich sicher fühlt. Ein einziger unkontrollierter Kontakt kann unter Umständen ein sorgsam gepflegtes Ge-

---

[79] Nämlich als ein mysteriöser Fluch, der unfähig macht, in harmlosen Situationen adäquat zu kommunizieren.

bäude sichernder Beziehungen so kläglich zum Einsturz bringen, wie einst Sorbas' Baumrutsche auf der griechischen Insel zusammenbrach.[80]
So ahnt das Ich, und handelt entsprechend, dass jeder echte Kontakt ihm nicht nur neue Möglichkeiten bringt, sondern auch ein Opfer von ihm fordert. Je mehr es sich auf die Wirklichkeit einlässt, und je mehr Aspekte es daher bei seinem Kalkül berücksichtigen kann, desto mehr schwindet die Bindung an seine einseitigen Parteistatuten. Durch neue Kontakte wird Neues ins Weltbild des Ichs integriert, wodurch das Ich an Integrität gewinnt. Begegnet man Menschen mit hoher Integrität, bemerkt man, dass sie nicht mehr ihrer egozentrischen Parteilichkeit unterworfen sind - obwohl das durchaus nicht heißt, dass sie sich selbst aus den Augen verloren haben. Statt weiter dem illusionären Ziel einer persönlichen Autonomie hinterher zu jagen, zu deren fragwürdiger Mitgift es gehört, dass ihre Grenzen misstrauisch gegen alles zu verteidigen sind, was sich dem Anspruch nach Autonomie nicht beugt, befasst sich das reife Ich mit der Integration auch jener Aspekte der Wirklichkeit, die ihm jeweils als Antithesen entgegenstehen. Ziel dieser Integration ist eine persönliche Integrität, bei der jene Teile der Realität als gleichwertig ins Selbstbild des Ichs reintegriert sind, die es in der Anfangsphase seiner Entstehung als „ich-fremd" irrtümlich ausgegrenzt hatte. Im Stadium der Integrität unterlassen die widersprüchlichen Teilaspekte der Psyche den Zugriff aufeinander, weil sie jene Beziehung gefunden haben, die mit dem Ganzen stimmig ist.

Die Integralrechnung ist eine kluge Erfindung der Mathematiker. Sie dient dazu, Flächen unter geometrischen Kurven zu ermitteln. In infinitesimaler Annäherung werden dabei Teilflächen aufsummiert. Da der mathematische Fachbegriff „Integral" mit der anthropologischen Größe „Kontakt" sprachlich verwandt ist, sei es erlaubt, das mathematische Geschehen als Metapher dessen zu sehen, was dem bewussten Ich im dynamischen Feld seiner wechselnden Kontakte geschieht: Das Ich wird zum Aussichtspunkt der Bezüge, mit denen es Kontakt aufnimmt, aufintegriert, sodass es sich vom Aussichtspunkt des Integrals aus selbst erkennt. Indem es erkennend das Muster der Bezüge seiner Lebenswelt zu einem konsistenten Bild integriert, wird es zur geistigen Ebene von deren Integration. Der Geist ist der gemeinsame Treffpunkt aller Dinge, in dem sie sagen 'Wir sind Du selbst'.

---

[80] Was durchaus zu ertragen ist, wenn man vom ersten Schrecken erlöst am Strand einen göttlichen Tsatziki tanzt!

2.7. Solidarität
(für, fort, fern, fördern, Berührung)

Eng verbunden mit der Vorstellung der Integration findet man das Motiv der förderlichen Solidarität. Man kann sich nur in ein Ganzes fügen, wenn man das Ganze, in das man eingeht, grundsätzlich begrüßt. Reiner Kontakt in vertiefter Form gelingt nur, wenn man sich in gegenseitiger Bejahung begegnet. Nur wer *für* den anderen ist und bereit, sein Fortkommen zu fördern, kann ihn vorbehaltlos berühren und ihm, ohne dass er ihn dadurch beherrschen könnte, Impulse beirühren, die ihm nützlich sind. Vorbehaltlos kann der eine das Fortkommen des anderen nur bejahen, soweit dessen Ich sein eigentliches Interesse nicht mehr in einer einseitigen Parteinahme erkennt, nicht mehr in der Konkurrenz und im Wettlauf um die besten Plätze, sondern im reinen Interesse (= dazwischen-sein) selbst. Erst wenn sich zwei Ichs darin einig sind, dass ihr gemeinsames Interesse ein „Zwischen-den-egozentrischen-Polen-Sein" ist, berühren sie sich ganz. Das Interesse am anderen besteht im Aufenthalt zwischen ihm und sich selbst. Dort transformiert das Ich sich in den Bezug der Dinge, die es erkennt; und es stellt fest, dass es in seiner größten Freiheit namen- und eigenschaftslos ist. Es stellt fest, dass kein benennbarer Pol geeignet ist, es einzufassen.

Die Einsamkeit ist ein wichtiges Strukturelement jeder egozentrischen Grundhaltung. Sie erscheint, wenn das Ich sich auf ein Selbst bezieht, dessen Schwerpunkt es eigenmächtig festlegen will. Einsam ist, wer daran glaubt, dass er alleiniger Herr in einem eigenen Haus sein kann, in dem alles Fremde ausgeblendet bleibt. Doch in der Begegnung erst ergänzt sich das Ich zu dem, womit es ohne Reue identisch sein kann. Der Kontakt ist die Integration zweier Ichs zu einem transpersonalen System, dessen überpersönliche Anteile konstitutive Teilaspekte der Personen sind und das durch seinen überpersönlichen Eigensinn dafür sorgt, dass das Geschehen im Spannungsfeld der Pole von keiner Seite her einseitig gesteuert wird.

Der Bewegungsimpuls des Berührens ist kein Anschubsen, durch das der eine den anderen in eine gewünschte Richtung lenkt, sondern ein Beirühren zuträglicher Momente. Deshalb ist der Kontakt dem, der berührt wird förderlich, ohne sein Wesen zu bestimmen. Wer Mangels Verständnis für die eigene Natur glaubt, man habe, wenn man für den anderen doch nur „das Beste" wolle, auch schon das Recht, ihn dazu zu drängen, wird sein Ziel nur allzu oft verfehlen. Da es zum Besten des anderen gehört, nicht von außen fremdbestimmt zu sein, sorgt das Wesen des Kontakts von selbst dafür, das grobe Verstöße gegen seine Regeln zum Scheitern verurteilt sind.

Daher behindert sich jeder Impuls zu solidarischer Förderlichkeit von selbst, wenn es sich um eine Fürsorglichkeit handelt, die gegen das Gesetz der Ebenbürtigkeit verstößt. Es besteht kein Interesse daran, dass der eine den anderen als Wohltäter zu seiner Wohltat vereinnahmen kann. Mit dieser Art der Wohltäterei belegt das Ich dessen, der es scheinbar gut meint, dass es sich für unentbehrlich hält und deshalb im wirklichen Kontakt nicht riskiert werden will. Oft sorgt sich ein Wohltäter nicht um das Opfer, dem er hilft, sondern darum, dass er selbst vom Schicksal geopfert werden könnte, sobald er niemandem mehr nützlich ist. Wer von oben herunter hilft, will wirklichen Kontakt vermeiden und sich eine privilegierte Stellung sichern, die seine Angst vor dem Dasein mildert. So gibt es im reinen Kontakt weder einen gesunden Egoismus, noch einen gesunden Altruismus, weil derlei „Ismen" Vorurteile sind, die die unvoreingenommene Wahrnehmung des Geschehens im Kontakt vereiteln. Durch beide Begriffe wird ein gestörtes Kontaktverhalten als erstrebenswertes Ziel verkannt. Jede formulierte Weltanschauung und jede organisierte Religion ist ein Versuch, dem Kontakt mit der Wahrheit zu trotzen, indem man der Wahrheit Bedingungen stellt.[81]

Die tatsächliche Solidarität als Strukturbegriff des interpersonellen Kontakts meint kein Dienstverhältnis zwischen zwei in unterschiedlichem Ausmaß gelungenen Autonomien, in dem der Stärkere vorsorglich dient, um ein schlechtes Gewissen wegen seiner Privilegien zu vermeiden. Der Begriff meint vielmehr, dass die Kategorien der Stärke mit denen die Ichs ihren Status bemessen, zu belangloser Größe schrumpfen, sobald es dem Ich gelingt, aus seinem Winkel hinauszublicken und wenn es begreift, dass es sein Wesen nur erfüllen kann, wenn es sich mit allen anderen in denselben Topf wirft.

---

[81] So wird die Angst der Christen vor der Wahrheit darin gut erkennbar, dass sie ihr die Zustimmung zu einer ebenso unglaubwürdigen wie für den Sinn der letzten Dinge belanglosen Hypothese zur Bedingung machen: Dass Maria ohne Beischlaf schwanger wurde. Eine Wahrheit, die diesen Kniefall verweigert, wird von den Christen gar nicht erst bis zum Herrn Pastor vorgelassen!

Falls Maria fremdging und Josef als Notlüge den Bären der unbefleckten Empfängnis aufband, wäre die Geistesgeschichte des Abendlands anders verlaufen. Dann hätte Josef aus Angst vor der profanen Wahrheit Maria nicht einerseits zur Heiligen hochstilisiert und der Heiligkeit andererseits unterschwellig misstraut. Hätte Josef mehr Courage gehabt, wäre dem Christentum womöglich die patriarchalische Angst vor der Doppelzüngigkeit des Weibes und uns ein militanter Feminismus erspart geblieben.

2.8. Akzeptanz
(fremd, für, integer, fördern, kontra)

Kreist der Habicht über dem Hühnerhof, duckt sich das Federvieh und erstarrt im Gras oder es eilt im Laufschritt zu seinem Stall und sucht Deckung. Unbewusste Inhalte der Psyche verhalten sich ähnlich, wenn über ihnen der schneidende Wind eines Bewusstseins weht, das mit dem Schnabel eines verhärteten Gewissens nach einer Beute sucht, die es zerreißen kann.

Der „*Habicht*" ist ein Vogel, der seiner Beute *habhaft* wird und sie im Griff seiner Krallen in einen tödlichen Himmel *hebt*. „Habicht", „haben" und „heben" sind Abkömmlinge der indogermanischen Wurzel „*kap* = fassen, packen". Wer sich weit genug über die hühnergroßen Unterschiede zwischen den Begriffen erhebt, *kapiert* sofort, dass das unterschiedliche Gegacker und die verschiedenen Farbmuster ihres Federkleids die wesentlichen Gemeinsamkeiten nicht überdecken.

Aus dem Wort „kap" machten Jahrtausende später die Römer, denen bei Verben bekanntlich nur selten etwas anderes einfiel, als den Infinitiv auf „-are", „-ire" oder „-ere" enden zu lassen, „*capere* = nehmen, fassen, begreifen". Zwei weitere Jahrtausende später bildeten namenlose Schüler, vom humanistischen Bildungsideal gleich der wehrlosen Beute eines Habichts bis aufs Blut gepeinigt, als weithin sichtbares Fanal ihres Leidens aus dem lateinischen „capere" das umgangssprachliche „kapieren = verstehen" und legten damit eine Spur, die es uns Heutigen leichter macht, den grundlegenden Sinn der Akzeptanz beim gesunden Ich-und-Du-Kontakt zu begreifen. So war das Leiden der Lateinschüler nicht umsonst!

Auch die „Akzeptanz" gehört zum Sinngeflecht des Kernmotivs „kap", das sich im Habicht als vogelfreie Variante in die Einsamkeit extremer Höhen inkarniert. „Akzeptieren" kommt vom lateinischen „ac-*cep*tare" - der Kursivdruck hebt dabei jenen Teil des Worts hervor, der seine Verwandtschaft offenbart. „Akzeptieren" heißt „annehmen" und wenn man sich den Begriff wie ein zartes Hühnchen im Munde zergehen lässt, schmeckt man rasch seine assoziative Verbindung mit den Begriffen der „Solidarität", der „Integration", der „Ebenbürtigkeit" sowie der „Gegenseitigkeit" heraus, die als Kriterien des gesunden Kontakts definiert wurden. Man könnte daher annehmen, die Untersuchung der Akzeptanz böte der Neugier nichts Neues. Weit gefehlt! Akzeptanz ist ein so unerlässliches Motiv, dass ihre genaue Analyse vieles erst verstehen lässt, was sich auf der Ebene des Ichs, also dem Dreh- und Angelpunkt der Dynamik zwischen dem innerseelischen Prozess und der sozialen Kommunikation bei der Begegnung tut.

Greifen wir erneut das Bild des Habichts auf! Der Habicht gilt als vogelfreie Variante, weil er, anders als die Akzeptanz, einen extremen Pol des untersuchten Sinns vertritt. Trotz seines blutigen Schnabels gebührt jedoch auch ihm ein Platz im Schoß der Familie, weil selbst der Habicht „annimmt", auch wenn es den Hühnern samt ihrer Dummheit lieber wäre, er würde sie hochmütig verschmähen. Beim zwischenmenschlichen Kontakt steht dagegen eine Akzeptanz im Vordergrund, die im Zustand geringster Energie gelassen um einen Nullpunkt schwingt, in dem das Angenommene weder von links bestochen und vereinnahmt noch von rechts aufgefressen und in Besitz genommen wird.

Die „Solidarität" wurde oben schon eingehend diskutiert. Bei der Solidarität handelt es sich um ein bejahendes Fördern dessen, dem man im Kontakt begegnet. Ist Solidarität für den gesunden Kontakt bereits ein wesentliches Prinzip, ist es die Akzeptanz noch prinzipieller. Denn der Bereitschaft, zu fördern, geht die vorbehaltlose Annahme dessen voraus, was, ohne sich an widerständigen Schwellen abmühen zu müssen, das empfängliche Bewusstsein jenes Du erreicht, von dem es Förderung erwarten kann. Doch die Akzeptanz des Ichs für seelische Motive und Impulse beschränkt sich nicht auf eine vorurteilsfreie Offenheit gegenüber einem Du, sondern - und das ist für den gesunden Kontakt bedeutsam - auch für das, was zur inneren Wahrheit des besagten Ichs gehört. Das von seinen Scheuklappen befreite Ich nimmt im gesunden Kontakt sich selbst und den anderen ohne Parteinahme an.

Es ist klar, dass dies nicht ohne Konflikte gelingen kann. Die echte Akzeptanz backt keinen Eierkuchen, bei dem sich die Zutaten aus Ich und Du zu einer süßen Pampe vermengen ließen, mit der man alle Gegensätze stets freudig und friedfertig überkleistert. Im akzeptierenden Kontakt begegnet man sich aber nicht mit Sollvorstellungen - wie man selbst oder der andere sein sollte - sondern man nimmt persönlich Stellung zu dem, was im konkreten Jetzt der Begegnung tatsächlich ist. In der absoluten Begegnung vergisst man, dass man jemals bereits etwas beurteilt hat[82].

Lieber als dass ich eine Akzeptanz vortäusche, hinter der nichts ist, anerkenne ich im Dienste wachsender Fähigkeit zur Akzeptanz den Widerstand in mir, der mich daran hindert, dies und das vom anderen anzunehmen. So steckt in einer Beziehung, die das Unvereinbare nicht verleugnet mehr Toleranz, als im kariogenen Zuckerguss einstudierter Nettigkeit. Echte

---

[82] Was, wohlgemerkt, vielleicht noch nie einem Menschen gelungen ist.

Akzeptanz schreckt nicht vor dem Eingeständnis zurück, dass in ihrem Himmel ein Habichtpärchen kreist, das Hühner lieber tötet, als seine Einsamkeit an ein geselliges Beisammensein zu verraten.

Besondere Beachtung verdient die Verbindung zwischen Akzeptanz und begreifendem Verstand. Wissen ist die Akzeptanz des gewussten Musters in die gestaltete Gesamtstruktur des Geistes. Was der Geist weiß, hat er entweder wie ein Habicht von außen begriffen oder er hat es von innen verstanden, indem er sich in das, was es zu verstehen gibt, verstellt. Welchen Modus er auch wählen mag; um etwas zu verstehen, muss der Geist den Gegenstand der Erkenntnis akzeptieren. Umgekehrt ist die ausgeprägte Bereitschaft, auch Unbekanntes rasch als zugehörig anzunehmen, dem Fortschritt des Verstandes ausgesprochen förderlich. Wer sich und andere, nicht nur trotz, sondern wegen aller beidseitigen Merkwürdigkeit, bereitwillig annimmt, wird im Kontakt zu kommunikativen Handlungen fähig, die mehr bewirken, als alles kleinliche Hantieren mit einer museumsreifen Goldwaage. So bilden Akzeptanz und Verstand in einem zyklischen Kreislauf gegenseitiger Verstärkung wie Nabe und Reifen ein Rad, und da beides Faktoren sind, die im Kontakt das Fortschreiten des kommunikativen Prozesses bewirken, rollt das Rad seinem unbekannten Ziel entgegen.

Wenn der Habicht kommt, ducken sich die Hühner. So bleibt manches leider unbewusst, wenn der Geist nur den Stolz des Habichts kennt, der aus sicherer Höhe zu begreifen versucht und wenn es ihm an der Demut fehlt, die Welt auch aus dem ängstlichen Herzen des Kükens zu sehen, dass eigentlich nur geopfert werden darf, wenn ein verstehender Geist mit ihm gemeinsam seinen Tod erleidet. Der authentische Geist, der im wirklichen Kontakt sichtbar wird, ist immer Habicht und Küken zugleich. Das Ich, das im Kontakt die Stelle des Geistes vertritt, unterliegt wegen dieses schmerzhaften Gegensatzes stets der Gefahr, entweder zu sehr Habicht zu sein, so dass sich manches wehrlose Motiv seiner Seele angstvoll im Unbewussten vergräbt oder bloß naives Küken, das zum eigenen Schaden seine Krallen verleugnet, weil es glaubt, man könne die fremde Gefahr durch hilfloses Piepsen aus der Begegnung verbannen.

Will man sich dagegen wirklich selbst erkennen, muss man dafür sorgen, dass sich der Prozess der Erkenntnis möglichst frei um den neutralen Nullpunkt der kognitiven Akzeptanz bewegt. Erst dann gelingt es dem Ich, in seinem Selbstbild die widerstreitenden Pole seiner Existenz im Gleichgewicht zu halten und keinen seiner wesentlichen Aspekte einseitig zu verdrängen. Diese Balance ist für den Kontakt sehr wichtig. Ohne sie findet man nicht den stimmigen Abstand zu seinem Gegenüber, sondern fällt aus der passenden Position entweder nach vorne oder hinten heraus. Dann ist man bei der Begegnung nicht richtig da oder schon durch den Brennpunkt hindurch. Der Kontakt zum anderen ist dabei das ontische Regulativ, an dessen Kontrapunkt das Ich die Balance seiner Seele ausrichtet.

2.9. Transzendenz
(mit, meta, kata, rühren, fromm, fahren, vor, Fürst)

2.9.1. Steine

Steine bestehen auch, wenn sie von den Gesetzen der Kristallisation mineraler Moleküle und der atomaren Kohärenz nichts ahnen. Sollten sich die Gesetze einmal überraschend ändern, gehen die Steine vermutlich kaputt, ohne sich gegen ihr Schicksal erkennbar zu wehren. Man kann vermuten, dass sich Steine, die sorglos im Bachbett liegen, für den Fall veränderter Bedingungen kein alternatives Daseinsmuster zurechtgelegt haben, um einer möglichen Bedrohung ihrer Kohärenz rechtzeitig zu begegnen. Sobald der Schnee zu schmelzen beginnt, schwillt das Wasser im Bachbett an, entstehende Strudel zermahlen den Stein zu Sand und die Säuren im Wasser lösen zuletzt den Sand in seine Minerale auf. Was übrigbleibt ist saurer Sprudel. Noch kein Stein hat sich zur Vermeidung solcherlei Schicksals mit einem kühnen Sprung an Land gerettet.

Auch die Winde wehen, ohne die atmosphärischen Druckunterschiede, die zu ihrem Erscheinen führen, vorher vorauszuberechnen. Wenn die Druckgradienten einmal nicht mehr zur Verschiebung von Luftmassen führen, bleiben die Winde, ohne vor Kummer darüber zu seufzen, einfach aus. Die reine Physik kennt keine Bedingungen, für deren Auftreten sie ihre Strukturen und Phänomene durch Voraussicht wappnen würde. Sie kennt keine Zukunft in unserem Sinne. Die Physik steht trotz aller Dynamik in ihrem Inneren als Ganzes still.

2.9.2. Pflanzen

Anders als unbelebte Materie verhält sich das Leben. Lebewesen sind jene Teile der Wirklichkeit, deren Dasein Ausdruck einer Kenntnis von gegenwärtigen und zukünftigen Umweltbedingungen ist. Die Matrix der Körper und das Muster der physiologischen Aktivitäten ist eine Vorausschau der

Welt, der das Leben begegnen wird. Lebende Organismen sind in Struktur und Verhalten komplexe Abdrücke jener Wirklichkeit, an deren Formen sie angepasst sind. Die erfolgreiche Anpassung belegt, dass die Kenntnisse, die beim Aufbau ihrer Körper und der Aufrechterhaltung des Metabolismus zur Anwendung kommen, richtig sind und jenen Gesetzen entsprechen, die die Form dieser Wirklichkeit bestimmen. Der Wahrheitsgehalt der Informationen, die die phylogenetischen Entwicklungsreihen im Laufe der Stammesgeschichte aus der Wirklichkeit extrahiert haben, wurde am Scheideweg von 'Sein oder Nichtsein' bis zum Überdruss ausgetestet. Das bewährte Wissen, also jenes Wissen, dem Wahrheit zugrunde liegt, liegt im molekularen Gedächtnis des Zellkerns bereit. Indem sie sich erfolgreich belebt, reichert die Welt ein Wissen über die eigene Struktur in sich an, das auf seinen Wahrheitsgehalt hin überprüft ist.

Ob dieser Ansammlung von Wissen ein Subjekt entspricht, dem das gesammelte Wissen bewusst ist, bleibt eine Frage der metaphysischen Spekulation. Letztlich unbeweisbar bleibt auch, ob die vielen kleinen Richtigkeiten, die das Leben über die Welt herauszufinden vermag, sich zu einer kohärenten Einheit namens „Wahrheit" zusammenfügen, die den Sinn, den sie womöglich sucht, in ihrem Inneren findet. Für die weitere Untersuchung gilt aber das Axiom, dass es die eine Wahrheit gibt und dass sie eine sinnvolle Gestalt ist, deren Einzelteile nicht nur zufällig beieinander liegen, sondern sich in überlogischer Folgerichtigkeit aufeinander beziehen und sich ihre Notwendigkeit durch den Bezug wechselseitig bestätigen. Der Halt im Nichts besteht im gestimmten Bezug zu allem und in jedem Teil schwingt dies alles um das Nichts. Die Welt ist die Resonanz ungezählter Töne und ein Klang, der sich beliebig oft aus dem Schweigen erhebt.

Insofern wahr ist, was die Wirklichkeit über sich selbst wissen könnte, ist das Wesen von Pflanzen, für die es zum Beispiel vorgesehen ist, bei Frost die Blätter abzuwerfen, ein Teil dieser Wahrheit. Das Wesen der Pflanze ist ein unbewusstes Wissen darüber, was in ihrer ökologischen Nische als wahr angenommen werden kann; und wird. Was die „Wahrheit" der Nische verfehlt, hat keinen Bestand. Die Nische ist ein Werkzeug in der Hand des Ganzen, mit dem es das Wissen der Pflanze prüft. Als Pflanze weiß das Ganze, was in diese Nische passt. Die Pflanze verkörpert die Wahrheit ihrer Nische. Wahr ist, was sich erfolgreich auf Teile des Ganzen bezieht. Das Ganze formt Strukturen aus, um daran zu ermessen, was es ist.

2.9.3. Tiere

Tiere sind nicht nur ins Biotop gesetzte Kenntnis von dessen Struktur, sondern sie setzen für die Umtriebe ihrer Lebendigkeit ein Wissen ein, das ihnen in Form jener aktuellen Daten zukommt, die das Zentralnervensystem auf dem Weg über die Sinnesorgane ständig aus der Umwelt erreichen. Die Struktur des Zentralnervensystems ist wie das ganze Tier eine Inkarnation von Kenntnissen, die sich durch ihre Richtigkeit mit Teilen der Wahrheit überschneiden und der ganzen Wahrheit durch ihre Teilidentität verpflichtet sind. Die Verpflichtung gilt, weil der Teil der Wahrheit, der sich in der Struktur des Gehirns verkörpert, nur wahr ist, sofern er im abgestimmten Resonanzbezug zu allem, was sonst noch wahr ist, steht. Wenn die Struktur des materiellen Systems auf wahren Hypothesen beruht, kann sich seine Funktion von diesem Erbe nicht grundsätzlich lösen. Auch die Psyche bleibt auf die Wahrheit als Ursprung des Lebens bezogen. Die Psyche kann die Wahrheit niemals ganz verfehlen.

Das Zentralnervensystem der Tiere ist eine notwendige Bedingung, damit im Tier verschiedene Motive und Impulse je nach innerer und äußerer Lage der Dinge in das einheitliche Verhalten eines Körpers umgesetzt werden. Dem Prozess der Integration verschiedener Informationen sowie der Wahl des verwirklichten Verhaltens nach affektbegleiteter Simulation denkbarer Möglichkeiten entspricht das Phänomen der Psyche, die dem Tier entsprechend seines bescheidenen Entscheidungsbedarfs zwar eigen ist, die es aber in Ermangelung einer Instanz, der sie bewusst werden könnte, nicht als etwas wahrnimmt, worauf es selbst willkürlich Zugriff hätte.

So kann man sich denken, dass im Löwen unter der Akazie zu Beginn des Abends die Stimmung von Trägheit zu Hunger wechselt und dass sein Gehirn diesen Umstand mit dem Duft einer Antilope in Verbindung bringt, deren Körper sich im Gras der dämmerigen Savanne gegen den blutroten Himmel des Schicksals als Schatten abhebt. Und es mag sein, dass die Szene in den Augen, der Nase und den Lefzen des Löwen als Bild seiner Wildnis erscheint, so wie auch wir sie sähen, wenn wir an der Stelle des Löwen lägen und in unserem Gehirn derselbe Ausschnitt der Wirklichkeit, der Hunger, das Blut und der Fluch des Tötens zu einem Abbild zusammenkäme. Vielleicht ist der Unterschied nur der, dass der Löwe mit Blick auf die Antilope unbewusst schon die Muskeln anspannt, während wir die individuelle Freiheit zur Entscheidung haben und uns fragen, warum wir, zum Teufel, bei hereinbrechender Dämmerung eigentlich wie Löwen im Gras herumliegen. Für den distinguierten Räuber gibt es Antilope Natur schließlich auch im Restaurant der Hatari-Lodge, ohne dass man dem Tier dort erst noch artfremd die Kehle durchbeißen müsste. Und vielleicht trifft man in der Lodge die schöne Laura, die man bei ihrer Trauer um den Verlust des Löwenforschers etwas trösten könnte.

2.9.4. ...und unsere Wenigkeit

Das besondere am Menschen ist nicht, dass er der einzige wäre, in dem ein Ausschnitt der Wirklichkeit als zusammenhängendes Bild verschiedener Sinneseindrücke und als sinnvolle Kohärenz mehrerer Teile einer Wirklichkeit erscheint. Auch im Tier erscheint ein Bild, das sich der Wahrheit jener Welt annähert, für deren Erkennen es vom Gehirn als Grundlage seiner Berechnungen herangezogen wird. Der Erfolg des Tieres beim Überleben gibt dieser These Recht. So fehlt dem Tier zwar ein Ich, das einem Du über das Bild im Tier berichten könnte und sagt 'Mir ist die Welt bewusst', doch warum sollte man daran zweifeln, dass auch die Welt des Tieres hell ist, wenn die Sonne scheint?

Das Neue am Menschen ist auch nicht die Psyche, sondern dass in der Psyche ein Ich entsteht, das die Antilope nicht nur sieht und den Hunger des Körpers spürt, sondern sich dessen bewusst wird, weil es frei über die Präferenz seiner Impulse entscheiden soll. Bis zum Auftauchen dieser Teilfunktion des Menschen, die ihn vom namenlosen Exemplar zur Person mutieren lässt, gab es im Verhalten der Tiere keinen individuellen Eigensinn, der sich dem jeweils dominanten Impuls, der vom phylogenetisch geprägten Nervensystem im Interesse der Spezies zur Ausführung vorgeschlagen wird, widersetzen konnte[83]. Das Ich ist zunächst die Partei des eigenen Körpers in einem psychischen Parlament, das einst im Interesse der Stammesgeschichte ins Leben gerufen wurde.

Der Konflikt zwischen Impulsen zur Abhängigkeit und jenen zur Autonomie ist ein psychologisches Phänomen, das zwar durch die Auflösung der Mutter-Kind-Dyade zu erklären ist, der aber bis in die ontische Schicht der Conditio humana hineinreicht. Mensch zu sein heißt, dem Hauptstrom der Phylogenese widersprechen oder beipflichten zu können.

---

[83]Wenn ein Löwe im Machtkampf den bisherigen Herren eines Rudels vertreibt, nimmt es die Schar der Löwinnen hin, dass er zum Einstand ihre Jungen tötet. So werden sie schneller läufig und können mit einem stärkeren Löwen ihre Gene verbreiten. Es gibt bei den Löwen keine Beziehung, die nicht dem Artinteresse unterstünde und keinem Löwen wird die Möglichkeit bewusst, dass er gegen die sprachlose Barbarei der Evolution rebellieren könnte.

Das Ich kann sich zwischen der Harmonie mit dem Umfeld und dem Dienst an einer eigenen Autonomie entscheiden.

Vermutlich ist es die tiefe Verankerung des Lebens in der ontischen Schicht der Wahrheit, deren Sammlung und Kenntnis das Leben erst möglich macht und die damit dem Ich zugrunde liegt, die dazu geführt hat, dass die menschliche Psyche als Ich die Möglichkeit fand, sich selbst zu widersprechen. Aus der Mathematik, dem logischsten Aspekt der Wahrheit, kennt man viele Gleichungen, die mehr als eine Lösung haben. Vielleicht stößt das Gehirn, das sicher mathematischen Gesetzen gehorchen muss, bei seinen Simulationen sinnträchtiger Entscheidungen auf widersprüchliche Resultate, die wie manche Resultate der Algebra zwar gleich richtig sind, aber nicht gleichsinnig und schon gar nicht gleichgültig und wo nur durch willkürliche Wahl etwas entschieden werden kann. Dann könnte es sein, dass erst die Freiheit der Wahl das Richtige ins Sinnvolle und wirklich Gültige überführt.

Da das Ich als Organ des Lebens eine Emanation der Wahrheit ist, ist es bei der Erfüllung seiner Parteilichkeit kein geschlossenes System. Die Willkür, zu der es fähig ist, ist nicht absolut, sondern bleibt ihrer Quelle verpflichtet. Zwar kann sich das Ich gegen das Wahrhafte stellen, da Wahrheit jedoch ursprüngliche Grundsubstanz des Ichs ist, schwächt der Mangel an Wahrhaftigkeit dessen Potenz. Wie Seneca schon richtig bemerkte, wird das Ich durch Versteifung auf falsche Urteile krank. Mehr noch als der eher psychologische Abhängigkeits-Autonomie-Konflikt[84], als dessen Richter das Über-Ich fungiert, fordert der ontische Konflikt zwischen Egozentrik und Treue zur Wahrheit das Ich zur existenziellen Entscheidung heraus. In die richtige Richtung zeigt hier nicht das Über-Ich[85], sondern das Gewissen[86].

Zwar wird das Ich - folgt man der nüchternsten Hypothese zu seiner Entstehung - als moderne Unterfunktion von der Psyche kreiert, um damit gegen den blinden Gehorsam zu rebellieren, doch bleibt der Spielraum der Rebellion recht begrenzt. Nicht dass das Ich einer Wahrheit gehorchen müsste, die ihm von oben mit erhobenem Zeigefinger quasi teleologisch zukommt, sondern durch ein Abweichen vom Wahren schwächt es sich selbst, da das Wahre sein Ursprung ist und es durchs Falschsein seine Struktur verrät. Wenn sich das Ich belügt, verstößt es gegen sich selbst.

Indem das Ich durch seine Fähigkeit zur freien Wahl sich zwischen dem bisher Gleichgültigen entscheiden kann, erschließt es dem Leben jene

---

[84] Wenn ich der Mutter gehorche, werde ich gelobt. Wenn nicht, entdecke ich etwas Neues.
[85] Man hat mir gesagt, was ich machen soll.
[86] Ich muss tun, was ich für richtig halte.

Bereiche der Wahrheit, die nur einem Geist zugänglich sind, der Paradoxien nicht scheut und der sie als Bereicherung der Logik erkennt.

2.9.5. Egozentrik oder Wahrheit

Transzendenz als Thema des Kontakts taucht darin auf, dass sich das Ich immer wieder auf zwei Ebenen zu entscheiden hat. Die „richtigen" Entscheidungen sind einerseits Grundlage, andererseits Folge gelingender Kontakte. Auf der psychologischen Ebene geht es um Abhängigkeit und Autonomie. Es geht um den Versuch, Eigenständigkeit und Zugehörigkeit zur Synthese zu bringen. Dieser Konflikt kann auf Dauer nur gelöst werden, wenn das Ich auf eine tiefere Konfliktebene hinüberwechselt. Solange man sich noch mit der Wahl abmüht, ob den Parteiinteressen des Ichs eher die persönliche Autonomie oder eher die Zugehörigkeit zum schützenden sozialen Kontext dienlich ist, bleibt das Ich in seiner Egozentrik gefangen. Der Abhängigkeits-Autonomie-Konflikt ist ein Richtungskampf im egozentrischen Lager um die Wahl der opportunsten Taktik.

Die große Richtung im Leben findet man aber nicht, wenn man fragt, was nützt, sondern wenn man fragt, was richtig ist. Das Ich kann den psychologischen Konflikt zwischen den Wünschen nach Abhängigkeit und Autonomie über die Enge der Nützlichkeit hinaus transzendieren, indem es sich im ontischen Konflikt zwischen Egozentrik und Wahrheit entscheidet. Die Entscheidung zur Wahrheit ist die Transzendenz des Ichs hinaus über die Grenzen der eigenen Perspektive.

Da das Ich vermutlich ein Konstrukt der Psyche ist und damit seine homogene Einheit fraglich, wäre auch die Frage nach der Transzendenz im Sinne eines Überlebens nach dem Tod des Körpers nicht einheitlich zu beantworten. Insofern nicht so sehr das Ich einen Körper hat, sondern der Körper ein Ich und insofern das Ich die Interessen des individuellen Körpers parteilich gegen das Umfeld vertritt, wäre es verwunderlich, wenn der Anwalt dieses Körpers überleben würde, obwohl sein einziger Mandant im Abgrund der Gruft Würmern zum Opfer fiele. Eine Individualität, die den Tod überlebt, würde ewige Arbeitslosigkeit des Anwalts bedeuten und die Parkbänke im Himmel würden unter der Last zerstrittener Juristen stöhnen, die in Ermangelung lebendiger Auftraggeber bei der Diskussion erfundener Interessenskonflikte vom Hundertsten ins Tausendste kämen. Wenn vom Ich also etwas übrigbleibt, kann es an seiner Individualität kein großes Interesse haben. Denkbar wäre, dass von ihm nach dem Tod nur bleibt, was sich zu Lebzeiten mit der Wahrheit deckt, was zu Lebzeiten Anwalt dessen war, was den Tod des eigenen Körpers überdauert. Und wenn es etwas von seinem Überleben merkt, dann, weil die Wahrheit sich als das Bewusstsein der Wirklichkeit erweist.

Bis zur Lösung des Rätsels im Jenseits bleibt im Diesseits beim Überschreiten beengter Horizonte genügend zu tun, sodass man den Blick nicht lange aufs Unerkennbare zu richten braucht. Der zwischenmenschliche Kontakt ist Herausforderung genug, die eigenen Grenzen zu überschreiten. Es ist also kein Wunder, dass das Thema der „Überschreitung" bei der etymologischen Analyse der Begriffe „Kontakt", „Berührung" und „Verbindung" immer wiederkehrt.

Das „*Mit*-einander-in-Kontakt-kommen" ist eine gute *Met*hode (metahodos = Übergang) um im eigenen Bezug zur Existenz von einer isolierten Position narzisstischer Selbsttäuschung zur verwirklichten Einbindung in den realen Kontext zu transzendieren. Transzendenz ist kein *bloß weg von hier nach irgendwo*, keine Himmelfahrt nach absolvierter Erdenstrafe, sondern der manchmal steinige Weg in eine bewusste Begegnung mit der Realität. Die Realität liegt jenseits der Transzendenz, aber man geht nicht dorthin, sondern man kommt hierher. Ermutigt vom Erlebnis des realen Kontakts sucht man den Ausweg aus der Enge der Vereinzelung nicht mehr in den Luftschlössern metaphysischer Paradiesgedanken oder in der heimlichen Größenphantasie, sondern man transzendiert in ein Dasein der Kontakte, in deren schlichter Wahrheit man selbst wirklich wird. Erst wenn man im Kontakt die Gelegenheit hat, zu sagen, was man denkt und fühlt, kann man merken, was man wirklich ist. Merkt man, was man wirklich ist, verliert man an der Angst ums eigene Ego den Großteil des Interesses. Die Existenzangst, die jeden mehr oder weniger ins neurotische Verhalten treibt, entpuppt sich meist, wenn man im lebendigen Kontakt mit sich identisch ist, als überschaubares Problem am Rande, als zu verzerrter Größe projizierter Schatten einer Kindheit, in der man arglos einem schützenden Schoß entsprungen ist und wehrlos wie ein Kind auf viel zu viel Angst und Feindseligkeit traf.

Berührungen und Kontakte bringen jeden, der sich darin bemüht, sich nicht selbst zu betrügen, in seiner Entwicklung voran. Wenn man sich nicht aktiv gegen die Wirkung der Kontakte sträubt oder sich nur für die vordergründige Sicherheit interessiert, die die Verbindung bietet, sind Kontakte immer propulsiv. Am meisten nützen sie, wenn man in bester Weise fromm und stets dazu bereit ist, ohne Taktik und Berechnung, klar zu sagen, was man denkt[87]. Am besten gelingt Kontakt, wenn man nur das Vergnügen darin sucht, sich ziellos unerreichbarer Ferne zu opfern.

---

[87] Auch hier bestätigen Ausnahmen die Regel. Menschen können so feindselig sein, dass es das Beste ist, zu verschweigen, was man sie nicht missbrauchen lassen will.

V. Die Ursachen der Kontaktstörung

1. Keine Regeln ohne ein Bekenntnis

Kinder kommen nicht neurotisch zur Welt. Darin sind sich die etablierten Lehrmeinungen einig. Für die einen ist die Neurose ein erlerntes Bündel suboptimaler Verhaltensmuster, für die anderen Resultat verdrängter Konflikte, deren verfeindete Parteien sich kräftezehrend und verbohrt in feuchten Schützengräben gegenüberliegen wie einst Deutsche und Franzosen vor Verdun. Und für die dritten ist die Neurose schlichtweg das Ergebnis fehlerhafter Denkprozesse: Ein kräftiger Schuss Logik werde dem Opfer der kognitiven Schlamperei schon auf die Sprünge helfen!

Obwohl sich die Vertreter der verschiedenen Anschauungen zuweilen heftig bekämpfen, haben alle Recht. Ganz besonders Recht haben folglich die Eklektiker. Sie versteifen sich auf keine einseitige Perspektive, sondern begreifen die unterschiedlichen Denkmodelle als konkordante Teilaspekte einer Wirklichkeit, als Teilaspekte also, die im ursprünglichen Sinne der „Konkordanz" - nämlich einen „einen-Herzens-Seins" - ihr Blut zwar aus verschiedenen Richtungen beziehen, es aber im Herzen einer gemeinsamen Wirklichkeit zusammentragen. Infolgedessen streiten sich die Eklektiker nicht wie drei blinde Inder darum, ob ein Elefant ein biegsames Rohr, ein großes Blatt oder eine Säule ist; bloß weil der eine den Rüssel, der andere das Ohr und der dritte ein Bein ertastet und alle drei behaupten, ihr Ausschnitt sei die ganze Wirklichkeit.

Zu wenig beachtet wird die Tatsache, dass das Gros der fürs Leben entscheidenden Verhaltensmuster sowohl *im* als auch *für* den zwischenmenschlichen Kontakt erlernt wird, dass die ungelösten innerseelischen Konflikte zwischen widersprüchlichen Impulsen zu unvereinbaren Kontaktmustern festgefahren sind und fehlerhafte Denkprozesse sich hauptsächlich über Beziehungsrealitäten irren. Alle grundsätzlichen Theorien über die Ursachen der Psychopathologie kreuzen sich somit in einem gemeinsamen Dreh- und Angelpunkt: dem zwischenmenschlichen Kontakt. Dieser Ich-und-Du-Kontakt ist nicht nur das psychosoziale Grundmuster der menschlichen Existenz, sondern jene Schleuse, durch die die Psychopathologie von einem Menschen auf den anderen übertragen zu werden droht. Biologisch formuliert kann es daher heißen: Der wichtigste Erreger der Psychopathologie ist der pathologische Kontakt.

Die allgemeinen Gesetzmäßigkeiten des Ich-und-Du-Kontakts, der die Grundlage aller komplexen psychosozialen Existenzformen darstellt, werden von den klassischen therapeutischen Schulen anscheinend als bekannt vorausgesetzt. Das ist in Anbetracht der Bedeutung des Themas für die Konzeption psychotherapeutischer Theorien verwunderlich. Die Scheu der Psychologen, sich mit dem Thema gebührend zu befassen, wird jedoch verständlich, wenn man beim Versuch, allgemeine Regeln für den „richtigen" Kontakt zwischen zwei Menschen zu formulieren, feststellt, dass man dabei den gesicherten Boden der Wissenschaft verlassen muss, um mit einer ethischen Position Stellung zu beziehen. Und da sich die Psychologie darum bemüht, Wissenschaft zu sein, meidet sie jedes Terrain, auf dem das Subjekt ohne bekennende Subjektivität nichts mehr aussagen kann.

Jede Psychologie, die der Psyche gerecht werden will und sie nicht in das Prokrustesbett objektiver Kriterien zu zwingen versucht, wird von selbst politisch. Da das Wesentliche des menschlichen Daseins darin besteht, als individuelles Ich konflikthaft einem Umfeld zu begegnen und in der Begegnung für seine subjektiven Werte einzustehen, lässt sich die menschliche Psyche „objektiv" nur betrachten, wenn man die subjektiven Aspekte ausklammert. Die Psychologie als objektive Wissenschaft ist daher nur ein ehrenwerter Seitenzweig der eigentlichen Wissenschaft der Menschenpsyche, gewissermaßen eine Art Tierpsychologie des Homo Sapiens, die zugunsten „gesicherten" Wissens auf die Weisheit, die der Mensch im Bemühen um Selbsterkenntnis erringen könnte, von vorn herein verzichtet. Ist man sich bewusst, welchen Verzicht man durch die Verdinglichung der Psyche leistet, ist das völlig legitim.

Der „ganze" Psychologe frönt dagegen nicht nur seiner Wissenschaft, weil sie eine nützliche Beschäftigung ist und seine Neugier kitzelt, sondern er geht für ihre Resultate notfalls auf die Barrikaden. Er begreift die Psychologie nicht bloß als Werkzeug, mit dessen Hilfe man Funktionen der menschlichen Psyche untersucht, sondern er weiß, dass man bei der wesentlichen Erkenntnis nur weiterkommt, wenn man das bis dahin Erkannte im eigenen Leben selbst umsetzt. Denn das Wesen des Menschen erschöpft sich nicht in seinen objektivierbaren Funktionen. Es wird erst menschlich durch seine grundsätzliche Fähigkeit zu subjektiver Bekenntnis und Entscheidung.

Der ganze Psychologe weiß, dass in seiner Disziplin Wissen nur dann heilsame Macht wird, wenn sein Wissen in sein eigenes Machen nahtlos übergeht. Der vollen Psychologie genügt es nicht, ein Modell des Menschen zu erklären, sondern im Versuch, den Menschen zu erklären, kämpft sie um ihn. Echtes Wissen ist wirkliche Lebendigkeit und nicht bloß vollgefüllter

Speicher. Die volle Psychologie ist eine organische Philosophie der freien Tat. Sie ist bewusster Vollzug geistiger Evolution.

Infolgedessen ist der zwischenmenschliche Kontakt ein Feld, auf dem man nicht nur nach den Spuren überlebter Zivilisationen gräbt, sondern auf dem man eigene Kultur entwirft. Das Kapitel über die 'Struktur des reinen Kontakts' war ein Versuch, an den Quadern für das Bauwerk mitzumeißeln.

2. Vererbung, Milieu oder beides

Kinder, so kann man sagen, kommen nicht neurotisch zur Welt, sondern sie werden es, wenn es ihnen im Laufe des Lebens nicht gelingt, entgegen dem großen Angebot an pathogenen Beziehungsmustern in ihrer Umwelt ein gesundes Kontaktverhalten zu entwickeln. Das heißt allerdings nicht, dass Kinder mit einem fertigen Ich auf die Welt kämen, das die Kriterien des gesunden Kontaktverhaltens im hier definierten Sinn bereits verinnerlicht hätte und dessen elaborierte Neigung zum dialogischen Kontakt allein am Widerstand einer verständnislosen Umwelt zerbräche. So einfach sind die Erklärungsmuster nicht, die einen kritischen Betrachter befriedigen, und selbst unverdorbene Eltern können ein Lied davon singen, dass der Nachwuchs zuweilen auch ohne Provokation mit harten Bandagen kämpft. Eine notwendige Mitgift der Entscheidungsfreiheit des Menschen ist es gar, dass selbst der, der die „allerbesten" Eltern hatte, im Laufe des Lebens vollständig straucheln kann, weil auch die beste Sozialisation keine Garantie gegen menschliche Irrtümer ist.

Richtig ist vielmehr, dass Kinder mit einer angeborenen Psyche zur Welt kommen, deren spontane Aktivität und Reagibilität trotz eines beträchtlichen gemeinsamen menschlichen Nenners von Kind zu Kind merkliche Unterschiede aufweist und die dem biologischen Faktum der Lebendigkeit einer hochkomplexen organischen Struktur entspricht. Als virtueller Binnenraum der Funktionskybernetik einer physiologischen prozessualen Einheit wird die Psyche von Gesetzmäßigkeiten reguliert, deren Tauglichkeit im Laufe der Äonen immer wieder auf Leben und Tod überprüft wurde.

Da die Überprüfung der regulativen Systeme geeignete Verknüpfungen bereits herausselektiert hat und rasche Verbesserungen nicht zu erwarten sind, hat der Organismus Mensch ein großes Interesse daran, dass die Schaltpläne und Feed-back-Schleifen psychischer Abläufe, das heißt der primären Affekte, Motive und Impulse gegen willkürliche Eingriffe geschützt sind. Und so ist es auch[88]. Die präverbale Psyche, die dem einzelnen Individuum angeboren ist, ist gegen zielstrebige Eingriffe von außen weitgehend resistent. Sie bleibt meist lebenslang stabil. Sie ist, was dem menschlichen Erleben verlässliche Kontinuität verleiht. An ihr erkennt sich ein Mensch wieder, selbst wenn sich sein Ich heute in denselben Fragen anders als früher entscheidet[89].

Im Gegensatz zur Psyche liegt das Ich nicht fertig in der Wiege, sondern es differenziert sich erst im Laufe seiner Kommunikationsbiographie zu seiner erwachsenen Form heraus. Das Ich existiert aus der Matrix des materiellen Seins heraus und es ist gleichzeitig deren Bewusstseinsorgan. Seine Struktur entspricht somit der der Umwelt, aus der es entsteht. Zu beachten ist, dass es sich bei dieser Umwelt nicht nur um den Querschnitt der wenigen individuellen Lebensjahre handelt. Da das Ich einen genetischen Werdegang hat, der bis zu den Einzellern im Urmeer zurückreicht, sind die archaischen Strukturen seiner selbst in der Tiefe einer uralten Geschichte verankert.[90]

Als Resultat der Interaktion zwischen der Spontanaktivität des vererbten Ichkeims im Schoße der kindlichen Psyche und einem kommunikativen Umfeld, das durch die vielfältigen egozentrischen Gravitationskräfte der bereits bestehenden Ich-Aktivitäten seiner Bewohner ständig aus dem phylogenetischen Gleichgewicht herausmoduliert wird, entsteht das reifende Ich, mit dem sich das Du über die Modalitäten des Zusammenlebens unter-

---

[88] Computerfreaks sprächen von einem Überschreibschutz zentraler Systemdateien.
[89] Das Ich kann nicht darüber entscheiden, wie sich der Regelmechanismus der Psyche verhält. Die Psyche funktioniert gemäß vorindividueller Gesetze, die der animalischen Phylogenese entstammen. Die Entscheidungen des Ichs, die es im Rahmen seines Wissensstands in freier Willkür trifft, und noch mehr die faktischen Folgen dieser Entscheidungen werden vom Regelmechanismus der Psyche jedoch mit in deren Kalkulationen einbezogen und beeinflussen auf diesem Wege die Wahl ihrer aktivierten Funktionsmodi. So akzeptiert die Psyche die Freiheit des Ichs, ohne von ihr beherrscht zu werden. Da sowohl die Psyche als auch das Ich direkten Einfluss auf das Verhalten des Organismus haben können, kommt es hier zu Störungen - das heißt zu neurotischen Symptomen - sobald zwischen beiden eine unabgestimmte Rivalität entsteht. Indem die Psychotherapie das Wissen des Ichs über die Funktionsgesetze seiner Psyche vergrößert, bahnt sie den Weg zu einer verbesserten Synergie. Die Psychotherapie vermittelt zwischen der freier Willkür des Ichs und den eingeschliffenen Gewohnheiten der basalen Psyche.
[90] Die Milieutheorie und die Lehre von der Vererbung fließen vollständig ineinander über, wenn man die Entstehung des Ichs bis an seinen Ursprung zurückverfolgt. Das neue Ich mag bei der Zeugung seines Körpers zwar originär und ursprünglich auftauchen, es springt aber nicht aus dem Nichts, sondern aus dem Hintergrund einer historischen Welt.

halten kann. Das Ich entsteht nicht nur, weil es aus eigener Kraft wie ein virtuelles Organ aus einem psychisch-leiblichen Ursprung auskeimt, sondern auch weil sich das Kind in ein soziales Umfeld hineinentwickelt, das im Wesentlichen als ein dynamisch vernetztes Gewebe anderer Ichs strukturiert ist. Das Ich entsteht, weil die kognitive Komponente der Psyche auf lauter Du's trifft, deren Kontaktangebote sie als ein Ich beantwortet, und weil sich die verschiedenen Du's stark voneinander unterscheiden. Das Ich ist ein Zwitter. Mit einem Bein steht es im Du.

3. Unterschiede

Dass sich verschiedene Ichs stark voneinander unterscheiden, ist für die Rolle, die ein Ich im Lebensvollzug spielt, von großer Bedeutung. Im Gegensatz zur Psyche, deren Wesen trotz aller individuellen Varianz immer spezifisch menschlich ist und in der die grundsätzliche Gleichheit der Menschen begründet liegt, ist das Ich jene Abstraktion im Begriffsfeld des Geistes, mit der er die Unverwechselbarkeit der individuellen biographischen Identität als Pseudokonkretion benennt. Aus der Sicht der Psyche hat von zwei Männern jeder eine Frau. Aus der Sicht ihrer Ichs lebt der eine mit Margot, der andere mit Annegret.

Da das spezifisch Menschliche der Menschenpsyche darin liegt, dass jeder sein eigenes Ich hat, ist die prinzipielle Gleichheit der Menschen zuletzt in dem begründet, was sie kategorisch voneinander unterscheidet. Während sich die Psyche von mir und Dir im unbenannten Menschsein ähnelt, bin ich prinzipiell nicht Du. Das Ich ist also ein Zwitter. Zwar steht es mit einem Bein im Du, mit dem anderen jedoch fernab davon. Aus diesem Grund geschieht jede Begegnung immer aus der Einsamkeit. Mehr noch: Ohne unüberbrückbare Einsamkeit wäre Begegnung nicht möglich.

Die Bedeutung der Unterschiedlichkeit der Individuen für die Prägnanz ihrer Ichs belegt ein Blick auf den Dorfanger. Dort grast in erstaunlicher Harmonie eine Herde Kühe und deren Kälber. Zwar spielt die Mutterkuh für das einzelne Kalb als Milchquelle eine besondere Rolle, es ist aber zu vermuten, dass das Kalb die zahlreichen Tanten, die ebenfalls auf der Wiese stehen, kaum je als verschiedene Du's voneinander unterscheiden wird. Das liegt nicht nur daran, dass Kälber zu desinteressiert an derlei Unterscheidungen sind, sondern es ist ebenso eine Folge des Umstands, dass es bei den Tanten nicht viel auseinanderzuhalten gäbe. Die Tanten machen im Grunde alle das gleiche und legen keinen Wert auf die Akzentuierung persönlicher Merkmale. Außer Brennnesseln und giftigen Kräutern, außer Distelgestrüpp und Bärenklau stopfen sie jedes verdaubare Grünzeug in sich hinein, das so ähnlich schmeckt wie Wiesengras. Dann käuen sie wieder, vertreiben, ohne rechten Glauben auf nachhaltigen Erfolg, mit ein paar Schlenkern des Schwanzes einen Schwarm schwarzer Fliegen von der Flanke und rufen „muh", als ob sie niemandem etwas besonderes sagen wollten. Und wenn es keine Holsteiner Kühe wären, die man wenigstens noch an der unterschiedlichen Form ihrer Flecken erkennen kann, hätte selbst ein emsiger Biologe, der bei der Feldforschung für sein Abschlussdiplom wirklich scharf hinsieht, seine liebe Mühe, die homogen muhenden Individuen voneinander zu unterscheiden. Wenn Tante Emma wenigstens eine charakteristische Vorliebe für Knäuelgras und Rasenschmiele hätte und Tante Berta den Ausdauernden Lolch und die Gemeine Quecke eindeutig der Tauben Trespe vorzöge, hätte das Kälbchen wenigstens einen Anhaltspunkt, woran es die Tanten als zwei verschiedene Du's erkennen könnte. Aber so...!

Die Menschengesellschaft ist eindeutig diversifizierter als die der einförmigen[91] Wiederkäuer. Jeder gesunde Mensch hat ein präzise bestimmbares Ich. Dieses Ich wird zwar der Einfachheit halber einseitig einer imaginär vom Kontext abgelösten Körper-und-Seele-Einheit zugeschrieben und als deren Vormund betrachtet, die Erkennungsmerkmale jedoch, die das eine Ich objektivierbar vom anderen unterscheiden, sind in Wirklichkeit trans-

---

[91] Nachdem die Pflanzen, die Löwen und die Holsteiner Kühe schon mehrfach ungefragt als mutmaßlich bewusstloser Hintergrund herhalten mussten, vor dem sich das angeblich spezifisch menschliche Element des individuellen Bewusstseins glorreich abhebt, soll zumindest in einer Fußnote eingestanden werden, dass die Übergänge vielleicht fließender sind, als es zur Definition eindeutiger Unterscheidungskriterien zu wünschen wäre. Jeder Bauer weiß doch, dass Emma und Berta verschiedenen Charakters sind und Affenforscher würden darauf schwören, dass man bei allen Primaten Ansätze bewussten Denkens beobachten kann. Schließlich können Schimpansen sogar lügen und wenn sie sich nach erfolgreicher Lüge im Spiegel betrachten, dann wissen sie, dass es ihre eigene List ist, die hinter der Arglosigkeit ihres Spiegelbilds funkelt.

Und wenn man es schafft, sich ganz weit zu öffnen, wird man, sobald man ansonsten ganz still ist, selbst in Kieselsteinen etwas spüren, was sich als Präsenz beschreiben ließe.

Darum kann man dafür plädieren, zumindest den Menschenaffen Menschenrechte zuzugestehen, sozusagen 'Im Zweifelsfalle für die Angeklagten' - bevor die Menschheit sich mehr als unvermeidbar tief versündigt. Menschenrechte für die Menschenaffen würden auch der Politik neue Betätigungsfelder eröffnen, da die Politiker im Urwald Bühnen fänden, auf denen sie im Wahlkampf für sich werben könnten. So könnte die Präsenz wahlkämpfender Politiker und knipsender Fotografenpulks bei Zugunglücken und Überschwemmungskatastrophen abgebaut und Behinderungen der Bergungsmannschaften beim Einsammeln der Leichen vermieden werden. Ein Wahlrecht der Affen käme somit der menschlichen Moral zugute.

personeller Art. Was ein Ich für alle *anderen* - neben der beharrlichen Koinzidenz seines gemeinsamen Auftretens mit einem Körper und dessen einzigartiger Genetik - nachweislich unverwechselbar macht, sind keine seelischen Eigenschaften, die es allein für sich hätte und auch nicht die Unmittelbarkeit diverser Empfindungen, an deren Treffpunkt sich das Ich als in die Welt hinauslauschende Einheit befindet, sondern das eindeutig bestimmbare Eingewobensein seiner Biographie in einen präzise benennbaren sozialen Kontext. Wer es ist, weiß ein Ich auch nur im Bezug zu seiner Umwelt. So ist das Ich Nr. 24.265.789.952 nach Christi Geburt nicht an seelischen Merkmalen zu erkennen, die es so besonders von Millionen anderer Ichs unterscheiden würden, sondern daran, dass es das dritte Kind von Klaus und Maria Pappelbusch aus Burbach Mitte ist, zu Ehren seines Opas väterlicherseits „Albert" genannt wurde und dass dieses Ich noch heute genau weiß, wie es damals im Lateinunterricht beim alten Quirek mit Fuchse ihrem Hannes auf den Hinterbänken der gymnasialen Dauerberieselung herumalberte[92].

Von außen betrachtet ist das Ich eine differenzierte Vernetzung in einen sozialen Kontext und nur als Spur im Kontext nachweisbar. Selbst den Namen, den das Ich für etwas hält, was besonders unabtrennbar zu ihm selbst gehört, haben einst für es andere Du's bestimmt. Und von innen spürt das Ich, dass die lauschende Einheit keinen eigenen Namen hat.

Nachhaltig belegen lässt sich diese These am Beispiel eineiiger Zwillinge. Obwohl die genetischen Fingerabdrücke ihrer Körper identisch sind, hat doch jeder Zwilling ein unterscheidbares Ich, das sich trotz der angeborenen Ähnlichkeit - oder Gleichheit? - der psychischen Reaktivität, durch die Sequenz ihrer willkürlich beeinflussbaren biographischen Kontakte ermitteln lässt. Hätte Albert einen Zwillingsbruder Alfons mit der Endziffer Drei, wäre der weder am Innenleben noch an den Fingerabdrücken eindeutig festzustellen, sondern daran, dass er sich für Französisch beim eitlen Hansi entschieden und es Schobbart gewesen wäre, mit dem er auf dem Nachhauseweg gossensprachliche Mutmaßungen über das Geschlechtsleben angestellt hätte.

Aus dem hier Gesagten kann man folgern, dass die Betonung des Ichs im Rahmen der bewussten Lebensvollzüge mit der Komplexität der sozialen Vernetzung zunimmt. Je mehr Möglichkeiten es gibt, in denen sich die Ichs voneinander unterscheiden, desto unverwechselbarer erscheint ihre individuelle Identität.

---

[92] Was echt glor gewähn iss, obwohl de Ladeinunnerricht selwat jo zum inschlofe gewähn war!

Aus dem bisher Gesagten ist auch zu folgern, dass für die Entwicklung des Ichs die bestehende Kommunikations- und Kontaktkultur, aus der es herauswächst, von großer Bedeutung ist. Zu betonen ist, dass die Verantwortung für die Gestaltung der frühkindlichen Kommunikationsatmosphäre nur von Erwachsenen[93] übernommen werden kann. Zwar ist das Kind von Geburt an durch die Dynamik seiner Psyche in erheblichem Maße an der Beziehungsgestaltung zu seinen Eltern beteiligt, da sich sein Ich jedoch erst im Laufe der Frühkindheit aus seinem Urkern herausbildet, kann es in diesem Zeitraum nicht nennenswert für die Ereignisse mitverantwortlich sein; denn das Ich ist es ja erst, was individuell entscheiden und für diese Entscheidungen die Verantwortung übernehmen kann. Im Laufe seiner Reifung ist es allerdings notwendig, dass das Ich sich nachträglich zu jener angeborenen psychischen Gegebenheit bekennt, die es zwar nicht bestimmen konnte, die aber an seiner Entstehung wesentlich beteiligt war.

Um erwachsen zu sein, muss man nachträglich einen Teil der Verantwortung am eigenen Schicksal übernehmen, obwohl man dessen Erbe und nicht der Verursacher ist. Dank seiner prinzipiellen Freiheit, frei über jene Alternativen zu entscheiden, die es erkennt, ist das Ich, sobald es Ich ist, nie ganz wehrloser Ausdruck der Verhältnisse aus denen es stammt, sodass derlei Milieubestimmtheit nicht dazu herhalten kann, die Verantwortung für das eigene Wesen kurzerhand auf andere abzuschieben; obwohl man zugeben wird, dass es wesentlich leichter ist, in einer Welt vernünftig zu werden, die sich selbst nicht allzu närrisch benimmt.

Die Ursachen der Kontaktstörungen sind weder einseitig dem Individuum noch einseitig seinem Umfeld zuzuschreiben. Statt nach Schuld Ausschau zu halten, lohnt es sich vielmehr, amoralisch zu verstehen, wo bei der Interaktion zwischen dem Ich und der Umwelt etwas aus dem Ruder läuft. Dazu ist es sinnvoll, sich die neun konstitutiven Kriterien des reinen Kontakts erneut in Erinnerung zu rufen. Von da aus soll die frühkindliche Kommunikationssituation danach durchforstet werden, welche Rolle diese Kriterien im Guten wie im Bösen zu spielen scheinen.

Die neun Kriterien sind: Ebenbürtigkeit, Gegenseitigkeit, Begrenzung, Intensität, Exploration, Integration, Solidarität, Akzeptanz und Transzendenz.

---

[93] Und zwar sowohl von den Erwachsenen, die dem Kind begegneten, als auch von dem Erwachsenen, zu dem das Kind einmal wird.

4. Die notorisch missachtete Ebenbürtigkeit der Kinder

Schon bei der Wahl der Überschrift offenbart sich das Problem! Spricht man von 'der Ebenbürtigkeit de*r* Kinde*r*', meint man leicht, gemeint sei eine Ebenbürtigkeit von Kindern untereinander und die Erwachsenen, um deren Verhalten es in erster Linie geht, blieben außen vor. Wählt man den Singular und spricht von 'der Ebenbürtigkeit de*s* Kinde*s*', klingt es auch nicht recht. Der Singular macht das Kind zum Abstraktum, zu einer Art sakrosankter Galionsfigur archetypischer Unantastbarkeit. Unterschwellig wird das Kind dadurch idealisiert, was als Vorbereitung dazu gelten darf, es um seine eigentlichen Rechte zu betrügen. Vielleicht sollte man das Problem umschiffen, indem man quer zur Seite springt und den Abschnitt mit einer anderen Überschrift erneut beginnt:

4.* Die freie Plage ist keines Menschen Untertan

Der Respekt vor der Ebenbürtigkeit von Kindern ist für Erwachsene eine ständige Herausforderung. Der Kompetenzunterschied zwischen einem Säugling und seinen Eltern ist groß und nimmt erst im Laufe der Jahre langsam ab. Dadurch fällt den Erwachsenen die Verantwortung zu, über viele Belange ihrer Kinder - oft sogar gegen deren ausdrücklichen Widerstand - zu entscheiden. Schnell übersehen sie dabei die trotz allem bestehende Gleichrangigkeit.

Der Begriff „Kompetenzunterschied" bietet bei näherer Betrachtung interessante Erkenntnisse. Bei seinem ersten Bestandteil handelt es sich um eine Komposition aus der lateinischen Vorsilbe „*kom* = mit, zusammen" und dem Verb „*petere* = streben nach". „Kompetenz" ist das „Streben nach Zusammenkunft". Sie ist die Fähigkeit, Übereinstimmung zu erzielen bzw. Gemeinsames anzustreben.

Wenn nun von einem Kompetenzgefälle zwischen Erwachsenen und Kindern gesprochen wird, ist damit ein Unterschied im Reifegrad des Ichs gemeint. Das reifere Ich des Erwachsenen ist in der Regel kompetenter als das rudimentäre Ich des Kleinkindes, um Übereinstimmungen zwischen den situativen Erfordernissen äußerer Realitäten und dementsprechenden Verhaltensweisen zu erreichen. So stellen sich Kleinkinder bei der Bedienung komplizierter Apparaturen unbeholfen an und mit der Entknotung von Schnürsenkeln kommen sie schlecht zurecht.

In den Binnenbereich der frühen Eltern-Kind-Beziehung reicht die Überlegenheit der Ichkompetenz des Erwachsenen jedoch nur teilweise hinein, weil die Kommunikation in Ermangelung eines elaborierten kindlichen Ichs hier größtenteils auf vorsprachlichen psychischen Wegen verläuft. Auf dieser Ebene ist oft sogar mit einem Kompetenzgefälle zugunsten des Kindes zu rechnen, weil dessen naive Psyche, noch unverdorben durch unverdaute Episoden misslungener Kommunikation, zunächst der kindlichen Rolle entsprechend und adäquat reagiert, was der erwachsenen Psyche infolge bereits stattgehabter Neurotisierung oft nicht ohne Abstriche gelingt. Auf der Ich-Ebene kann deshalb das Kind vom Erwachsenen lernen, auf der Ebene der unmittelbaren affektiven Begegnung ist es oft umgekehrt. Schon aus dieser Art reziproker Symmetrie erwächst eine Wurzel der vielgepriesenen Ebenbürtigkeit.

Die wirkliche Kompetenz eines Erwachsenen im Umgang mit Kindern liegt dem Wortsinn gemäß darin, Übereinstimmung zwischen sich und dem Kind zu erzielen. Dazu passt, dass das Wort „unter" im Begriff „Unterschied" vorrangig auf lateinisch „inter" - also „zwischen" - zurückzuführen ist, und dass es erst in zweiter Linie einen Gegensatz zu „oben" benennt. Das Unterscheiden im Sinne eines Aufspaltens führt zu keiner Hierarchie innerhalb des Unterschiedlichen, sondern ordnet beides gleichrangig einem höheren Prinzip unter. Kinder kommen also nicht auf die Welt, um einseitig durch die Eltern an deren kultivierte Lebensformen angepasst zu werden, sondern Kind und Erwachsener bilden ein dialogisches System, deren ebenbürtige Komponenten gegenseitig ihre Entwicklung befruchten.

Kompetenzunterschiede werden jedoch oft dazu missbraucht, Kinder Erwachsenen unterzuordnen und zwar Erwachsenen, die sich durch ihre angemaßte Dominanz für die Demütigungen ihres eigenen Daseins schadlos halten. Erwachsene, die von Kindern eine solche Unterordnung verlangen, haben die Existenz eines eigentlichen Kompetenzvorsprunges bereits widerlegt.[94]

Eine weitere Ursache der Ebenbürtigkeit liegt darin, dass der Erwachsene und das Kind aus dem gleichen Kontext heraus zusammengetragen bzw. herausgehoben sind; das schließlich meint der Begriff „Ebenbürtigkeit", wenn man ihn etymologisch betrachtet[95]. Dieser Erkenntnis kann man

---

[94] Was nicht heißt, dass Kompetenz darin besteht, sich von Kindern ihrerseits schikanieren zu lassen!

[95] Vielleicht ist es nur ein unerklärliches Bedürfnis nach Symmetrie, dass bei der etymologischen Interpretation der Geburt als ein „Aus-einem-Kontext-Zusammengetragensein" ein Bild entsteht, bei dem die aus dem Vielen zusammengetragene Einheit - denn als eine Einheit empfindet sich ja das Ich - von Diesseits des Vielen auf dessen Oberfläche blickt und dass es zur Symmetrie gut passen würde, wenn sich jenseits des Vielen und in dessen Tiefe jene

bis dahin allerdings nur als intellektuellem Zeitvertreib frönen, denn es bedarf weiterer Überlegungen, um das Bild mit Leben zu füllen und darin Anhaltspunkte für konkretes Handeln zu entdecken.

Wenn das „Geborene" per sprachlicher Definition „Etwas-aus-dem-Kontext-Herausgehobenes" ist, meint dies, dass es den determinierten Abläufen, die den Kontext beherrschen, soweit enthoben ist, wie es sich über sie erhebt. Dem Geborenen steht es im Gegensatz zum Ungeborenen zu, frei über Dinge zu entscheiden, die ohne die Geburt und die darin liegende Entscheidung zur Freiheit dem unüberwindlichen Gesetz des Gefüges gehorchen müssten. Darin sind Kind und Erwachsener von ihrem grundsätzlichen Wesen her gleich. Ungeboren an beiden ist, was als Teil dem Ganzen unterliegt. Bereits geboren, was sich als Ganzes über seine Teile beugt.

Bemerkenswert und für das Gelingen der Kontakte von großer Bedeutung ist die Tatsache, dass es weder dem Kind noch dem Erwachsenen aufgrund des Herausgehobenseins zusteht, über alles zu entscheiden, was für ihre Willkür denkbar wäre. Soweit herausgehoben ist keiner und wer das Maß seines wirklichen Herausgehobenseins überschätzt, ist nicht über den Kontext erhaben, sondern im Kontext überheblich, was sein Herausgehobensein rückwirkend vermindert. So hat das Bewusstsein unmittelbaren Einfluss auf die faktische Realität. Das seelische Dasein ist eine Qualität des Denkens. Ich bin nicht, weil ich denke, auch nicht was ich denke, sondern wie ich denke.

Zwar kann die prinzipielle Entscheidungsfreiheit vom Ich dazu missbraucht werden, willkürlich über alles und jedes zu entscheiden, was ihm in die Quere kommt, die Gefahr falscher Entscheidungen steigt jedoch in dem Maße, in dem sich das Ich in Unkenntnis seiner Grenzen dazu versteigt, sich als Richter über Dinge zu gebärden, die es nicht überblickt. Auch insofern sind sich Erwachsene und ihre Kinder im Grunde gleich. Wenn nichts ihren Übermut aufhält, machen sie viel kaputt und gefährden sich dabei selbst.

Praktisch bedeutet die Ebenbürtigkeit zwischen Kindern und Erwachsenen, dass es beiden zukommt, im Rahmen ihrer Kompetenzen frei über sich zu entscheiden. Schwierig ist es allerdings zu bestimmen, wie weit wessen Kompetenzen reichen. Da die lebenspraktische Kompetenz des Erwachsenen oft überlegen ist, ist die Gefahr groß, die Kompetenz des Kindes

---

andere Einheit befände, die entweder ihr Spiegelbild diesseits erkennt oder es erst erschafft, um von dort aus sich selbst zu betrachten; falls der Blick jener Hologramme, die sich durch das Prisma der Vielfalt entwerfen, so stark wird, die Oberfläche, hinter der sich ihre eigentliche Einheit verbirgt, zu durchdringen.

im Ausdruck freier Menschlichkeit zu übersehen und folglich der Einfachheit halber so zu tun, als sei es immer schon das beste, alles über seinen Kopf hinweg zu entscheiden. Millionenfach wird daher zwischen Hochstuhl, Schaukelpferd und nasser Windel darum gekämpft, ob der Teller Spinat leergegessen wird oder nicht.

Sinnlose Kämpfe gegen die harmlosen Wünsche und seltsamen Launen von Kindern kann man getrost unterlassen, ohne dass die elterliche Autorität gleich wie ein Kartenhaus zusammenbräche. Dort wo die autoritäre Entscheidung im Interesse des Kindes wirklich vonnöten ist, zum Beispiel, wenn es gilt, den Sprössling davon abzuhalten, sich an kochendem Wasser zu verbrühen, gibt es Gelegenheit genug, skrupellos und übermächtig durchzugreifen.

Wer die Elternschaft am eigenen Leibe erlebt, kommt, wenn er nicht bewusst den steinigen Weg des Martyriums gewählt hat, meist zu der Erkenntnis, dass es im Interesse einer gewissen Balance zwischen den Bedürfnissen des Kindes und denen seiner Betreuer notwendig ist, dem kindlichen Expansionsdrang auch dann Grenzen zu setzen, wenn es nicht unmittelbar in dessen Interesse ist. Diese Not ist aber mehr als ein bedauerliches Übel, das die glückliche Kindheit wie ein tragisches Virus befällt. Das Erlebnis der Begrenzung durch die Existenz anderer ist vielmehr für die gesunde Entwicklung des Ichs von großer Bedeutung, weil es erst durch diese Not zu jener Tugend findet, aus der heraus es seine eigenen Grenzen immer wieder übersteigt. Erst an den erlebten Grenzen kann das Ich das aggressive Potential der Psyche erkennen und erst im Kampf der Willenskräfte lernt das Ich, sich aus den ungezielt explosiven Impulsen der Psyche eine handliche Lanze zu schmieden.

Auch wenn diese Grenzsetzung dem Kind auf lange Sicht durchaus nützen mag, ist es falsch, so zu tun, als sei sie bloß zu seinem Besten und als müsse die kindliche Psyche dem Widerstand, an dem ihr Expansionsdrang schmerzlich scheitert, dankbar sein. Richtig ist es, wenn der Erwachsene zu den Grenzen, die er setzen will, selbst steht, und wenn er nicht leugnet, dass er sie im eigenen Interesse und nicht in dem des Kindes hält. Schließlich ist es nicht die Grenzsetzung, an der das Kind wächst, sondern es wächst durch die von ihm selbst erbrachte kreative Anpassung an die faktischen Machtverhältnisse.

Ein Umgang, der das Kind tatsächlich achtet, ist so weit als möglich frei von allen Machenschaften, die sich wohlmeinend in sein Wesen mischen, um dort irgendwelche Weichen für seine Zukunft zu stellen. Die gesunde „Erziehung" erzieht überhaupt nicht. Wo sie nicht im Einklang mit der natürlichen Willensäußerung des Kindes dessen gegenwärtige Impulse unmittelbar fördert, ist sie vielmehr eine schonende Selbstverteidigung gegen den unverdorbenen Appetit ihres Nachwuchses, bei der die Eltern stoisch versuchen, während der Abwehr der kindlichen Übergriffe ihre Ethik aufrechtzuerhalten ohne ihre Kinder über diese Ethik altklug zu belehren.

Eltern, die die Ebenbürtigkeit ihrer Kinder achten, sind wegen unbotmäßigem Verhalten niemals nachtragend. Wenn sich ihr Kind mit Händen und Füßen gegen jene Anordnungen sträubt, die die Eltern ernsthaft für notwendig erachten und deshalb mit Macht durchsetzen, werden sie den Widerstand des Kindes nicht als Insubordination bedauern, sondern als Zeichen dafür begrüßen, dass der freie Wille des Kindes mit wilder Leidenschaft zu seiner Freiheit steht.

5. Geben und Nehmen beruhen auf Gegenseitigkeit

Hand in Hand mit dem Verfehlen der Ebenbürtigkeit bei der Beziehungsgestaltung zwischen Eltern und Kindern geht der Verstoß gegen die Regeln der Gegenseitigkeit.

Scheinbar selbstverständlich ist die Annahme, Eltern stünden in der Pflicht, ihre Kinder zum Guten hin zu beeinflussen und fast genauso verbreitet ist der stillschweigende Konsens, ohne diesen Einfluss könne das Kind kein guter Erwachsener werden. Da diese Hypothese der Norm entspricht und da als ihre Quelle ein diffuses Misstrauen gegen das Lebendige spürbar ist - von dem man glaubt, es müsse durch Erziehung gezwungen werden, sich echten Werten zuzuwenden - kann man dieses Symptom zurecht dem Krankheitsbild der 'gesellschaftskonformen Normopathie' zuschreiben[96]. Hinter dem Zweifel daran, dass das neugeborene Leben den Drang zum Guten bereits ohne fremdes Zutun und ohne Belehrung in sich trägt, steht die verleugnete Feindseligkeit derer, die das Gute deshalb so lautstark propagieren, weil sie ahnen, dass sie ihm selbst untreu sind.

---

[96] Ausgehend von den vorsintflutlichen Pavianpopulationen des südlichen Riftgrabens hat sich die *gesellschaftskonforme Normopathie* pandemisch über die gesamte Weltbevölkerung ausgebreitet, sodass es seit Jahrtausenden kaum jemanden gibt - den Berichterstatter eingenommen - der nicht mehr oder weniger an dieser heimtückischen Seuche leidet. Die Heimtücke, und daraus resultierend der Erfolg, des noch unentdeckten Erregers beruht auf der Induktion einer Anosognosie, also einer mangelnden Zurkenntnisnahme des Krankseins, sodass bis heute weder systematisch nach dem Erreger gefahndet wurde, geschweige denn dass ein Antiserum synthetisiert worden wäre.

Andererseits wird übersehen, dass es auch beim Eltern-Kind-Kontakt zu einem wechselseitigen Austausch von Impulsen kommt. Wirklicher Inhalt der Eltern-Kind-Beziehung ist nicht die Formung eines wertvollen Mitglieds der menschlichen Gemeinschaft aus der sprachlosen Knetmasse eines lärmenden Säuglings, sondern es handelt sich dem grundsätzlichen Wesen des Kontakts gemäß um ein Interaktionsfeld, auf dem beide Partner durch die Begegnung mit dem spezifisch anderen jene Impulse erhalten, durch deren gelungene Integration sie psychologisch reifen. Rolle der Eltern im Kontakt mit den Kindern ist folglich zweierlei:

Zum einen können sie versuchen, ihrem Kind als einem grundsätzlich ebenbürtigen Gegenüber zu begegnen, in dessen Leben es ihnen nur dann zusteht einzugreifen, wenn das Kind entweder ausdrücklich Unterstützung wünscht oder der autoritäre Eingriff durch eine konkrete Gefahr gerechtfertigt wird, die es abzuwenden gilt. So gut wie alle Eltern verstoßen gegen diese Pflicht. Sie fördern ohne Auftrag und zwar zu allem Überfluss in Richtungen, die dem immanenten Impuls des Kindes widersprechen. Und sie verlangen nicht nur den Respekt vor der Autorität der elterlichen Kompetenz angesichts realer Gefahren, sondern sie verlangen Respekt vor der hypothetischen Autorität[97] ihrer Person.

Zum zweiten haben Eltern die Chance, jene Impulse konstruktiv in ihre eigene Persönlichkeit zu integrieren, denen sie vonseiten des Kindes ausgesetzt sind. Kinder sind sprudelnde Quellen von Impulsen, geeignet ihren Eltern dazu zu verhelfen, eigene Persönlichkeitsdefizite auszugleichen und ihre integrierte Individuation voranzutreiben. Dazu gehört, sich gegen jene Ansprüche der Kinder wacker zu verteidigen, deren Legitimation man nach bewusster Entscheidung verneint. Eltern, die in diesem Sinne nicht auf ihre Kinder hören, werden später fühlen müssen, womit das Leben sie für ihre Taubheit straft.

Die Missachtung der Gegenseitigkeit ist ein typisches Merkmal von Beziehungen, denen es am Respekt vor der Ebenbürtigkeit des Anderen mangelt. So gehört es zur traditionellen Rollenverteilung zwischen oben und unten,

---

[97] Hier begegnet uns eines jener Paradoxe, mit dem sich die Wahrheit über jene lustig macht, die sich ihr humorlos nähern möchten. Einer Person nämlich, die Respekt vor der ihr zukommenden Autorität fordert, mangelt es gerade dadurch an jener Autorität, die eigens respektiert werden müsste. Geforderter Respekt ist nur in der konkreten Sache rechtens und im Dienst der Sache ist das Fordern sogar Pflicht. Um eine persönliche Autorität wird jedoch immer nur im Inneren der Person gefochten und sie besteht nur soweit wie jeder nach außen gerichtete Anspruch in ihr schweigt.

zwischen Herrscher und Untergebenen, dass der Herrscher in das individuelle Territorium des Untergebenen eingreifen darf, um ihn im eigenen Sinne zu beeinflussen. Umgekehrt besteht das Recht des Eingriffs nicht. Gerade durch diese Beziehungsregel wird das Gefälle zwischen oben und unten im sozialen Gefüge erst verwirklicht.

Familien, also Beziehungsgefüge zwischen Eltern und Kindern, sind in gesellschaftliche Strukturen eingebettet, deren historische Entwicklung zum großen Teil als Machtkampf um das Privileg aufgefasst werden kann, wer den Anderen beherrschen, das heißt im eigenen Sinne und zum eigenen Vorteil einseitig beeinflussen darf. Angesichts dieser stets wahrnehmbaren Bedrohung von außen fällt in Familien die Aufgabe an, missbräuchliche Eingriffe in das Familienleben soweit als möglich abzuwehren. Schon bei den Pavianen wird diese Rolle von dem übernommen, der sich dank größter Muskelkraft und Aggressivität dafür empfiehlt[98]. Um bei der Abwehr der Gefahren erfolgreich zu sein, liegt es nun zuweilen nahe, den Familienverband selbst in eine Hierarchie zu zwingen, der jener äußeren, deren Zugriff verhindert werden soll, recht ähnlich ist. Vom zeitweise sinnvollen Einsatz der Macht bis zu ihrem dauerhaften Missbrauch ist es dann oft nur ein Katzensprung[99].

Findet die kindliche Sozialisation in einem Klima statt, in dem der einseitige Einfluss gang und gäbe ist, sich die Eltern mit übernommener Machtallüre jedoch gegen eine anthropologische Frischblutzufuhr zu ihrem Weltbild aus unverdorbenen kindlichen Quellen wehren, dann wundert es kaum, dass daraus Erwachsene hervorgehen, die die asymmetrische Rollenverteilung in ihr Weltbild aufnehmen und sie bei der erstbesten Gelegenheit mit umgedrehtem Vorzeichen ausagieren. Das Resultat ist eine Gesellschaft, in der der Kampf um die Plätze am längeren Hebel zum dominierenden Motiv wird.

Von der Ratio, die manchmal eine schlaue Hure ist, wird diese Form des Zusammenlebens heutzutage euphemistisch als „Leistungsgesellschaft" benannt, ein Ausdruck, der verbirgt, dass ein „Leistungsprinzip" zwei verschiedene Dinge benennt: Erstens, dass der am meisten von der Gemeinschaft bekommt, der am meisten in sie einbringt. Und zweitens, dass es abgesehen von dieser Form der Leistung auch darum geht, wer sich wem gegenüber und auf Kosten wessen wie viel leisten darf.[100]

---

[98] ...und wer die Empfehlung nicht annimmt, bekommt eins übergebraten.
[99] Für den Charakter des sozialen Gefüges ist dieser Katzen- allerdings ein Quantensprung.
[100] Gerade im Boot derer, die am lautesten die „Leistungsgesellschaft" fordern, sitzen viele, die es ein Lebtag nicht nötig haben, selbst mit mehr als dem Mundwerk an den Rudern zu

Ob zuerst die Henne oder erst das Ei, ob zuerst die feudale Gesellschaft oder die autoritäre Familienstruktur da war, lässt sich nicht eindeutig klären. Im Zoo am Pavianfelsen hat man den Eindruck, dass die Tyrannei des Patriarchen keinen gleichsinnigen gesellschaftlichen Überbau zur Ermunterung benötigt. Es scheint daher, als ob das Ei einen kleinen Vorsprung vor der Henne hat.

Für das übergeordnete Thema des Ich-und-Du-Kontakts bedeutet die beharrliche Missachtung der Gegenseitigkeit in der Kindheit, dass die Kinderseele aus der Erfahrung lernt, dass Kontakte unterwerfend sind und man lediglich die Wahl zwischen drei Möglichkeiten hat: Entweder man vermeidet Kontakte überhaupt. Oder man wählt zwischen der Rolle des Unterwürfigen und der des Unterwerfers aus. In allen drei Fällen bleibt der Zugang zum ganzen Entwicklungspotential des existenziellen Kontakts versperrt. Die Beziehung kommt nicht zustande oder sie bleibt ein rituelles Rollenspiel mit eingebauter Abstandsklausel.

6. Begrenzt wird die gesunde Neugier an realen Grenzen

Dinge werden durch ihre Grenzen begreifbar. Was man von ihnen sieht, sind ihre Grenzflächen zur Außenwelt, was man hört, sind die Schwingungen des Luftraums, die durch die Vibrationen dieser Grenzflächen verursacht werden. Man erkennt die Struktur der Dinge, indem man ihre Grenzen ertastet und sich an ihnen stößt.

Auch die Funktionsstruktur komplexer Apparate wird durch das Ausloten ihrer Grenzen verstanden. Strukturen sind Grenzverläufe. Grenzverläufe sind Strukturen. Der Grenzverlauf des Computers, auf dem dieser Text entsteht, wird durch Hardware und Software bestimmt. Eine wesentliche Grenze, die für die Brauchbarkeit des Geräts von Bedeutung ist, ist der Bildschirm, an dem der Blick des Benutzers endet. Auf der Mattscheibe entsteht ein virtuelles Bild graphischer Symbole, das dem Betrachter von der Maschine als funktionelle Grenze zur Außenwelt des Computers angeboten wird. Hinter dieser Grenze lässt sich eine komplexe Kaskade elektronischer Algorithmen erahnen, die von der Tastatur zum sichtbaren Text führt. Diesseits der Tastatur beginnt eine noch viel komplexere Kaskade bioelektri-

---

ziehen. Und da sie sich das leisten können, sitzen sie gemütlich und spielen gerne den Steuermann. Das verleugnete Pendant dazu sind jene, die zwar die „Solidargemeinschaft" wollen, dabei jedoch weniger an die eigene Gabe denken, als vielmehr daran, was man sich unter dem Deckmantel verordneter Solidarität auf Kosten der anderen alles leisten kann.

scher Algorithmen, die zwei Finger dazu bringen, bestimmte Sequenzen in die Tastatur zu tippen. Die Kommunikationsschleife zwischen dem Benutzer der Tastatur und dem, der den erstellten Text erkennt, funktioniert, weil er das Strukturgefüge und damit den Grenzverlauf zwischen den diskreten Befehlsfunktionen seines Rechners ebenso wie die Definitionen der im Text benutzten Begriffe kennt.

Das Ich des Kindes untersucht im Laufe seiner Entstehung sämtliche Dinge, derer es habhaft wird. Durch spielerische Manipulationen an ihren Grenzen versucht es die Struktur seiner Umwelt zu entdecken. Die kognitiven Komponenten von Psyche und Ich sind zunächst größtenteils blind. Wie Blinde erkunden sie die Grenzen der Wirklichkeit, weil sie sich an der Landkarte der Grenzverläufe orientieren wollen.

Während die Grenzen materieller Dinge relativ leicht zu eruieren sind und selbst die Geheimnisse moderner Computer dem Entdeckerdrang von Kindern nicht lange standhalten, steht das werdende Ich bei der Erkundung der fremden Ichgrenzen vor einer größeren Aufgabe. Diese Grenzen kann man weder sehen, noch kann man sie hören oder sich daran stoßen. Sie sind sinnlich nicht direkt erfahrbar. Die Kenntnis der Ichgrenzen ist jedoch für ein Wesen, dass sich in so ausgezeichneter Weise wie der Mensch in einer Welt bewegt, die aus Individuen - also Ein- und Ausgrenzungen - besteht, von größter Bedeutung. Deshalb sind Kinder leidenschaftliche Meister der experimentellen Grenzübertretung.

Da die Ichgrenzen nicht direkt durch die Sinnesorgane zu erfassen sind, sondern nur durch die Beobachtung und das Erlebnis komplexer Reaktionsweisen der Umwelt, die das Resultat der Experimentierfreude der kindlichen Plagegeister sind, testen Kinder alles aus, was ihren ständig unternehmungslustigen Sinn erreicht. An den Reaktionsweisen, die sie hervorrufen, lesen sie ab, wo die Grenzen der anderen sind. Dabei sind sie nicht ausgesprochen wählerisch und begrüßen jede freundliche Reaktion - außer jener, die darauf abzielt, weitere Erkundungen zu verhindern. Dies ist wohl einer der Gründe, warum man gelangweilte Kinder abends so schwer ins Bett bekommt, selbst wenn man es wirklich gut mit ihnen meint und man sie sich nicht nur nach schwerem Tagewerk für ein paar gnadenreiche Stunden vom Halse schaffen will[101].

Die Kenntnis der fremden Ichgrenzen ist nicht nur für die zentripetale Erfassung der Umwelt wichtig. Da sich verschiedene Ichs gegenseitig berühren und teilweise überlappen ist die Kenntnis der fremden Ichgrenzen

---

[101] Ha! Beim frommen Lügen ertappt! Natürlich will man sie sich bloß vom Halse schaffen!

für den Aufbau einer eigenen Identität wichtig. Ohne die Begegnung mit anderen Ichs sind eigene Ichgrenzen nicht klar zu definieren.

Der Grenzverlauf der materiellen und seelischen Wirklichkeit ist hochkomplex und immer nur im Ansatz zu erfahren. Durch seine Grenzüberschreitungen nimmt das Kind gleichzeitig Kontakt zu seiner Umwelt auf und da die Erfolgsaussichten im Leben um so besser sind, je mehr Kontakt zwischen innen und außen entsteht, hat eine kluge Natur Kinder mit einem meist nur schwer zu dämpfenden Drang ausgestattet, in zahllosen Anläufen Grenzen zu überschreiten; was Eltern beträchtliche Sorgen machen kann und ihnen über kurz oder lang auf die Nerven geht.

Selbstverständlich sind Eltern gut beraten, nicht jeder Grenzverletzung ihrer Kinder tatenlos zuzusehen. Es nützt Kindern tatsächlich mehr, wenn sie erleben, dass ihre Mutter das Sonntagsporzellan tapfer verteidigt, als auszuprobieren, wie verschiedenartig Teller und Saucieren scheppern, wenn man damit die blöde Katze des Nachbarn bewirft. Informationen über die Ichgrenzen ihrer Mitmenschen, die sich in der affektiven Besetzung von Haushaltsgegenständen manifestieren sind für die Orientierung im menschlichen Dasein allgemein nützlicher, als ein überdifferenziertes Wissen über die Phänomenologie akustischer Erscheinungen.

Im optimalen Falle setzen Eltern nur konkrete Grenzen, denn nur konkrete Grenzen sind wirklich richtig. Sie sagen nicht 'Man macht Blumenvasen nicht kaputt', sondern 'Wehe, wenn Du diese Vase anrührst'. Sie sagen nicht ' Man wirft keine Saucieren auf blöde Katzen', denn eine solche Verallgemeinerung ist faktisch falsch und beleidigt die aufkeimende Logik des kindliches Verstandes, sondern sie entreißen die Sauciere der Kinderhand mit der gleichen Entschiedenheit, mit der ein militärischer Stoßtrupp einen umkämpften Hügel nimmt. Trotz der punktuellen Niederlage leidet das Kind nicht lange und außerdem denkt es: Alle Achtung! Meine Alten haben Schneid!

Einer der wesentlichen Mechanismen, der langfristig zu Kontaktstörungen führt, liegt in einer Entmutigung des grenzüberschreitenden Explorationsverhaltens in ungebührlicher Weise. Wenn man Kinder dazu bringt, generell vor Grenzüberschreitungen zurückzuschrecken, stört man die aggressive Komponente ihres Kontaktverhaltens überhaupt.

Die Sublimierung der kindlichen Vehemenz beim Grenzüberschreiten zu einer zwar achtsamen aber doch ungehemmten Kontaktaufnahme zur Umwelt ist nicht zu erreichen, indem man die aggressive Komponente unterdrückt, sondern indem man sich mit ihr Mal für Mal ein Scharmützel liefert. Alle elterlichen Sprüche, die so klingen wie 'So etwas macht man nicht', lohnt es dahingehend zu überprüfen, ob sich hinter der vermeintlichen Weisheit nicht bloß eigene Ängstlichkeit versteckt. Meist tut sie es.

7. Intensität ist heftig *und* wohltemperiert beharrlich

Das Verhalten unverdorbener Kinder lässt weder im Guten noch im Bösen an Intensität zu wünschen übrig. Bei den Erwachsenen dagegen ist die Intensität des seelischen Ausdrucks oft ins Neurotische verdreht und nur noch an der Heftigkeit ihrer Verspannungen erkennbar. Oder sie liegt unter einer alles erdrückenden Passivität als Triggerpunkt depressiver Gefühle verschüttet. Folge davon ist, dass sich viele Erwachsene bei der Begegnung mit Kindern vor deren noch ungebrochener Intensität fürchten und wenn sie die Erzieher dieser Kinder sind, neigen sie dazu, deren Intensität durch Rationalisierungen, Naserümpfen, ängstlichen Rückzug oder einschüchternde Gewalt zu dämpfen.

Mildernde Umstände sind Eltern jedoch zuzugestehen. Während ihre Kinder sich gedankenlos damit vergnügen können, die neue Welt zu entdecken und Intensität die Lust am Erlebnis nur noch steigert, ist Intensität im gleichen Zuge jenes Kriterium des Kontakts, das besonders dazu neigt, bestehende Strukturen kopflos umzuwerfen und Sicherheiten zu zerstören. Was brauchen Eltern aber mehr als zwei Jahrzehnte stabiler Sicherheit, wenn es gilt, die eigene Brut bis zur Mündigkeit am Kacken zu halten?

Der Konflikt zwischen der jugendlichen Intensität, die von den Erwachsenen als unreif abgetan wird und der erwachsenen Gesetztheit, die der Jugendliche als Spießertum empfindet, ist vorprogrammiert und wahrscheinlich notwendiges Schlachtfeld der Entwicklungsdynamik. Sinnvoll ist es, die Spannung zwischen beiden Polen zu bewahren, indem der Wert beider Modi respektiert und ihr Zusammentreffen als Koinzidenz der Widersprüche bejaht wird. Der Erwachsene kann die Kritik an seiner Behäbigkeit getrost ertragen, wenn er von seinem Kind nicht mühsam verlangt, dass es mit drei Jahren schon so moderat und vernünftig wie ein Kommunalbeamter ist.

Außerdem muss zwischen der Intensität des kindlichen Verhaltens und der Intensität als Strukturkriterium des reinen Kontakts unterschieden werden. Zwar mag die letztere aus der ersteren durch Sublimation entstehen, beiden Formen sind aber nicht deckungsgleich. Das kindliche Verhalten ist intensiv, aber es ist ebenso oft von einer egozentrischen Expansivität bestimmt, die sich um die hehre Begegnung im Sinne des „reinen Kontakts" nur wenig schert. Wenn ein Kind versucht, seinen Kopf durchzusetzen und dabei alle Wut mobilisiert, die es aufbringen kann, zeigt das nur, dass es sein

Gegenüber eben nicht als ebenbürtigen Kontaktpartner erkennt. Die Ebenbürtigkeit des anderen respektiert der tobende Tyrann nämlich erst, wenn der andere sich durch die Wut weder verschrecken noch zu inadäquaten Gegenmaßnahmen hinreißen lässt.

In der Praxis ist es oft anders. Eltern, die nicht genügend in sich ruhen oder die durch ihren Nachwuchs bestätigt werden wollen, reagieren überempfindlich auf dessen Versuch auszuprobieren, welche Ziele man mit blanker Wut erreicht. Dabei versucht das Kind doch bloß zu lernen und man tut nichts Gutes, wenn man die kindliche Erkundung sozialer Gesetzmäßigkeiten pauschal entmutigt oder gar beleidigt tut. Hält man an der eigenen Grenze nicht stand, sondern gibt man - zum Beispiel aus verleugneter Sympathie mit rücksichtsloser Gewalt - zu viel nach, schadet man der Sache ebenfalls.

8. Es lebe die Neugier!

Neugier sticht als eine wesentliche Eigenschaft kindlichen Verhaltens ins Auge. Neugier dient als Impuls zur Exploration der Umwelt. Durch die Erkundung nimmt das Kind Kontakt zu seiner Umwelt auf und lernt sie dadurch kennen. Und nur in dem, was es kennt, fühlt es sich sicher.

Die Umwelt ist jedoch nie so ungefährlich, als dass ein Kind seiner Neugier völlig ungezügelt freien Lauf lassen könnte. Neben den Gefahren materieller Realitäten, wie den sprichwörtlichen Vier - Messer, Gabel, Scher' und Licht - trifft das Kind auf gefährliche Reaktionen vonseiten seiner Bezugspersonen, besonders wenn es bei deren Erforschung auf Seelenelemente trifft, von denen die Ausgekundschafteten nichts wissen wollen. Dann kann es sein, dass es mit seiner Neugier Abwehrmaßnahmen auslöst, deren Heftigkeit und pathogene Potenz ihm nachhaltig die Lust an der weiteren Erforschung seiner psychischen Umwelt vergällen. Resultat ist eine lebenslange Zurückhaltung beim Knüpfen neuer Kontakte. Resultat ist auch eine ausgeprägte Unkenntnis eigener Motive und Impulse, jener nämlich, die im Kontakt überhaupt erst entdeckt werden können und in der Konsequenz eine eigene Ängstlichkeit, was den explorativen Elan anderer betrifft. Ein solcher Mensch wird sich womöglich zeitlebens vor allen Zeitgenossen fürchten, die nicht genauso verstört sind wie er.

Ist das Kind ein verstörter Zeitgenosse geworden und hat es sich selber fortgepflanzt, wird es so kommen, dass sein eigener Nachwuchs so unverfroren den Nachbarn, Tanten und Onkels zu begegnen gedenkt, wie das die unerzogene Natur in jahrmillionenalter Weisheit vorgesehen hat. Kindermund tut ungebremst die Wahrheit kund, was seine verstörten Eltern auf den Plan ruft, um jene Teile der Wahrheit zu zensieren, deren Verkündigung ihren Neurosen[102] peinlich ist. Mit altbackener Lebensweisheit, die sich auf unbestechliche Stichhaltigkeit nur ungern überprüfen lässt, mit Sätzen wie 'So etwas sagt man nicht' dämmen sie den Explorationsdrang der Kinder ein, die mit ihren Wahrheitsproben nur sondieren wollten, welche andere Wahrheit darauf antworten wird. Derartige elterliche Kontrolle verkrüppelt nicht nur die explorative Potenz der Kontakte, sondern sie verstößt im gleichen Zuge gegen das Gesetz der Ebenbürtigkeit, indem sie sich eine Richterfunktion darüber anmaßt, was gesagt und gefragt werden darf. Werden Kinder hier im Übermaße ausgebremst, nimmt ihre allgemeine Neugier am Leben Schaden und ihre Kontaktbereitschaft wird eingeschränkt.

Von großer Bedeutung für die spätere Beziehungsfähigkeit von Kindern ist die Bereitschaft ihrer Eltern, sie als unvoreingenommene Agenten im Auftrag des ewigen „Erkenne-Dich-selbst" zu sehen und sich darauf einzustellen, dass jedem Erwachsenen im Kind ein Psychotherapeut heranwächst, der überraschende Fragen stellt, wenn man ihn durch die Beachtung der Regeln des reinen Ich-und-Du-Kontakts gewähren lässt... und man seine Fragen ernst nimmt.

9. Angst, Ausschluss und Integration

Kontakt ist immer integrativ. Durch die Geburt büßt das Kind die Integration in den leiblichen Kontext seiner Mutter ein. Durch seine Kontaktaufnahme zur Umwelt jenseits des Uterus gehört es dann einem neuen Kontext wieder an. Der Wechsel vom Mutterleib in den Schutzraum des sozialen Gefüges ist der Archetyp des lebendigen Wandels und die Geburt ist eine Metapher der Transzendenz. Immer verlässt Leben und kommt gleichzeitig an.

Alle Störungen des Kontakts, die auf Kontaktscheu seitens der Erwachsenen beruhen, vereiteln beim Kind das Gefühl selbstverständlicher Zugehörigkeit im neuen, dem sozialen Kontext und führen stattdessen zum Empfinden eines stets gefährdeten Außenseitertums. Je mehr ein Mensch aber Außenseiter ist, desto schwieriger findet er in den sicheren Hafen der gemeinschaftlichen Geborgenheit, desto verlorener glaubt er sich in die alles verschlingende Weite ausgesetzt, die seiner Nichtigkeit gegenübersteht und

---

[102] Noch einmal - in abgewandelter Form - die Weisheit Senecas: Die Neurose ist ein Versuch, Wahrheit zu vertuschen. Ohne dafür verantwortlich zu sein!

desto mehr wird sein Leben von einem Drang nach Zugehörigkeit bestimmt, der ihn ständig kopflos in Bindungen zu steuern droht, die für seine gesunde Entfaltung giftig sind. Je nach Temperament verweigert sich und hungert der eine, während ein anderer unter heftigem Würgen das Gift lieber frisst.

Kinder können eine solche Lebenssituation nicht bewusst erkennen. Was sie instinktiv aber ahnen, ist die Gefahr, die von einem Mangel an Zugehörigkeit ausgeht. Die Angst vor diesem Mangel ist ausgesprochen mächtig, da der Verlust des Anschlusses an die schützende Gemeinschaft für lebende Organismen auf Dauer existenzbedrohend ist. Als Konsequenz der Kausalkette vom gestörten Kontakt zur mangelnden Zugehörigkeit und von dort zur Existenzangst entsteht oft ein unbewusst entwickeltes Muster zur Vermeidung der gefürchteten Trennungsängste. Dieses Muster nennt man „Neurose". Sie soll die Psyche des Kindes vor der erschreckenden Wahrheit beschützen, dass es in seiner Existenz bereits vom Tod bedroht ist[103].

Da die Neurose das bestehende Problem löst, indem sie vornehmlich die Angst, also das Signalgefühl der eigentlichen Störung und nicht die Störung selbst bekämpft, bleibt sie im Pathologischen stecken. Wenn der wirkliche Bezug zur Welt scheitert, bezieht sich der neurotische Geist auf die eigenen Bilder und durch das Netzwerk seiner Symptome schottet er sich so unauffällig wie möglich gegen die Gefahren der echten Kontaktsuche ab.[104] Ist die Existenzangst durch mangelnden Kontakt aus ihrem latenten Schlaf erwacht und zu ihrer Bezähmung in ein neurotisches Verhaltensmuster eingewoben, stabilisiert sich die Neurose wie von selbst, indem sie den Kontakt - ihr eigentliches Heilmittel also - aktiv vermeidet. Sie vermeidet ihn, weil für den Ausgegrenzten - und als solchen empfindet sich unterschwellig jeder Kontaktgestörte - die anderen nicht mehr nur mögliche Partner mit akzeptablen Unvereinbarkeiten sind, bei denen er sein Heil finden könnte, sondern im gleichen Zuge jene potentiellen Ausgrenzer, die seine Existenz

---

[103] Hier kann man ein Stufenmodell psychischer Störungen postulieren. Der neurotische Mensch fühlt sich *in* seiner Existenz bedroht, der sog. „Frühgestörte" *durch* seiner Existenz und der Psychotiker *von* seiner Existenz. „Existenz" wird hierbei wortwörtlich als das „Herausragen(-in-die-Leere)" verstanden, als das sie sich durch die Übersetzung des lateinischen Begriffs zu erkennen gibt.

[104] Ein plausibles Erklärungsmodell der Psychose kann daher sein, dass es sich bei ihr um ein Scheitern der Neurose handelt. Die Angst wird so groß, dass sie nicht mehr von den Abwehrmanövern der neurotischen Struktur eingebunden werden kann. Blieb die mangelnde Zugehörigkeit zur Menschengemeinschaft in der Neurose übertüncht, wird sie jetzt, begleitet von unbeherrschbaren Ängsten, offenkundig. In der Vielfalt der psychotischen Psychopathologie wird das Unvermögen zu echtem Kontakt ohne soziale Maskierung erkennbar.

in einem Ausmaß zu bedrohen scheinen, das nicht mehr ohne verdrehte Abwehrmanöver hinzunehmen ist. Die Heilung jeder Neurose liegt darin, den Kontakt jenseits der vermiedenen Angst wiederherzustellen und die Angstvermeidung zu beenden.

Indem die Geburt ein Herausfallen aus einem Kontext ist, ist sie der Startschuss für zweierlei Impulse zu Reintegration. Zum einen versucht das verlorengegangene Kind sich selbst passiv als Teil des Kontextes zu integrieren, indem es so zu sein versucht, dass es dort reibungslos eingepasst werden kann. Zum anderen besteht ein aktiver Integrationsimpuls, durch den das Kind sich die verlorene Welt selbst wieder einzuverleiben versucht. Medium beider Impulse, jenes, der sich überlassen will und jenes, der sich das Gegenüber einzuverleiben trachtet, ist der Kontakt. Die Verbindung von zwei getrennten Teilen - somit auch die zwischen einem Ich und einem Du - besteht im Verweben des Lassens und des Nehmens in eine wechselseitige Integration. Kein Ich kann in Kontakt zu einem Du treten, wenn es das Du nicht in das Gewebe seiner Existenz eindringen lässt. Kontakt ist die Integration des anderen in sich selbst und Dienst an seinem inneren Aufbau.

10. Das solidarische Ungleichgewicht

Das Kontaktverhalten von Säuglingen ist alles andere als solidarisch. Wenn man des nächtens als ermatteter Vater glaubt, im Schlaf eine milde Zuflucht gefunden zu haben, wird man rasch eines besseren belehrt. Bald weiß man, dass sich der Säugling um keinerlei Solidarität mit seinem Erzeuger bemüht. Es ist, als habe eine grausame Natur beschlossen, den zu strafen, der so eitel war, den Fortbestand - ausgerechnet! - seiner Gene jenseits der privaten Endlichkeit zu riskieren.

Kindersegen bedeutet zunächst, dass man in einem einseitigen Beziehungsmuster gefangen ist, in dem man Buße tut und die Erfahrung macht, wie es sich anfühlt, solidarisch mit einem analphabetischen Despoten zu sein, der umfassende Solidarität zwar lauthals einklagt und selbstverständlich annimmt, aber niemals gibt und auch nicht 'danke' sagt. So hatte man sich die Sache nicht vorgestellt, als man ebenso stolz wie übermüdet, das knuffige Bündel im Arm, den Kreissaal verließ!

Macht man sich trotz der Strapazen, die Kindersegen bereits ohne philosophische Analysen seines Wesens mit sich bringt die Mühe, zu ergründen, was „Segen" eigentlich bedeutet, stößt man auf das lateinische Verb „signare = mit einem Zeichen versehen". Der Blick in den Badezimmerspiegel, der im Lauf der Vaterschaftsjahre matt geworden ist, lässt leicht erkennen, dass der mit Kindern gesegnete von tiefen Furchen im Gesicht gezeichnet ist.

Angesichts der maximalen Schieflage des Gleichgewichts zwischen dem Geben und Nehmen kann es passieren, dass der Geduldsfaden reißt und man mit der vollen Wucht erwachsener Kampfbereitschaft versucht, die ungleichen Verhältnisse auf den Kopf zu stellen. Im Abendland ist dieses elterliche Aufbegehren gegen das Bußverfahren der Natur zur Sühne der genetischen Eitelkeit so lange man denken kann fester Bestandteil der Kultur. Man nennt es altklug „Erziehung" und doch bleibt es letztlich Usurpation. Ja, den Alten war das Ziel, die Dinge zu ihren Gunsten auf den Kopf zu stellen sogar so wichtig, dass sie seiner Rechtmäßigkeit durch angeblich göttliches Plädoyer im 4. Gebot[105] den Rücken zu stärken versuchten. Dabei liegt die Chance, dank der Verehrung durch Kinder lange zu leben, doch wohl eher bei den Eltern und nicht bei den Kindern, die einseitig den Tribut der Verehrung schuldig sind; es sei denn, die Eltern wären so ruchlos und ließen Kinder, die die Verehrung des Alters verweigern, schutzlos im Stich.

Implizit droht Moses den Schwachen mit einer Verkürzung des Lebens, sollten sie den Hochmut der Mächtigen nicht für deren Ehre halten. Was für eine Schande steckt in Moses Zeigefinger, dass er dessen Glieder beim Drohen so schamlos entblößt! Nur der, dem es an Ehre mangelt, verlangt die Verehrung durch andere. Dem Ehrenhaften ist die Ehre, die er in sich spürt, genug.

Nicht dass hier romantischen Utopien das Wort geredet werden soll, als fände sich das Heil im endlosen Martyrium sich niemals verweigernder Eltern. Wichtig ist es vielmehr zu erkennen, dass das unsolidarische Gebaren des Neugeborenen seiner angeborenen Psyche entspringt und nicht einem unbotmäßigen Ich, gegen dessen Übergriffigkeit empört Widerstand geleistet werden müsste. Der Zorn der überforderten Eltern darf sich legitimerweise gegen rätselhafte Beschlüsse jener hohen Mächte richten, die aus unerfreulichen Gründen Babys mit einer Neigung zur asozialen Gefräßigkeit ausgestattet haben, nicht aber gegen das aufkeimende Du im Abgrund des fordernden Geschreis. Das Ich entsteht ja erst aus der Interaktion heraus und wie viel Solidarität es einmal aufbringen wird, hängt auch davon ab, wie viel ihm in statu nascendi entgegengebracht wurde; in dem es selbst gar nicht fähig war, das Ungestüm der Psyche zu hemmen und das deshalb für die Pein der Eltern nicht verantwortlich gemacht werden kann. Erlebt es, dass die Solidarität mit dem Ruhebedürfnis der Mächtigen mehr gilt, als die

---

[105] Ehre deinen Vater und deine Mutter, damit du lange lebst in dem Lande, das der Herr, dein Gott, dir gibt! (2 Moses 20,12)

mit der unbewussten Natur der entborgenen Psyche, wird sein Verhältnis zur Solidarität im späteren Ich-und-Du-Kontakt gebrochen bleiben. Es wird eher Ruhe bewahren, als sich für Höheres hervorzutun.

11. Vom Aufgenommen- und vom Draußensein

Wo Hunger schon lange herrscht, ist es schwer, neue Fresser aufzunehmen. Das gilt für den Hunger, der mit Speisen zu stillen ist ebenso wie für den, der sich nach Liebe, Achtsamkeit und affektiver Wärme sehnt. Wie man weiß, ist das Leben nur selten ein Schlaraffenland und diverser Mangel ist schon immer ein häufiger Tatbestand in Kinderstuben gewesen. Auch wenn die Versorgung mit physikalischen Kalorien bei den reichen Völkern inzwischen besser klappt, ist das Angebot an emotionaler Vollkost weiterhin defizitär. So kommt es, dass aus hungrigen Kindern trotz häufigen Übergewichtes hungrige Erwachsenen werden, die vom Leben als Erwachsene eine doppelte und dreifache Wiedergutmachung für den Verzicht in der Kindheit erwarten.

Wie das Leben so spielt, wird Frau schon mal schwanger und vor der Ankunft des Kindes hat sie sich selten am Leben so satt gefressen, dass sie den hungrigen Sog ihres Säuglings ohne Neid hinnehmen könnte. Und den Vätern geht es da nicht besser. Unter dem Druck ambivalenter Gefühle bricht daher des öfteren eine depressive Stimmung aus und zwar meist dann, wenn die erste Begeisterung über den Nachwuchs verfliegt.

Varianten emotionaler Konstellationen, die einer vollständigen Akzeptanz der Kinder im Wege stehen, gibt es zuhauf. Kommt das Kind nicht, wie im obigen Beispiel beschrieben, zu früh, nämlich bevor die Eltern sich an ihrem eigenen Leben den ärgsten Hunger satt gegessen haben oder bevor sie geläutert einsehen, dass ihr Hunger gar nicht satt zu machen ist, dann hat das Kind womöglich das falsche Geschlecht. Ebenso häufig ist, dass das Kind begierig erwartet wird, aber nur solange, bis sich herausstellt, dass es trotz richtigen Geschlechts anders als erwartet ist und sich ohne Vernunft und Einsicht dagegen zu sträuben versucht, die Erwartungen der Eltern zu erfüllen. Während im ersten Fall die Eltern mit den Kindern um das Recht konkurrieren, kindliche Ansprüche an das Leben zu stellen, treten sie ihre unerfüllten Ansprüche in anderen Fällen an den überraschten Nachwuchs ab, der dann mit der Erwartung konfrontiert ist, zu erreichen, was seine Eltern im Leben verpasst haben. Es ist nicht klar, ob derlei Großmut nicht schwerer zu ertragen ist, als der blanke Neid. Noch schlimmer kann es sein, wenn Eltern sich nicht damit begnügen, dass man geeignete Kinder hat, sondern, wenn sie erwarten, dass man etwas von ihnen bekommt: Anerkennung, Verehrung, Machtgefühl oder den sicheren Besitz des gewünschten Partners.

Der gemeinsame Nenner aller genannten Konstellationen liegt im Unvermögen, im Leben das zu akzeptieren, was das Leben vergibt, weil man dem Leben Erwartungen vorgibt, die dem misslungenen Anteil der Vergangenheit entspringen. So werden Kinder in die missratene Vergangenheit ihrer Eltern hineingeboren und die Wiege, in der sie landen, bietet kaum den Platz, ihre reale Gegenwart ohne wenn und aber aufzunehmen. Wenn ihr Schrecken, nicht so wie sie sind, akzeptiert zu werden, nicht verheilt, haben sie ein Leben lang nirgendwo den Mut, ganz da zu sein, wo in jedem Jetzt ihr einzig richtiger Platz im Kosmos ist.

In dem Maße, wie die Welt das Kind nicht in sich einlässt, kann das Kind in der Welt nicht außer sich sein. Der Mangel an Akzeptanz durch die äußere Welt verführt das Kind dazu, nur sein eigenes Ich als sein Zuhause zu betrachten. Als Erwachsener kann sich das Kind nicht hergeben, weil der Erwachsene stattdessen berechnet, wie viel er für die Herausgabe bekommt. Statt in der Welt zu leben, betreibt er von seiner Krämerseele aus ein spärliches Geschäft. Da er sich seines seelischen Kabäuschens schämt, geht er dazu über, die Kundschaft gar nicht erst einzulassen, sondern sie wie ein Kioskbetreiber durch ein enges Fenster zu bedienen. Das eigene Innen wird so zu einem Außerhalb der Welt und die Welt bleibt fern und fremd. Dem Draußen wird die Einmischung in die inneren Angelegenheiten versperrt. Oder, wer der schüchternen Pose und der lauen Harmonie den Vorzug gibt, hält sein Inneres zurück, wenn es nach außen drängt, weil er niemanden damit belasten will.

12. Transzendenz

Kinder symbolisieren nicht nur die transzendente Kraft des Kontakts, sondern inkarnieren sie in konkreter Weise. Im Kind begegnen die Eltern sich *selbst* in einer transzendierten Form. Dort sind ihre Gene jenseits der eigenen Existenz verwirklicht und ihr sterbender Geist flackert in einer neuen Flamme auf[106].

---

[106]Wie Sie vermutlich gemerkt haben, kann man den zweiten Teil dieses Satzes nicht so ganz ernst nehmen. Dass die Gene der Eltern sich im Kind neu verwirklichen, kann als naturwissenschaftliche Erkenntnis gelten. Die These, dass da aber 'ein sterbender Geist in einer neuen Flamme aufflackern' soll, klingt zwar weihevoll pathetisch, hält jedoch weder einer Überprü-

Wenn so etwas behauptet wird, muss explizit auf den Unterschied zwischen dem „Selbst" und dem „Ich" eingegangen werden. Sonst kann man nicht verstehen, was im Kontakt zwischen Eltern und Kindern grundsätzlich schief gehen kann.

Das Ich, so wurde es oben definiert, ist als Partei eines Körpers zu verstehen, der vom cartesianisch geprägten Denken des Abendlands in Vereinfachung der Verhältnisse als ein aus dem Kontext herausgelöster Partikel aufgefasst wird. In Analogie zum Körper wird auch das Ich korpuskulär verstanden, so als gebe es zwischen dem lebenden Organismus und seinem Umfeld eine grundsätzliche Grenze.[107] Diese Spaltung zwischen dem Subjekt und den Objekten kann aber nur ein Aspekt der Wirklichkeit sein und zwar jener, der an einen besonderen Aspekt der Zeit, den einer Zeit als Flussphänomen mit punktuellem Jetzt und abgeblendeter Breite, gebunden ist. Tatsächlich ist der Körper keine eindeutig abgrenzbare Einheit, sondern ein komplexes Konstrukt in der Flut unendlicher Wandlungen. Warum sollte das Ich, als Partei seiner verleugneten Endlichkeit, etwas anderes sein?

Wenn dem Individuum bei verkürzender Betrachtung zwar der Aspekt einer partikulären Existenz teilhaftig ist, dessen Wortführer sich als autonomes Ich bezeichnet, so muss dem entgegengehalten werden, dass es als Partikel in jenen Kosmos ragt, dessen Ganzheit der andere Pol seines Wesens ist. Dem Ich als dem bewussten Jetzt eines Körpers und seiner unmittelbaren Bezüge entspricht eine unbewusste Verzweigung seines Wesens in die Weite der kosmischen Komplexität. So wie das Ich als seelische Größe dem Körper verbunden ist, mit ihm lebt und mit ihm untergeht, so ist die unbewusste Verzweigung des ganzen Wesens - ab hier der Einfachheit halber als „Selbst" bezeichnet - an das Schicksal jenes Kosmos gebunden, dessen sichtbare Teile (=Aspekte) man als „materielle Wirklichkeit" bezeichnet und dessen unsichtbare Ganzheit nur im Respekt vor seiner Heiligkeit erfasst werden kann.

An dieser Unterscheidung scheitern Eltern oft. Reicht ihr Blick auf sich selbst nur bis zum Horizont eines Ichs und verfehlen sie den Blick in die wahrhaft verbindende Tiefe, vor deren Hintergrund echte Trennung erst

---

fung durch die Logik, noch einer Überprüfung an der Messlatte des guten Geschmackes stand. Es wäre traurig für das arme Kind, wenn der Geist seiner Eltern beim Schaukeln der Wiege erstürbe.

[107] Zur Einseitigkeit dieser Sichtweise passt die Erfindung einer metaphysischen Vorstellung, in der abgetrennte und vereinzelte Individuen durch einen ebenso abgetrennten Gott erst noch eingesammelt werden müssen, um nicht im Nirgendwo verloren zu gehen.

erfahrbar wird, dann begegnen sie dem Kind nicht als einer anderen Existenz, sondern als der vermeintlichen Verlängerung der eigenen[108], über die man folglich verfügen kann. Die Chance, ohne die begrenzte Sicht des eigenen Ichs zu erleben, dass man selbst der wirklich andere ist, wird so vertan. Und so wird auch die Trennung individueller Existenzen verfehlt, weil ihre Identität verkannt wird; und umgekehrt.

Hat das Ich des Kindes die Gelegenheit, sich in einer Atmosphäre zu entwickeln, in der sein Anderssein vom Du, dem es begegnet, als eigentliche Verbundenheit in eine gemeinsame Identität erkannt wird, dann hat es später das Selbstvertrauen, in weiteren Begegnungen seine Enge zu überwinden. Geist ist das Innen der Dinge, die außer sich nach Freiheit suchen.

---

[108] Die sie sich andichten, weil kein Ich seine absolute Endlichkeit ganz wahrhaben will und sich daher eine unwirkliche Form des Überlebens erfindet, wenn seinem Bewusstsein der Zugang zur wirklichen Form versperrt ist. Die wirkliche Form der Unendlichkeit ist keine Verdoppelung der Endlichkeit, also nicht das Ich eines Kindes. Die Unendlichkeit, die jeder schon ist, ist die ganze Realität als Prozess zur Verwirklichung eines einzigen Selbst.

V. Die Position des Ich im Kontext seiner Umwelt

In allen Kapiteln der bisherigen Untersuchung hat das Ich wie ein Graffitisprüher seine Spur an den Häuserwänden einer Großstadt hinterlassen. Es hat sich im Haupttext, den Fußnoten, auf Brückenpfeilern und S-Bahn-Wagons breitgemacht. Doch trotz seiner penetranten Omnipräsenz bleibt unklar, was sich hinter dem einförmigen Zeichen versteckt. Dabei ist es zum Verständnis des Ich-und-Du-Kontakts nötig zu klären, wo im Gefüge der Weltstruktur dieses Ich, das am Kontakt mit einem Du beteiligt ist, gedacht sein kann und als welcher Art Phänomen man es sich vorstellen könnte. Sicher ist diese Frage so komplex, dass sie nur als Skizze beantwortet wird und sicher wird eine solche Skizze nur ein Entwurf bleiben, der so sehr von subjektiven Wertungen wie ein Pullover von Wollfäden durchsetzt ist. Ein Subjekt kann das Wesen seiner Subjektivität eben nur subjektiv beschreiben. Eingedenk dieser Einschränkungen ist der Versuch, das Wesen des Ichs durch nähere Betrachtung zu objektivieren, ausgesprochen reizvoll.

Da ein geschlossenes Bild so oder anders nicht zu erreichen ist, wird das Thema durch ein Kaleidoskop unterschiedlicher Perspektiven angegangen. Diese Perspektiven ergeben in der Synopsis ein gedankliches Konstrukt, das zwischen seiner Unvollständigkeit und seinen Widersprüchen genug Platz für jenes lässt, was der Wahrheit nahe kommt, was man zu denken jedoch nicht imstande ist[109].

1. Psyche und Substanz
Einer der Gründe des pathologischen Narzissmus: Wie das Ich seine Ohnmacht verleugnet, indem es den Wert der Materie unterschätzt.

Meist ist der Mensch egozentrisch. Er bildet sich ein, es sei eine Tugend, das menschliche Leben als etwas über alle Maßen Wertvolles einzuschätzen. Nicht, dass man es nicht als wertvoll einschätzen sollte! Und gewiss gebührt dem menschlichen Leben von Seiten der Mitmenschen jeder erdenkliche

---

[109] Das Wesentliche lässt sich überhaupt nur schwer mit forschem Geist begreifen. Es ist deshalb so wenig über es bekannt, weil man vieles von ihm nur in der Andeutung trifft und das Mittel des Menschen, mit dem er Andeuten kann, nämlich die Sprache, sich so grober Medien bedient - des Hirns, der Zunge und vibrierender Gase - dass es beim Andeuten oft an Feinfühligkeit mangelt. Dann teilt man nur mit, was die grobe Logik des Denkens in Worte fasst. Erst wenn der Geist nicht zupackt, sondern geduldig schmeckt, beim Kauen inne hält und in die Stille lauscht, spürt er, dass im Begreifbaren etwas Unbegreifliches anwesend ist.

Schutz und wer anders denkt, denkt bereits unmenschlich! Aber muss diese Einschätzung gleich als Tugend gelten? Ist sie wirklich Hinweis auf eine feine Gesinnung? Wäre es nicht tugendhafter, zu bekennen, dass die humanistische Haltung nur die Facette eines Egoismus ist, eines Egoismus, der zwar legitim sein mag, der aber doch niemand anderem nützt, als dem Menschen selbst, der ihn vertritt. Ist der Mensch jenseits der Menschenwelt und ihrer Konventionen tatsächlich wertvoller als das Huhn, das er verzehrt, bloß weil er es, zum ungestörten Genuss des Huhns, nötig hat, diese Frage schmatzend zu verdrängen, während dem Huhn der Wurm auch schmeckt, ohne dass ein Huhn sich einen Humanismus - nein, einen Ornithismus - zurecht legen müsste, der Würmer zur Kategorie stets verfügbaren Nutzviehs degradiert?[110] Im humanistischen Ideal schmeichelt der Mensch seinem eigenen Bild, während er im Bewusstsein seiner hohen Menschlichkeit nur als zu oft mit Füßen tritt, was sonst noch lebt.

Egozentrisch ist aber der Mensch nicht nur als Tier, das mit dem Rest der Schöpfung skrupellos um die Gaben der gemeinsamen Mutter Erde buhlt. Egozentrisch ist der Mensch auch als Geist, der sich als einzig bekannter Hort der abstrakten Erkenntnis über seinen Platz und Rang im Kosmos so manches Mal Gedanken macht. So kommt es, dass sich sämtliche Hochkulturen das Heiligste, das sich denken lässt, als einen großen Geist vorstellen, der allmächtig und allwissend über allem thront. Warum glaubt aber niemand, dass Gott ein rostiger Asteroid im Sternbild Centauri

---

[110] Obgleich der Ornithismus schon frühzeitig von *Adebar* als fest etablierte Weltanschauung mit dem logischen Argument begründet wurde, das Geschlecht der Vögel sei schon durch seine Flugfähigkeit von der Evolution als höchste Lebensform gekennzeichnet worden. Zwar könne auch der oknophilen Tierwelt, die zwei- bis tausendfüßig am Boden kriecht ein gewisses Schöpfungsrecht zugestanden werden, doch reiche es selbst bei den humanoiden Primaten nur zu Flugphantasien oder zu merkwürdigen Simulationen des Vogelflugs mit Hilfe lärmender Konstrukte, die zu allem Überfluss den Himmel mit Kondensstreifen verunzierten. Wie viel weniger wert ist da ein Wurm, der nicht einmal scheiternde Versuche unternimmt, den Schmutz zu verlassen, durch den er sich windet. *Psittakos der Ältere* hat den ursprünglich rigiden Ornithismus dahingehend abgemildert, dass er das Recht, beim Spazierflug dem Menschen achtlos auf den Kopf zu kacken, nur solchen Vögeln zusprach, die in vollem Sinne flugtauglich sind. Allerdings hat diese These im Hühnerstall zu energischem Widerspruch geführt, da darin die Arroganz der privilegierten Vollflieger gegenüber den Laufvögeln zum Ausdruck komme und da diese Unterscheidung nach Leistungsfähigkeit einen Rückfall in Barbarei und Finkendarwinismus bedeute. Schließlich könne jedes Huhn recht tüchtig flattern, was man vom Menschen nicht behaupten kann. Und gesetzt den Fall, dass ein Huhn so hoch flattern könne, dass sein Kot den Menschenschädel trifft, legitimiere sich diese Tat bereits durch ihre Machbarkeit.

ist und dass der heiligste Wert aller Zeiten und Welten im beharrlichen Schweigen und rauen Charme des Eisenoxids begründet liegt? Beweisen ließe sich diese Theorie genauso wenig wie die vom allmächtigen Geistesgott. Also könnte sie erst recht so wahr sein, dass man sie glauben muss.

Wem oder was auch immer von all dem, was im All existiert, Göttlichkeit zukommen mag, lässt sich nicht abschließend entscheiden. Berechtigt ist aber die Behauptung, dass es als Indiz für den beengten Horizont des denkenden Menschen gelten kann, dass er ausgerechnet Allwissenheit für göttlich hält und dieser Allwissenheit eine grenzenlose Allmacht zuschreibt; und zu allem Überfluss individuelle Subjektivität. Das kann kein Zufall sein!

Just jener Aspekt des Menschen, mit dem er etwas vermuten kann, nämlich sein Geist, krönt die Seinsqualitäten seiner eigenen Attribute zum Großartigsten, was sich in extrapolierender Übertreibung angeblich denken lässt. Wie geistreich unser Geist doch ist, dass er gar nicht erst über sich hinausdenkt, wenn er nach dem Größten Ausschau hält, das es geben könnte! In aller Bescheidenheit meint er, dass das Heiligste ganz ähnlich ist wie er, aus gleichem Fleisch und Blut gewissermaßen, verbunden als Menschengeist mit dem Geistesgott durch das Band einer gemeinsamer Aristokratie, die über dem Lehm wie eine stolze Fahne flattert. Könnte daran jemand zweifeln? Ganz im Gegenteil! Geister, die den Geist für göttlich halten und ihn unbefangen über alles andere stellen, beweisen durch ihr Haltung nur, wie edel und vergeistigt sie schon sind. Ihre Egos haben klar erkannt, dass sie mit dem schnöden Stoff, aus dem ihre schwächlichen Körper bestehen, noch niemals wirklich etwas zu schaffen hatten. Der Geist ist schließlich willig, nur das Fleisch ist schwach! Armer Geist, armes Opfer plumper Ketten! Die Wirklichkeit, die Dich in diesen Schund aus ranzigen Molekülen gesteckt und humpelnd über Stock und Stein schickt, kann nur einem unverstehbaren Irrtum unterliegen. Warum hat sie Dich so albern verulkt und Deinen Schwingen die Schwerkraft ans Bein gebunden? Was treibt sie zu diesem unnützen Schabernack? Wo man im Himmel unbeschwert mit Engeln scherzen könnte! Oder will sie durch den Fluch des Fleisches gar, dass Du dich ohne falsche Rücksichtnahme auf den Pöbel der Substanz ganz zu Deinem Adel bekennst und die Wirklichkeit samt ihrer profanen Stofflichkeit im Sprung zu Deiner wahren Größe überwindest?

Genug gespottet! Betrachten wir die Dinge nüchtern: Der Mensch erwachte irgendwann in der flimmernden Savanne aus einem langen Affenschlaf und stellte fest, dass es in seinem Inneren etwas gab, das individuell die Welt erfühlte. Allerdings stellte er ebenso fest, dass dieses Ich - so nannte er das

165

Etwas in Ermangelung einer klangvolleren sprachlichen Idee - winzig klein und schwach vor einer Übermacht von tausend Fakten stand. Das Ich erschien ihm merkwürdig anders als die sonstigen Dinge, die sich zu einer Welt aus festen Widerständen in immer neue Varianten zu verweben schienen. Das Ich konnte wünschen, aber die Welt war wie sie ist und nur allzu oft erwies sie sich seinen Wünschen gegenüber gleichgültig. Das Ich stellte ferner fest, dass sich in einer ganz besonderen Nähe ein Körper befand, den es von innen heraus ein wenig beherrschte und dessen Verstrickung in das Gewebe der Stofflichkeit es trotzdem in absurder Ohnmacht ausgeliefert war. Das Ich fragte sich: 'Huch, wie komme ich bloß in diesen morschen Käfig? Wo komme ich her? Wann werde ich aus dem Kerker befreit, den ich mir nicht aussuchen durfte? Wo wird der Himmel sein, der jenseits meines Zentaurendaseins gewiss auf mich wartet, ein Himmel, in dem es keine Schwere gibt, die mich an irgendeine Grenze bindet?'

Tatsächlich ist dieses sich selbst reflektierende Ich jedoch eine Emanation der animalischen Psyche, die schon hungrige Affen zu Bananenstauden steuerte. Im Gegensatz zum tierischen ist das menschliche Individuum jedoch zu einer solch komplexen Sozialität befähigt, dass sich die Loyalität seiner Psyche im Spannungsfeld der sozialen Interessensunterschiede vom Schwerpunkt des phylogenetischen Interesses seiner Spezies zu jenem des individuellen Exemplars hin verschiebt[111]. Und diesen Schwerpunkt, der im Geiste ungefähr in seinem Körper liegt, nennt der Mensch dann „Ich"

Die Psyche wiederum ist das kybernetische Gefüge anwendbarer Kenntnisse, das die Lebenswelt des tierischen Organismus richtig interpretiert und dem durch eine teilweise Zentrierung auf ein einzelnes Exemplar der Spezies subjektive Ganzheit zukommt. Trotz der Ganzheit ist die individuelle tierische Psyche zur Spezies hin offen. Das Tier kann seine Art nicht verleugnen.

Die Psyche, anders haben wir es jedenfalls noch nicht erlebt, macht sich nur am lebendigen Wesen bemerkbar. Lebendige Wesen sind komplexe molekulare Strukturen, die zur Aufrechterhaltung ihrer Komplexität eine Binnenaktivität entwickeln, die sich dem spontanen Gang der physikalischen

---

[111] Doch, doch, das stimmt schon. Natürlich kämpfen im weiter oben zitierten Löwenrudel auch einzelne Individuen gegeneinander und manchmal töten sie sich dabei sogar. Aber im „voregozentrischen" Tierreich dient das Töten einzelner Exemplare der Spezies, weil es zur Selektion des stärksten Ausdrucks ihres Wesens führt, während die Blutbäder menschlicher Art das Interesse der Gattung Mensch außer acht lassen. Der Mensch mordet aus einem verstörten Ego heraus, das sich durch das Morden an seinem Wesen versündigt. Der Löwe tötet ohne dass er dabei schuldig wird.

Basisströmung, die die niederkomplexe Materie zu beherrschen scheint, widersetzt. Also kann die Psyche als ein Phänomen angesehen werden, das dem Grad der Ordnung materieller Strukturen entspricht. Es gibt jedoch keinen sinnvollen Grund, dieses Phänomen nicht ebenfalls als physikalisch[112] aufzufassen. Auch Strudel im Fluss, die Wasser eine Zeit lang im Kreise und manchmal sogar Flussaufwärts lenken, sind physikalisch und kein moderner Mensch würde einen trotzigen Wassergeist am Werke vermuten, bloß weil sich aus einem gleichförmig entropisch hinabfließenden Gewässer Formen bilden, die der Entropie hörbar widersprechen. Als notwendiger Zufall türmt sich die Psyche aus der Materie in ihre Komplexität hinauf wie eine Gewitterfront schwarzer Kumuluswolken über der Einförmigkeit aufgeheizter Sümpfe. Das ist auch der Grund, warum Aminosäuren entstehen, wenn sich die Spannung der Wolke in einen Blitz überträgt, der durch den Einschlag im Sumpf die Materie zur Ausbildung von Formen ermuntert, die ihre Komplexität als lebendige Lawine selbst vermehren. Gott ist also kein Geist[113], sondern etwas, dass eine Sturmflut schlafender Atome auf den Berg des Daseins schleudert, die beim Rückfluss ins Nichts gemäß dem Gesetz der Entropie Strudel und komplexe Phantasmen bilden, in denen ein Geist erwacht, der im Untergang die Macht dessen ahnt, der ihn samt der Materie wie eine Hand voll Würfel auf den Spieltisch warf.

Die Neigung des Geistes, zwischen sich und der Materie einen rätselhaften Abgrund mangelnder Gemeinsamkeit zu sehen, entspringt dessen subjektiv erlebter Ohnmacht gegenüber der mütterlichen Materie selbst. Das angeblich besonders große Rätsel, wie der Geist nämlich mit der Materie verbunden ist, ist bei unbefangener Betrachtung nicht größer als alle anderen Rätsel auch. Wie die Schwerkraft mit der Materie verknüpft ist oder die Zeit mit dem Raum können wir uns genauso wenig erklären wie die Frage, warum der Bauer in uns so fest an seiner Scholle hängt und trotzdem einst von seinem Land vertrieben wird. Solche Dinge kann man nur beschreiben und hinnehmen wie sie sind, ohne dass man sie dadurch verstünde. Verstünde der Mensch die Menschenwelt, könnte er kein Mensch mehr sein, denn der Boden des Menschseins ist das Rätsel, an dem sein Verständnis scheitert. Im Vergleich zu dem, was versteht, hat alles Verstandene keine Tiefe mehr.

---

[112] Oder aber der Ganzheit des Ordnungsgefüges der Physik eine seelische Existenz zuzusprechen, was als korrespondierendes Phänomen der Beseeltheit materieller Strukturen angesehen werden kann.
[113] ...und wohl mehr als nur ein maximales Sein.

Die Stelle im Weltengeheimnis, an der das Denken an der Frage nach der Naht zwischen Substanz und Psyche scheitert, gilt dem Geist nur deshalb als besonders esoterisch, weil es dabei um ihn selbst und um die von ihm entdeckte - oder erfundene? - Abstufung von Wert und Unwert geht. In Wirklichkeit ist das Phänomen der Schwerkraft oder das Schicksal der Mesonen im Teilchenbeschleuniger nicht weniger erstaunlich als die Neugier des Geistes, der nach seinem Ursprung fragt. In Wirklichkeit ist die Frage, warum es im Körper etwas gibt, das weiß, nicht rätselhafter als die Frage, warum es etwas gibt, das, ohne etwas von sich selbst zu ahnen, einfach ist. Scheinbar ist es dem Geist peinlich, dass er sich nicht zu einem ungehemmten Eigensinn befreien kann, sondern dass ihn ein ontisches Gesetz, das dem Sein vor allem Stoff und jeder Psyche zugrunde liegen muss, durch die Leine der Substanzen im Zaume hält. Aus Ärger schleudert der Geist dann den Stoffen ein hochmütiges 'Weib, was habe ich mit Dir zu schaffen' entgegen und erfindet sich zum Trost einen Gott, der das verleugnete Minderwertigkeitsgefühl - oder nennen wir es 'die Ohnmacht von allem was bloß denkt vor dem faktischen Zwang der Materie' - in der Phantasie wieder wettmacht.

So wissen wir nicht, ob Gott den Menschen nach seinem Abbild geschaffen hat, aber es besteht der Verdacht, dass sich der Mensch bei der Erschaffung seines Gottesbilds selbst Pate stand. Der deklarierte Gott wirkt verdächtig anthropomorph. Er erscheint wie das narzisstische Selbstobjekt der armen Kreatur, die sich minderwertig dünkt, falls es sich herausstellen sollte, dass ihr Vater kein hoher Herr, sondern eine einfache Mutter aus dem Volk des Daseins ist. Es ist ein Subjekt, das weiß und kann. Es weiß alles und kann die Materie beliebig formen. Es ist die Phantasie der grandiosen Emanzipation der Psyche vom physikalischen Urgrund, der sie trägt. Der Gott des Geistes ist ein siegreicher Krieger, der sich ein Sein zu unterwerfen versucht, das ihm bereits zugrunde liegt. Dabei bekäme es ihm besser einzusehen, dass Stoff nicht sein störrischer Diener, sondern sein treuster Bruder ist.

2. Psyche und Geist

Ein erstes Motiv des Ichs, sein Weltbild zu verzerren, haben wir als seine Neigung erkannt, seine Verbindung zur Substanz zu verleugnen. Der beschränkte Gedanke 'Ich bin das Denken des Stoffs und die Neugier der Substanzen' ist dem Ich, das einst als Dreikäsehoch damit begann, seine Fähigkeiten auszutesten, bis ins hohe Alter unbehaglich. Es erscheint seiner nagenden Frage, ob es selbst wert ist, im Schoße der Welt geborgen zu sein, nicht Antwort genug, als der Repräsentant einer Komplexität zu erscheinen, die ohne materielle Matrix nicht objektivierbar ist. Wenn das reflektierte Bewusstsein der geregelten Anordnung unzähliger Moleküle entspricht, könnte es sich seines Wertes nur sicher sein, wenn es den Wert der Substanz respektierte. Und dies könnte es nur, wenn es in der Substanz keine blinde Masse sähe, über die es beliebig zum Zwecke seiner Selbsterhöhung verfügen dürfte. So dreht sich der Irrtum im Kreise. Je mehr das Ich sich Mühe gibt, sich über die Welt der missachteten Stoffe zu erheben, desto mehr fühlt es sich vage von einer fatalen Erniedrigung bedroht, die ihm zuletzt als eine Heerschar hungriger Würmer zu Leibe rücken wird.

Das führt zur These, dass es eine grundlegende Trennung zwischen Geist und Stoff nicht gibt und, dass Geist, mit dem man sich im Plauderton unterhalten kann, zwar nur bei besonders ausgeklügelter Verschachtelung materieller Gefüge in Erscheinung tritt, dass ein schweigender Geist jedoch auch im Baum, im Wasser und im Stein zugegen ist[114]. Die Psyche, in deren Trieben, Empfindungen und Impulsen sich das Bewusstsein des Geistes und das Zusammenspiel der Moleküle begegnen, ist die Kontinuität zwischen dem Sein und dem Wissen, das das Sein von sich hat. Akzeptiert es das so, braucht das Ich sich seiner Verwandtschaft mit der proletarischen Sippschaft der Substanzen nicht weiter zu schämen, da es als denkende Materie am inkarnierten Geist beteiligt wäre und ihm daher sein winziges Plätzchen in der Unendlichkeit sicher zusteht - eine Aussicht, in der es völlig ruhen kann, solange es unsinnigen Ehrgeiz vermeidet.

Wenn man das Rätsel der Verbindung zwischen Geist und Materie zu lösen vorgibt, indem man die Trennung leugnet, über deren Abgrund hinweg es überhaupt etwas zu verbinden gäbe, dann fragt man sich, was welcher Seite der Medaille entspricht. Mit der Logik des Menschen, die zwar imstande ist, das Einfache der Wahrheit zu begreifen, nicht aber ihre Paradoxie, gelingt die Beantwortung der Frage nicht, wenn man meint, man müsse sich für die eine von zwei möglichen Antworten entscheiden.

Im Allgemeinen neigt man dazu, das eigene Ich, die Psyche, den Geist als *innen* zu empfinden. Dieses Bild könnte allerdings einseitig sein und darauf beruhen, dass der Horizont des Ichs, innerhalb dessen es sein Selbst vermutet, durch arge Kurzsichtigkeit eingegrenzt ist. Die Entstehung des Lebens hat es mit sich gebracht, dass die Wahrnehmung der Tiere nach *außen* gerichtet ist, weil es für das einfache Tier und den Stamm seiner Gene wichtiger ist, Feinde von weitem zu sehen, als tief in sein Inneres zu blicken.

---

[114] Oder, dass der Geist im Baum, im Wasser und im Stein zumindest schweigt.

Als Erben dieser Selektion sind wir zwar in der Lage Galaxien im Weltraum zu erkennen, aber nur wenig davon, was uns im Inneren zur Beobachtung der Galaxien bewegt. Das Unbewusste bleibt im Schatten, weil die Introspektion erst ein paar tausend Jahre alt ist und der Mensch sich diesen Sinn nur langsam schärft.

Vielleicht hat Kant ja Recht und es gehört zum Apriori des Geistes, dass er vor der Erfahrung bereits logische Strukturen der Geometrie und Mathematik für vorgegeben hält. Möglich ist auch, dass diese Aprioris, zum Beispiel, dass das Kleine ins Große passt, aber nicht umgekehrt, nur Einseitigkeiten sind, an die sich der Geist bloß gewöhnt hat, da er sich seit langem an der Außenwelt versucht. Wie dem letztlich auch sei, der Mensch als ein Vertreter körperlicher Weltbewohner sieht draußen eine große Welt und stößt in sich rasch auf Grenzen. Daher ist ihm die Sichtweise, die die Psyche nach Innen verlegt und die Welt als das Draußen bezeichnet, vertraut, da das Kleine apriori nur im Großen sein kann. Hat der Geist von heute ab eine Milliarde Jahre Zeit den Blick auf sich selbst zu üben, könnte es sein, dass sich die Verhältnisse in seinen Augen ins Gleichgewicht verschieben und er daraus schlösse, dass dem Draußen das Drinnen entspricht.

Solange bis diese Zeit nicht vergangen ist und wir Gewissheit haben, schließen wir uns für die weiteren Ausführungen gutwillig der allgemeinen Ansicht an und gehen davon aus, dass die Psyche die innere Form der Materie ist. Zwar ist für den Menschen das psychische Element des Daseins erst dort deutlich erkennbar, wo es sich durch die komplexe Vernetzung unzählbarer materieller Komponenten in einem hochentwickelten Organismus zu Prägnanz und Intensität verdichtet, wird der Verstand jedoch durch gnädige Kräfte für kurze Zeit geöffnet, dann ist die Präsenz des Geistes, wie andernorts betont, in jeder krummen Wurzel, in jedem Teich und jedem Felsgestein bemerkbar. Allerdings scheint er dort in einem märchenhaften Schlaf zu ruhen.

Offensichtlich entsteht erst durch die Komplexität materieller Strukturen jenes Binnenklima im strukturierten System, in dem sich die Seele der Materie wie ein Gasgemisch im Dieselmotor so sehr verdichtet, dass sich das Gemisch von selbst entzündet. Hat es das getan, setzt sich das Gefährt von selbst in Bewegung, zumindest solange von draußen die Treibstoffversorgung funktioniert. Die Struktur wird im wahrsten Sinne des Wortes automobil[115].

---

[115] Für die These, dass der Mensch selbst ein wahres Auto ist und das Auto nicht nur eine Metapher des Selbst, erwartet der Autor die Ehrendoktorwürde der Automobilfabrikanten-

Um die groben Bilder auszufeilen, wird hier der Schwerpunkt der Psyche in den Binnenraum des Leibes und seiner biologischen Interaktionsfelder verlegt und der Schwerpunkt des Ichs in den Binnenraum zwischen dem individuellen Körper und seinem sozialen Umfeld. Das Ich ist die Binnenform der Interaktion des Individuums mit der polymorphen Du-Repräsentanz seiner Beziehungsbiographie.

3. Das Ich und die Erkenntnis

Um nicht dem blanken Materialismus das Wort zu reden, der behauptet, das Bewusstsein sei ein reines Epiphänomen der Materie, muss betont werden, dass die Materie nicht zufällig einen Geist entwickelt, durch den sie sich dann erkennt, sondern die Tatsache, dass das Unterschiedliche in seiner wahren Ordnung zusammengehört, tritt als erkennendes Bewusstsein zu Tage. Erkenntnis ist die Koinzidenz des Unterschiedlichen in seiner geordneten Zugehörigkeit. Das Bewusstsein ist ein geordnetes Beisammensein unterscheidbarer Aspekte des Seins, das zeitgleich an der konkreten Materie und als Abstraktion der reinen Erkenntnis in Erscheinung tritt. Je mehr unterscheidbare Aspekte ein Bewusstsein als zusammengehörig entdeckt, desto weiter ist es als Wirklichkeit, in deren Weite die Wahrheit erscheint. Der Materialismus behauptet dagegen, erst sei die Materie da gewesen und dann sei durch eine merkwürdige Kette von Zufällen oder auch durch die stumme Notwendigkeit barocker Naturgesetze Geist daraus entstanden. So soll es hier nicht gedacht sein.

Auch der Idealismus wird verworfen. Als Ursprung wird kein großer Geist postuliert, der sich als übergroßer Verwandter des Menschen jenseits des Weltalls durch seine Allmacht und seine Launen hervortat, und aus schierer Langeweile an seiner eigenen Ewigkeit eine stoffliche Welt entwarf, damit er sich bei der Betrachtung des skurrilen Reigens ein wenig die Zeit vertreibt. Vielmehr wird Stoff und Erkenntnis als gemeinsamer Ausdruck einer Wahrheit gedacht, die in ihrer Existenz weder auf Atome und Felder noch auf Kognition und Emotion angewiesen ist. Wahrheit muss nicht erkannt werden um wahr zu sein und sie benötigt für ihr Wahrsein keine Inszenierung auf der Bühne der Realität. Wenn es wahr ist, dass sich Hinterlist und Ehrlichkeit schlecht vertragen, bleibt das wahr, auch wenn niemand lebt, dem die Synthese der beiden Eigenschaften misslingt. Geist und Mate-

---

lobby. Er wäre allerdings auch mit einer Spende in sechsstelliger Millionenhöhe einverstanden.

rie werden als sich ergänzende Ausdrucksformen einer Wahrheit gedacht, ohne dass diese Wahrheit durch die Entscheidung, welcher Aspekt der primäre ist, beide Aspekte ungleich bewertet.

Säßen wir schon immer in einer blassgelben Eierschale, in die auf ewig ein leises Summen dringt und in der es bei angenehmer Temperatur schwach nach einem Omelett röche, wäre uns aus Mangel an wahrnehmbaren Unterschieden nichts bewusst. Das Bewusstsein ist nur dort zur Stelle, wo hell und dunkel, laut und leise, warm und kalt vielgestaltig aufeinandertreffen und es mal nach Bohnenkaffee, mal nach Omelett mit Speck und ein anderes Mal nach Vanillepudding riecht. Erst die Tatsache, dass es genügend Unterschiede festzustellen gibt, ruft die Erkenntnis auf den Plan. Die völlige Abwesenheit diskreter Unterschiede ist dem Bewusstsein jedoch ebenso abträglich, wie das strukturlose Chaos, das auch den tapfersten Eltern ein Dorn im Auge ist, wenn es im Kinderzimmer ihres Sprösslings allzu heftig entsteht, weil der Sprössling Gefallen daran findet, seine jungen Wörter „wüst" und „werfen" mit wildem Leben zu erfüllen. Wo eine Struktur beim besten Willen nicht zu entdecken ist, hat das Bewusstsein keine Chance auszukeimen, denn das Wesen des Bewusstseins ist die abgestimmte Beziehung der Dinge, deren auseinanderfallendes Dasein es zu einem Ganzen verbindet.

So ist es kein Zufall, dass sich das Bewusstsein ausgerechnet dort bemerkbar macht, wo sich auch das Ich befindet. Ichs gliedern die soziale Realität in ein vielschichtiges Feld diskret erkennbarer Strukturen, das sich aus ebenso vielen Unterschieden wie geordneten Zugehörigkeiten zusammensetzt. Die Polarisierung der Menschheit in unzählige Ichs, die auf ihre Unterschiede pochen, leistet dem Bewusstsein Vorschub. Das Ich wird zum Katalysator des Bewusstseins, weil es die Absonderung zu seinem Credo macht und gleichzeitig nach der Verknüpfung sucht.

Als sein Ich erkennt das Bewusstsein, dass sich die Zugehörigkeit des Unterschiedlichen zu einer Ganzheit fügt, deren Zentrum das Ich als Konsonanz aller integrierten Widersprüche bildet. Je mehr das Ich die Verknüpfung in sich zulässt, desto mehr sondert es sich vom Verknüpften ab. Was beim konkreten Menschen-Ich nur teilweise geschieht, nämlich soweit, wie der Mensch in seiner Begrenzung überhaupt in der Lage ist, Widersprüche in sein Ich zu integrieren, das geschieht ganz in jenem Binnenraum, der so viel Komplexität entwickelt, dass er alle Koinzidenzen aushält. Ein universales Subjekt ist trotz seiner Identität mit dem Sein von diesem völlig geschieden.

4. Das Ich und die Zeit
Eine weitere Quelle des pathologischen Narzissmus: Weil das Ich das Endliche verachtet.

Meist ist der Mensch egozentrisch. So haben wir es oben schon gesagt. Der Mensch ist aber nicht nur egozentrisch, weil er seinen „geistigen" Wert einseitig überschätzt und materielle Stoffe im gleichen Zug verachtet, sondern auch, weil er das Wesen der Zeit falsch einschätzt und sich so um die schaudernde Ahnung bringt, wie weit der Rachen jenseits der menschlichen Seifenoper gähnt, durch den die Welt fast sein gesamtes Spektakel mit einem Gulp in den Bauch einer gleichgültigen Ewigkeit hinunterschlucken wird. Fasziniert von ihrer eigenen Geschichte und bemüht bei der Aufführung ihrer selbst keine Patzer zu machen, glauben die Darsteller, kaum dass sie auf der Bühne stehen, der Zeitverlauf, der die Akte und Bilder ihres Lebens bis zum erhofften Applaus der Zuschauer gliedert, sei die einzig wahre Zeit da draußen in der Dunkelheit zwischen Sperrsitz und Loge.

Das, was man als Zeit benennt und von dem man glaubt, es sei der geregelte Fortgang des Ganzen, ist jedoch bloß ein Ausdruck dafür, dass jener Ausschnitt der unterschiedlichen Koinzidenzen, zu deren Erkenntnis der Mensch grundsätzlich fähig ist, sich in einer ihrer vier Dimensionen entlang des Bewusstseins entfaltet, in dem sein Ich zuhause ist. So verkennt das Ich seine wirkliche Lage. Es glaubt, die ganze Welt marschiere wie eine anthropozentrische Kolonne entlang des weißen Streifens, den das Menschenhirn mit dem Fluss seines Denkens in den Kosmos schreibt. Dabei blickt der allergrößte Teil des stummen Publikums auf völlig andere Bühnen.

So überschätzt das Ich den Teil seines Daseins, den es selbst erschafft und es übersieht, dass es sich zum größten Teil nur entlang seiner Wesenszeit entdeckt. Das ist der Grund, warum so viele Pläne scheitern. Der Mensch glaubt, Zeit seine eine physikalische Größe, die irgendwo von draußen kommt und der man bedauerlicher Weise passiv unterliegt, sofern man nicht so clever ist, sie tüchtig auszutricksen. Dass die Zeit, die wir kennen, aber nicht nur ein objektiver Faktor ist, mit dem man im Unterricht die Geschwindigkeit multipliziert, um die gefahrene Strecke zu ermitteln, sondern dass sie als Teilaspekt des beobachtenden Subjekts gelten muss, machen Einsteins Theorien deutlich. Das Bewusstsein durchlebt nicht nur die Zeit wie einen Regenguss von oben, es ist auch der Wasserdampf, der dem

Schauer von unten seine Nahrung gibt[116]. So erleidet es die Zeit und bleibt trotzdem als die hohe Halle, die ihre Weite birgt, bestehen[117].

Die Beziehung des Ichs zu seiner Zeit ist noch von einer anderen Krankheit befallen. Deutlicher als in allem anderen erkennt das Ich in der Vergänglichkeit wie klein und überschaubar es ist. Und das ist bereits der beste Anlass, die Erkenntnis beharrlich zu verdrängen. Hier und jetzt reicht der Blick nur bis zum Horizont. Das Gehör ist darauf angewiesen, dass etwas anderes genügend Lärm für sein Funktionieren macht. Die Kraft des Armes wirft den Stein gerade bis zum nächsten Baum und beim freien Pinkeln an der Autobahn schafft man es nie so weit, als dass nicht ein paar Tropfen Pisse auf die Schuhe spritzen.

Statt diese kleine Welt als vollgültiges Stück Biographie zwischen der profanen Erleichterung und der gelinden Weite wertzuschätzen, ist der Mensch darauf bedacht, zwanghaft über seine Grenzen hinwegzuschauen. Das Hier-und-Jetzt als das er sein Ich empfindet, erscheint ihm zu klein, als dass er glaubt, er könne darin[118] Erfüllung finden. So wird Vieles viel zu viel missachtet, weil es in der Nähe liegt und ihm der Ruch bescheidener Endlichkeit anhaftet. Dem gemäß gehört zur festen Grundausstattung menschlicher Philosophie meist auch die fragwürdige Ansicht, das Ewige sei mehr als der Augenblick und das Endliche gehe asymptotisch gegen nichts. Dabei ist die Vorstellung einer Unsterblichkeit der bestehenden Struktur, die das begrenzte Inventar des einzelnen Bewusstseins ausmacht, einfach grauenhaft. Was für eine Hölle wäre es, unendlich lange der und der zu sein, ohne das Recht darauf aus Langeweile wegzusterben! Es wäre für jeden Wurm doch eine Gnade, dass ihn, nachdem er das gesamte Erdreich hunderttausend Mal

---

[116] Ganz ähnlich ist es mit der Einsamkeit. Einsamkeit wird fälschlicherweise meist als Umstand aufgefasst, unter dessen Ansturm von außen man widerstrebend leidet. In Wirklichkeit ist Einsamkeit Bestandteil des Ichs und der Widerstand dagegen macht sie nur schlimmer, weil man dann auch sich selbst als seinen letzten Gesellschafter aus dem Blickfeld vertreibt.

[117] Sollte das alles Blödsinn sein, ist er wenigstens gut formuliert. Außerdem sollte man sich vor dem übereilten Urteil hüten, was wahr ist, könne nicht im gleichen Zuge Unsinn sein. Vielleicht gehört Unsinn sogar zu den besten Finten der Wahrheit, mit deren Hilfe sie das Schicksal umgeht, in einer Pose alberner Erhabenheit zu versteinern.

[118] Nämlich in der Entleerung! Bliebe der Mensch beim Gebüsch, in dessen Sichtschutz er sich erleichtert, in seinem Hier-und-Jetzt und würde er nicht beim Pinkeln schon über Gott und die Welt nachdenken und wie er beide für sich gewinnen könnte, dann läge in dieser Art der körperlichen Entleerung das Sinnbild einer seelischen Erfüllung. Ließe die Psyche alles los, wie der Körper das für ihn nutzlose Wasser beim durstigen Gebüsch, wäre das Begrenzte von seinem wahren Sein erfüllt. Meist rafft die Psyche aber alles an sich und bekommt davon Ödeme.

gefressen, verdaut und hinter sich gelassen hat, endlich eine Krähe frisst, denn würde der Wurm nicht zur Beute, lernte er auch nie als Krähe über das ganze Geschiss, das er um sich selbst gemacht hat, befreit hinwegzufliegen. Der endlosen Dauer wird bloß deshalb gehuldigt, weil der Mensch nicht erkennt, wie winzig sein Horizont durch die Erfüllung seines Anspruchs auf das ewige Leben würde.

5. Das Ich und die Wahrheit

Das Ich ist jener Teilaspekt der Psyche, der seine Trennung vom Kontext kultiviert. Je mehr es sich aus dem Kontext löst, desto klarer erkennt es aus der Ferne die Umrisse jenes Seins, aus dem es selbst entsteht. Sofern es sich dabei nicht um die Wahrheit betrügt, erkennt es, dass es eigentlich ein Ausdruck des Kontextes ist und dass dieser im Dogma seiner Wahrheit wurzelt.

Je größer die Individualität des Ichs wird, desto mehr wächst die Faszination, mit der es nach seiner Quelle blickt. Hätte das Ich unterwegs den Mut, ganz auf jede Sicherheit zu verzichten, die ihm seine Begrenzung bietet, löste es sich soweit ab, dass es als reine Erkenntnis des Wahren vom bloß scheinbaren Teil der Welt aus reinem Desinteresse nichts mehr wüsste. Deshalb ist Religion als reine Form des Kontakts die natürliche Ergänzung und unausweichliche Bedingung der Individualität. Ohne Religion kann der Mensch seine Individualität nicht erfüllen.

Da das Ich aus einer Wirklichkeit entsteht, die letztlich in der transzendenten Wahrheit ruht, bleibt es dieser Wahrheit stets verpflichtet und man kann erwarten, dass die Struktur einer gesunden Psyche, der Struktur der transzendenten Wahrheit entspricht. Es wird daher kein seelisches Gleichgewicht geben, wenn man sich nicht explizit zu einer Wahrheit als überpersönliche Richtschnur bekennt.

Wenn man das Richtige tut, ist Handeln Hinwendung zur Wahrheit. Richtiges Handeln ist aktives Wahrsein. Jede Gesundung ist Hinwendung zu dem, was wirklich ist. Seelische Gesundheit ist der unverbrüchliche Bezug auf eine Wahrheit, in der sich die Welt stets daran erinnert, dass auf die eine heilige Weise jedes einzelne im Ganzen stimmig ist. An diesem Bezug hält jedes Individuum - auch wenn es nichts davon weiß - durch alle Leiden und Freuden des Daseins hindurch fest und es zweifelt nur deshalb daran, um die Verzweiflung kennenzulernen, ohne die seine Religiosität naiv bliebe;

denn das Entsetzen, dass die Wirklichkeit diese eine Wahrheit auf Dauer verfehlen könnte, ließ das Nichts erst ins All explodieren[119].

6. Das Ich, der Kontakt und die Gesellschaft

'Tee haben!' gehört zu den frühen artikulierten Äußerungen des Menschen, mit deren Hilfe er gezielt Kontakt zu seiner Umwelt herstellt. Einige Zeit später ist aus dem gleichen Mund ein 'Ich will mehr Brei!' zu hören und wenn man es recht bedenkt, kann man aus beiden Sätzen und dem situativen Gefüge, in dem die Worte fallen, die wesentlichen Probleme herauslesen, die sich im Kontakt des Ichs mit seiner Welt entzünden. Obwohl sich nämlich im ersten Satz das Ich weder selbst benennt, noch ausdrücklich kundtut, dass es die Erfüllung eines Wunsches fordert, verstehen die Eltern meist genau. Die Botschaft des Kindes betrachtet dessen subjektive Wahrnehmung der Situation nicht nur spielerisch und mitteilsam, sondern sie ist informativ gedacht. „Informativ" heißt „einformend". Der Informierte wird von dem, was er erfährt, geformt. Durch seine Botschaft trachtet das Kind also danach, den Handlungsimpuls der Eltern so zu formen, wie es ihn für sich selbst am besten gebrauchen kann.

Oft parallel zum Ermüden der elterlichen Bereitschaft, sich tagaus tagein den Wünschen des Kindes anzupassen, schreitet die Sprachentwicklung desselben soweit voran, dass es ihm gelingt, dem fordernden Charakter und der Ichbezogenheit seiner Weltsicht durch die Wörter „Ich" und „wollen" mehr Nachdruck zu verleihen, sodass zumindest vorübergehend die Dienstbarkeit der Eltern mit rollenden Augen weitere Reserven mobilisiert.

Ist die erste Begeisterung der Eltern verblasst, sich selbst im Kind als unverbrauchte Chance auf der Welt zu sehen, drängt sich der elterliche Eigensinn vermehrt in den Vordergrund und das wesentliche Problem am Schnittpunkt von Wahrnehmung und interpersoneller Kommunikation reißt

---

[119] Der letzte halbe Satz hört sich so an, als hätte ihn ein alter Hirnsyphilitiker geschrieben, an dem das Salvarsan bloß Nebenwirkungen verursacht hat. Manches wird eben eher gedacht, wenn das Gehirn beim Denken langsam untergeht. Alltagstauglicher als die pathetische Phrase vom explodierenden Nichts scheint jedoch zu sein, dass es meist erst das Erschrecken über das eigene Falschsein ist, das den Menschen in die treuen Arme der Wahrheit treibt. So kann man auch ohne Bazillen in Hirn darüber nachdenken, ob das Falsche vielleicht bloß ein maskierter Seitenzweig des Wahren ist, mit dessen grauseligem Mummenschanz es auf jedes Bewusstsein eine Treibjagd veranstaltet, auf jedes Bewusstsein zumindest, das sich keck von seiner Richtschnur entfernt und sich mit oftmals schlafendem Gewissen im Rotlichtbezirk des Wirklichen herumtreibt, wo der bloße Schein im Funzellicht roter Laternen trügt.

manchmal lauthals auf. Das Problem liegt darin, dass der Kontakt das Medium ist, durch dessen Kanäle man eigene Bedürfnisse zu erfüllen sucht, dass durch dieselben Kanäle jedoch umgekehrt Informationen hereindrängen, die den Bedürftigen auf fremde Ziele auszurichten trachten und, wenn sie raffiniert gesteuert sind, ihm vorgaukeln, sie kämen seinetwegen herbei... damit der Bedürftige unvorsichtig wird und seine Schleusen weiter aufmacht. Vom Informiertsein über kindliche Wünsche frustriert, machen sich die Eltern daran, dessen fordernde Rufe nach Brei, Tee und Kinderwurst, nach Kurzweil durch elterliches Faxenmachen und der hundertsten Betrachtung des Finger-, des Rügen- und des Baggerbuchs, zu ignorieren und statt dessen die gemeinsamen Kanäle ihrerseits verstärkt zur Einformung des Sprösslings auf Ziele hin zu nutzen, die dem Ruhebedürfnis der Eltern dienlich sind. Die Erziehung ist geboren und der Kampf um die Hebel an den Schleusen entbrennt manchmal bis aufs Blut.

Bei der normalen, also der halbwegs gesunden Entwicklung, gibt es keinen klaren Sieger, doch das Gerangel um die Macht auf dem Feld des Kontakts endet dabei nie. Durch einen dialektischen Prozess der Annahme erwünschter und der Abwehr unerwünschter Informationen bildet sich ein Rahmen aus, dessen bewusster Horizont von jenem Wissen abgesteckt wird, das den Kompromiss fordernder Formung und Gegenformung als Beziehungsform begründet und dadurch nachhaltig mitbestimmt, wie das Ich und das Du sein kann. Zwischen dem, was bewusst ist und dem was als Beziehung möglich, vermittelt das, was gesagt und verstanden wird. So bestimmen sich Sozialität und seelische Gesundheit des Einzelnen durch das morphologische Kontinuum mitteilbarer und bewusstseinsgängiger Wahrheit gegenseitig. Was vom Wahren im Kontakt mitgeteilt werden kann, ist gemeinsames Schicksal von Seele und Gesellschaft.

7. Das Ich und der Frieden

Das Selbst ist eine hochkomplexe Gestalt. Es umfasst den Bauplan des Leibes, die Logistik seiner physiologischen Dynamik, die Geometrie des sozialen Kommunikationsgefüges, an dem das Individuum bis in alle Verästelungen teilhat und die reichhaltige Vernetzung des Organismus in den übrigen Kontext der evolutionären Lebenswelt, soweit diese mit der Existenz des Organismus in Verbindung steht. Es erstreckt sich somit in die biologische Gärung materiell-organischer Vorgänge, die ihrerseits in den chemischen und physikalischen Naturgesetzen verankert sind. Dort fußt es auf der Unverrückbarkeit primärer Wahrheiten. Durch die Vererbung genetischen

Wissens ist das Selbst außerdem mit der Vergangenheit und der Zukunft verbunden.

Da all dies prinzipiell auch für das Tier zutrifft, ist auch die tierische Psyche in eine Individualität zentriert, deren faktische Außengrenze nicht mit dem körperlichen Horizont des Tieres zusammenfällt, sondern sich in das gesamte Gefüge alles Seienden entwirft, so wie umgekehrt das Einzeltier Entwurf des gesamten Gefüges ist. Beim Tier gibt es jedoch noch keinen Bruch, der seine Individualität und die Umwelt, in die sie verwoben ist, einander gegenüberstellt.

Beim Menschen hat sich aus rätselhaften Gründen innerhalb der Psyche eine Instanz ausformt, die dazu fähig ist, aus dem Strom der Ereignisse herauszutreten und der Welt, in der sie lebt, als einer Linse zu begegnen, die das Bild dieser Welt in einem freien Standpunkt bündelt. Diese Fähigkeit der menschlichen Psyche ist das Ich. Das Ich ist die Aktivität eines Organismus, durch den er die Zielrichtung seiner Handlungen auf ein spezielles Interesse ausrichtet, für das es sich im Fokus seines Weltbilds entscheidet. Durch das Ich kann der einzelne sein Schicksal aus dem gemeinsamen Interesse der Spezies und dem Wohl des Biotops, aus dem er kommt, herauslenken. Zwar ist die Fähigkeit, im Interesse des einzelnen Exemplars und entgegen den Interessen des Umfeldes zu handeln auch bei Tieren in gewissem Maße erkennbar, doch erreicht deren Freiheit nur ein bescheidenes Maß. So gibt es keinen tierischen Egoismus, dessen Freiheit sich selbst gefährden könnte.

Beim Menschen steht die Fähigkeit der Psyche, dem Kontext zuwiderzuhandeln, im Vordergrund. Sie ist das spezifisch menschliche Charakteristikum, das ihn am deutlichsten vom Tier unterscheidet[120]. Das Motiv des Ichs, aus dem es dem Kontext zuwiderhandelt, ist der Wunsch, sich aus den Zwängen der Wirklichkeit zu befreien, damit es das Bild von sich selbst mit der Art, wie es der Welt begegnet, in Übereinstimmung bringen kann.[121] Das Ich sucht die Freiheit, in Ausdruck und Eindruck authentisch zu sein.

Dabei ist das reflektive Bewusstsein kein bloßes Epiphänomen des materiellen Aspekts einer lebendigen Dynamik, sondern abstrakte Binnen-

---

[120] Würde uns eine Kröte am Bach plötzlich herbeiwinken und im vertraulichen Plauderton mitteilen, dass sie das ständige Fliegenfressen satt habe und dass sie sich jetzt zum Schloss aufmache, um endlich vom Teller der Prinzessin zu essen - Ente an Morchelcreme, Hasenpfeffer und süßen Pudding - dann gingen wir davon aus, dass die Kröte eigentlich kein Tier, sondern ein verwunschener Prinz ist.

[121] Wenn die Kröte spricht, wissen wir, dass in der nassen Haut ein Ich gefangen ist, das sich wünscht als Prinz in die Freiheit seiner wahren Identität zu springen.

struktur der Tatsache, dass sich organische Systeme hoher organisatorischer Komplexität aus dem Zwang des Kontextes, dem sie entspringen, befreien. Anders ausgedrückt: Das Bewusstsein ist die Freiheit jenes Systems, in das es eingebunden ist, aus dem es entbunden wird und dessen Entbindung es in Korrelation zu sich selbst weiter betreiben muss. Die individuelle Freiheit wird erst dann wieder ein gemeinsamer Nenner der Individuen, wenn sie die Gemeinschaft als wesentliches Element ihrer eigenen Individualität ins Bewusstsein integriert haben. Niemand kann wirklich freier werden, ohne damit auch die Freiheit der anderen wirklich zu wollen[122]. Die Freiheit des Einzelnen geht mit seiner Bereitschaft Hand in Hand, das Unumgängliche zu akzeptieren, denn erst Systeme, die das Faktum der Notwendigkeit in ihren Aufbau absorbieren, werden nach außen hin frei.

Solange ein Tier, abgesehen von ein paar kleinen Schwankungen, immer nur tut, was seiner Art seit Alters her gemäß ist, ist der Kontakt zu seiner Umwelt kein Thema, um das es sich eigens scheren müsste. Das Tier und sein Kontext bleiben eine weitgehend verschmolzene Einheit, in der sich die Frage erübrigt, ob das einzelne Tier seinem Umfeld verantwortlich begegnet oder nicht.

Das bewusste Ich kann jedoch nur als Phänomen verstanden werden, das einem Du begegnet und das sich in der Begegnung zwischen Solidarität und Rivalität aktiv entscheidet. Sobald die Freiheit eines Organismus jenen Grad erreicht, ab dem seine individuelle Autonomie sich zum Bewusstsein eines Ichs eröffnet, öffnet sich im gleichen Zuge die jedes Ich stets plagende Frage, wie es im Interesse seiner Freiheit den Kontakt zu jener Umwelt gestaltet, in der und von der es frei wird. Das Ich muss sich entscheiden, wann es gegen die Umwelt und wann es nur mit ihr frei sein kann. Die Form seines Kontakts zur Umwelt entscheidet dabei, in wie weit sich die Freiheit, die es erringt, mit den Notwendigkeiten des Kontexts vereinen lässt. Da das Ich einst aus dem Kontext entstanden ist, führt ein Versuch, sich ohne Rücksicht auf seinen Ursprung aus den Fesseln zu befreien, zu Verwirbelungen in ihm selbst, die seine Kraft zum Ausbruch in unauflöslichen Widersprüchen versickern lassen und zwar in dem Maße, wie es gegen die Regeln der Einbindung verstößt.

Da alle Ichs aus demselben Kontext entstanden sind, in den sich das Selbst jedes Ichs erstreckt, kann sich das Ich zwar ohne Schaden gegen ein anderes stellen, nicht aber gegen das Selbst dieses anderen Ichs. Die Freiheit

---

[122] Freiheit ist kein Beziehungsabbruch, den man gegen die Fesseln der anderen herbeiführt, sondern das beidseitige Entfesseln des Lebens im freien Bezug.

des Ichs kann nur nachhaltig wachsen, soweit es die Freiheit des Du damit fördert.

Trotz seiner prinzipiellen Freiheit ist das Ich durch den Egoismus seiner Perspektiven eingeengt. Das Ich erkennt nicht, dass es erst frei würde, wenn es sein Selbst und den vom Selbst durchtränkten Kontext als sein wahres Interesse erkennt und meist denkt es zu viel ans Rivalisieren. Da es sich so immer ein wenig im Krieg befindet, beschließt es, den Fluss der Information zum Bewusstsein im egozentrischen Interesse zu zensieren. Das Ich verteidigt seine Position durch die Beengung des Bewusstseins. Wo käme es auch hin, wenn es die Informationen, die durch den Leichtsinn der Sinne angeliefert werden, nicht nach ihrem subjektivem Wert sortieren würde und es nicht aussortierte, was nicht zu ihm passt! So unterwirft es das Bewusstsein, das sich auf Befehl des Ichs mit diesem gleichsetzt.

Das Bewusstsein neigt jedoch dazu, Neues aufzunehmen und da es mit jeder Verknüpfung des Neuen mit dem bisherigen Gewebe verstandener Bezüge wächst, droht es aus seiner immanenten Dynamik heraus, die einmal geronnenen Strukturen des Ichs zu sprengen und seinen Vormund zu entmachten.

So braucht das Bewusstsein zwar ein Ich, damit in dessen Egoismus die Idee der Freiheit entsteht, zur Verwirklichung echter Freiheit muss das Bewusstsein das Ich und dessen Motive jedoch übersteigen. Erst wenn das Bewusstsein das Spielbrett der Bauern, Springer und Türme verlässt und sich mit dem Kontext füllt, kann es eine königliche Subjektivität empfinden, die dem Abgrund echter Trennung standhält.

VI. Innen und außen

Schon das Wort „Formen" in der Überschrift dieses Kapitels suggeriert einen Zwang, von dem ich mich - Gott sei's gedankt! - bereits in der Einleitung durch den Verzicht auf eine Systematik losgesagt habe. Jetzt sind die Früchte des Verzichts vollends reif zur reichen Ernte. Das Wort „Formen" bringt Linné und die beschreibende Biologie ins Gedächtnis, die sich bei der haarfeinen Klassifikation der Lebewesen hervortaten und man könnte versucht sein, Linné auf dem Gebiet der Kontaktstörungen und der Fleißarbeit nachzueifern.

Auch die Formen der Kontaktstörungen kann man in zwei große Gruppen, quasi die der Wirbellosen und die der Vertebraten unterteilen und diese könnte man - wenn man es nicht bei der Beschreibung der zwei Grundformen bewenden ließe - in Gattungen, Arten und individuelle Spezialitäten aufschlüsseln. So wichtig die detaillierte Klassifikation psychopathologischer Muster auch sein mag, so liegt darin jedoch eine Mühseligkeit, die die Freiheit des Denkens in derart geordnete Bahnen lenkt, dass es dem Gehirn die Freude am Denken vergällt. So verzichte ich allzu gerne auf den Versuch, in Konkurrenz zu den bestehenden Systemen der psychopathologischen Typologie ein neues zu erstellen. Systematisieren kann man Erkenntnisse auch nur, wenn man sie von oben überblickt und überblickt man sie, sind sie bereits bekannt und Abenteuer sind keine zu erwarten.

So macht es entschieden mehr Spaß, ein unentdecktes Land durch Forschungsreisen zu erkunden, als ein bereits entdecktes systematisch zu besiedeln. Und es erscheint der Neugier vielversprechender, die grundsätzliche Aufteilung in Wirbellose und Vertebraten zu verstehen, als sich mit der Klassifikation sekundärer Unterschiede abzuplagen. Deshalb wird hier eine Vertiefung des Themas bevorzugt, die einzelne Aspekte in freier Willkür auswählt und andere ebenso sorglos vergisst, die jedoch das eine Ziel - den Kilimandscharo und die Quellen des Nils mit eigenen Augen zu sehen - niemals aus dem Blick verliert.

„Berg" und „Quelle" stehen hier als die Symbole eines fernen Ziels. Betrachtet man die hunderttausend Spielarten der Natur und verfolgt ihren Werdegang rückwärts in den Abgrund der Evolution, stellt man fest, dass all die Vielfalt durch immer neue Aufspaltungen der Merkmale entstand und folglich auf eine ursprünglich erste Polarität rückführbar sein muss. Auch die „Wirbellosen" und die „Vertebraten" sind Metaphern für dasselbe ferne Ziel. Tatsächlich wird nach jener ursprünglichen Wahl gesucht, die das Kontaktverhalten des Menschen in zwei erste Möglichkeiten spaltet und die daher allen übrigen Aufteilungen zugrunde liegt.

Wenn hier vom „unentdeckten Land" die Rede ist, kann das falsche Hoffnungen wecken. So unentdeckt wie es Afrika für die Europäer vor ein paar hundert Jahren war, ist die gemeinte Weggabelung am Ursprung des menschlichen Kontaktverhaltens weiß Gott nicht mehr. Afrika kann man nicht ein zweites Mal entdecken. Was man aber kann, ist zu versuchen, es tiefer zu verstehen, als man das bisher tat.

Im Ansatz dazu wird eine Reihe schon skizzierter Bilder aufgegriffen und auf verborgene Wegweiser untersucht, die den Wanderer in die Richtung der primären Gegensätze schicken. Indem man den Wegweisern ins Landesinnere folgt, indem man Nomaden in der Wüste nach Brunnen befragt und sich im Gral vom Zauberer die Zukunft lesen lässt, wird man sich Schritt für Schritt dem gesuchten Ziele nähern.

1. Suche nach Innen und Außen

1.1. Substanz, Struktur, System und Subjekt

Die Psyche wird in diesem Buch als der virtuelle Binnenraum der Funktionskybernetik lebender Organismen definiert. Obwohl weiter oben postuliert wurde, dass der Substanz im Allgemeinen bereits eine psychische Innenseite zuzusprechen ist, entsteht kein Widerspruch, wenn „*die* Psyche" hier als Binnenraum *lebender* Organismen bezeichnet wird. Es ist nämlich so, dass der unstrukturierten Substanz das Psychische bloß beigeworfen ist - so wie das Salz der Suppe - und die psychische Komponente der Materie somit nur durch ein Adjektiv (lat. ad-iacere = hinzu-werfen) benannt werden kann, während sie sich im lebenden Organismus zu einem konkreten Subjekt verdichtet, das auf dem Boden der materiellen Substanz stehend einen neuen, virtuellen Zeit-Raum bildet, der sich selbst mit dem Substantiv „Psyche" benennt.

Die Bedeutung des Subjekts in der Substanz wächst mit dem Organisationsgrad des Organismus, sodass man fragen kann, ob den transpersonalen Steuerungskräften von Gemeinschaften eine unbewusste Subjektivität inneliegt, die ab einer kritischen Schwelle der Komplexität sozialer Vernetzung zum Erwachen einer transpersonalen Bewusstheit führt. Zu fragen ist sogar, ob die Eigendynamik technischer Entwicklungen nicht als Folge einer unbewussten Subjektivität menschlicher Konstrukte gedeutet werden darf, die um so stärker wirkt, je mehr sich durch die internen Bezogenheiten der materiellen Komponenten deren psychische Adjektivität konkretisiert (lat.: concrescere = zusammenwachsen).[123]

Obwohl Organismen keine hermetische Grenze zur Umwelt haben - und mit einer solchen kläglich untergingen - sind sie trotzdem vollständige Gestalten; wenn auch stehende Gestalten in einem flüchtigen Fluss. Parallel zum Bestand ihrer Struktur in materialisierter Form existiert ein System physiologischer Regeln, das sowohl den leiblichen Binnenraum als auch den übergreifenden Kontakt zur Umwelt sinnvoll steuert. Dieses abgestimmte System der organismischen Existenzmodulation ist ebenso wie die materielle Struktur, deren Fortbestand sie begleitet, eine geordnete Gestalt, sodass ihm ein ganzheitlicher Aspekt zukommt, und man es nicht nur als ein Konglomerat von Naturgesetzen auffassen kann. Kurz und gut: Die Psyche ist eine Entität und nicht nur eine Summe. Im Unterschied zu einer Summe, „in" deren Zwischenräume das Außen ungehindert dringen kann, ohne eine Spur zu hinterlassen, bedarf das Wesen der Entität einer Grenze, die zwischen dem Innen und dem Außen ausdrücklich unterscheidet.

Durch die Begriffe „Substanz" → „Struktur"→ „System" und → „Subjekt" rollt die Pulswelle eines kosmischen Rhythmus, der durch die Aufspaltung in das „Innen" und das „Außen" aus der schlafenden Eins eine Vielfalt schafft, die sich selbst an tausend Grenzen begegnet und in der Begegnung ihre Widersprüche in eine neue Ganzheit gießt, die als verwundertes Subjekt erwacht. Durch die Erschaffung des Subjekts zählt der Kosmos bis „zwei" und weil er bis „zwei" zählt, strukturiert sich der Innenraum des Subjekts in lauter duale Polaritäten.

Postuliert man, dass die Psyche erst eine bewusste und subjektive Einheit wird, indem sie die verschiedenen Aspekte, die sie von der Welt erkennt, zu einer organisierten Struktur verbindet, erkennt man auch, dass eine wesentliche Form der Störung des Kontakts darin liegt, Offensichtliches geflissentlich zu übersehen. Das Bewusstsein entscheidet als Pförtner seiner selbst, was von außen nach innen und was von innen nach außen seine Grenze passieren darf. Indem es dies im Kontakt zur Umwelt entscheidet, bestimmt das Bewusstsein darüber mit, wer es heute ist und wer es später einmal sein wird.

---

[123] Computer tun oft etwas anderes als das, was man von ihnen erwartet. Dies ist allerdings kaum Ausdruck einer systeminternen Renitenz ihrer Subjektivität. Eher ist an einen jener technischen Mängel denken, die der Computerexperte mit an Sicherheit grenzender Wahrscheinlichkeit ausschließen konnte.

1.2. Die Spannung im Stoff und die Verstimmung des Hologramms

Eine klare Trennlinie zwischen der materiellen Struktur und den psychischen Phänomenen ist nicht erkennbar. Die biochemische Physiologie im komplexen Organismus und der jeweils aktualisierte affektiv-kognitive Modus der Psyche stehen in ganzheitlicher Resonanz.

Das Bewusstsein ist ein raumzeitliches Interferenzmuster vibrierender Kognitionen, die im korpuskulären Aspekt der Materie Halt finden, und das in den Wellencharakter der Materie nahtlos einfließt. So befindet sich die Singularität des bewussten Subjekts gegenüber und außerhalb der Korpuskularität des Stoffes, während beider Feldcharakter fließend ineinander übergehen. Das Subjekt ist damit in- und außerhalb des Stoffs und braucht die Geborgenheit des Innen ebenso wie die Freiheit des Draußen. Das Interferenzmuster bildet in sich Hologramme komplexerer Ganzheiten[124], deren Eigenfrequenz auf ihren Ursprung so zurückwirkt, dass tertiäre und quartäre Schwingungen einsetzen, die das System in eine Lawine verwandeln.

Hunger entsteht durch ein selektives chemisches Defizit innerhalb der materiellen Komplexität. Da die Komplexität sich unter Energieverbrauch aufrechterhält und nur so verhindern kann, dass sie von der entropischen Basisströmung der Physik mitgerissen wird, ist sie auf die Zufuhr von Frühstücksbrötchen, Pfannkuchen und Sahnesoßen[125] angewiesen. Mangelt es im System an Energieträgern, entsteht ein Spannungszustand, der einer affektiv besetzten Binnenwahrnehmung mit kognitiver Begleitassoziation entspricht. Die Schwingung des Hologramms tönt hungrig und hohl.

Die Katze, die den Tag im Schatten des Oleanderbuschs verdöst hat, fühlt sich langsam unbehaglich. Sie denkt an die Touristen, deren Fütterungstrieb sie beim abendlichen Verzehr von Calamares frittas und Chuletas al griglio durch einfaches Herumscharwenzeln um die Tische des Ristorante aktivieren kann. Bei Salvatore angekommen, miaut sie so herzerweichend in

---

[124] Gemeint sind Abstraktionen: „Liebe", „Freiheit", „Recht" , „Ich", „Du", ect.
[125] Da fällt mir zum Beispiel 'Gedünsteter Seelachs in Safransahnesoße' ein. Alles was man braucht, ist frischer Lachs, ein paar Flocken Butter, Crème fraiche, weißer Pfeffer, Zitronensaft, Safran, Salz und 2 dcl weißer Chateaux Matoux de la grande Gorge, Jahrgang 93. Die Behauptung, man brauche zu diesem Gericht ausgerechnet den genannten Wein, ist natürlich snobistischer Quatsch. Wer auf den Chateau de la Pipapo angewiesen ist, ist womöglich bloß unfähig, unbefangen zu genießen. Es reicht völlig, wenn man beim Einkauf des Weins dem eigenen Geschmack vertraut und eine Sorte wählt, die echt und klar nach trockenem Weißwein schmeckt. Was man mit den Zutaten letztlich macht, wird sich jeder, der gerne kocht, von selber denken.

reinstem Portignol, dass den Touristinnen unterm gebräunten Dekolleté die Milch einschießt.

Hunger, so kann man jetzt einwenden, ist ein Phänomen, das das Primat der Materie über den Geist belegt. Denn zuerst komme das chemische Defizit und dann erst das nagende Gefühl gefolgt vom Essverhalten. Betrachtet man aber die Legionen der Übergewichtigen, der Fettsüchtigen und Vollschlanken, zweifelt man, ob deren Essverhalten tatsächlich durch einen Mangel an Substraten verursacht wird, oder ob nicht seelische Defizite ganz anderer Art am Werke sind, die dem Körper ein Hungergefühl induzieren, das sich ureigentlich nicht nach chemischen Substraten sehnt. Ein unklarer Geist kann die Materie in die Irre führen.

1.3. Angst, Wut und Adrenalin

Bei Angst und Wut wird noch deutlicher, dass vom Körper zur Psyche keine Einbahnstraße führt. Tauchte vor der Höhle des Neandertalers das drohende Haupt eines Theraptosaurus ferox auf, stimulierte die plötzliche Ankunft des Bildes im Sehzentrum des Menschen die Hirnanhangsdrüse zu hektischer Aktivität. Über eine Kaskade ausgeschiedener Botenstoffe wurden periphere Drüsen angewiesen, im ganzen System Alarm zu schlagen und zwar um so mehr, je mehr der Mensch bis dahin dachte, dass es die Dinosaurier seit Ewigkeiten nicht mehr gab. Die biochemischen Veränderungen im Körper und die Angst oder Wut im Bewusstsein, waren damals - und sind es weiterhin - als einheitliches Phänomen aufzufassen, in dem sich die verschiedenen Dimensionen der Komplexität im Kontakt zu ihrer Umwelt zum Ausdruck bringen.

Gerade wegen dieser Einheitlichkeit des Phänomens setzen Ängste unterschiedlicher Art noch heute körperliche Prozesse in Gang, zum Beispiel Herzklopfen, Muskelzittern und veränderten Atemrhythmus, die der Bekämpfung von Drachen dienlich wären. In der Beschleunigung von Herz- und Atemrhythmus und im Muskelzittern erkennt man leicht, wie der bebende Körper schon `mal das Standgas hochdreht, um dem Drachen, sollte er sich dreist an Weib und Kind vergreifen, blitzschnell an den Hals zu gehen und dem Dreckschwein die verwarzte Kehle durchzubeißen. In der sublimierten Differenziertheit moderner Gesellschaften erscheint die archaische Heftigkeit organismischer Reaktionen in den Situationen des Daseins auf den ersten Blick allerdings oft fehl am Platze. Blutrünstiges Beißen oder kopflose Flucht würden schnell ins gesellschaftliche Abseits führen. Deshalb gilt es heute oft mehr, sich selbst zu beherrschen, als die reale äußere Gefahr, die den Alarm verursacht. Jede Gefahr droht immer von innen und von außen zugleich und häufig weiß man nicht, welche Seite dabei schlimmer ist.

Die Korrelation zwischen strukturierter Materie und seelischem System, die den Organismus in eine psychosomatische Einheit verwebt, wird an der Parallelität kognitiv-affektiver und somato-physiologischer Ereignisse deutlich. Dabei ist nicht zu entscheiden, ob der Körper mit Hilfe des Adrenalins die Psyche für sich einspannt, oder die Psyche mit Hilfe von Angst und Wut den Körper. Bemerkenswert ist jedoch, dass erst das bewusste Ich darüber entscheiden kann, ob das Adrenalin der Angst entspricht, die den bedrohten Neandertaler tief ins Innere der Höhle treibt, oder ob sich die Angst in blanke Wut verwandelt und ihren Impuls nach außen wendet. Erst das Bewusstsein unterscheidet zwischen beiden Seiten der Wirklichkeit und nur durch diese Unterscheidung hat es Macht.

Die hier genannte Definition des Begriffs „Psyche" als Seele diesseits der Ausbildung des Ichs kommt der des Freudschen Es recht nahe. Allerdings klingt das „Es", obwohl es durch ein „das" substantiviert und damit in Freuds Instanzenmodell (Es-Ich-Überich) dem Ich scheinbar gleichgestellt wird, eher sächlich. Fast könnte man sagen 'nebensächlich'. Das Es fungiert in der Psychoanalyse als Sammelbegriff jener animalischen Triebe und Impulse, die das Inventar des Psychischen - im Sinne einer inkohärenten psychomorphen Summe - ausmachen. Erst durch die Ausbildung des Ichs und des Überichs und deren beider mächtigem Zugriff wird es in die Kohärenz einer Psyche überführt. In Freuds Modell ist das Es daher nicht als echte Entität gedacht. Vielmehr benennt das „Es" die seelischen Bodenschätze, mit denen das Ich umzugehen zu lernen hat und deren amorphe Masse es sich letztlich untertan macht, indem es sie in seinem Sinne strukturiert ('Wo Es ist, soll Ich werden.'). Im Gegensatz dazu wird hier das physiologische Regelsystem jedes lebendigen Organismus als „Psyche" bezeichnet und es wird ihm eine seelische Ganzheit zugeschrieben. Freuds Ich verleibt sich das Es einfach ein, während das hiesige Ich der Psyche außerdem begegnet.

1.4. Ethik

Durch die Anerkennung einer echten Subjektivität der animalischen Psyche wird der gesamten belebten Natur prinzipiell ein Anrecht auf jene Wertschätzung des Beseelten zugesprochen, die bei Freud gemäß der Tradition des jüdisch-christlichen Abendlands implizit nur dem Menschen - als dem einzig bekannten Träger des Ichs - zugutekommt. Ist der dem Seelischen gezollte Respekt jedoch an das Ich gebunden, wird die Erfüllung des Prinzips der Ebenbürtigkeit im Ich-und-Du-Kontakt erschwert, da das Ich zu sehr Konkurrenzorgan ist und es den Respekt vor dem anderen stark an messbaren Vorteil und Leistung knüpft.

Das Ich fokussiert partielle Interessen. Durch die Fokussierung wird seine Aufmerksamkeit vom Weitwinkel zum Tele- und zum Nahbereich gezoomt, sodass ihm Kleines manchmal groß vor Augen steht und es sich selbst in der Regel für wichtiger hält, als es dies in Anbetracht seiner Winzigkeit eigentlich sein kann. Die abendländische Betonung des individuellen Ich kann dessen unbefangene Kontaktaufnahme zum Umfeld behindern, weil es dem Ich aus seiner subjektiven Perspektive heraus schwerfällt, einzuschätzen, welche Bedeutung seiner autonomen Macht im Ganzen sinnvoll zusteht.

Obwohl nun die konkrete Psyche das Resultat der phylogenetischen Entwicklung über die Jahrmillionen hinweg ist und sie das Tier, dessen Leben sie im Biotop steuert, im Interesse der Spezies an deren Normen ausrichtet - zumindest bis das Ich aufkommt und das Individuum die Dinge damit willkürlich beeinflussen kann - ist die Regulation der seelischen Abläufe trotz elaborierter Normen nicht starr. Wie das Lenkrad eines Autos pendelt sie um Mittelwerte. So testet die Evolution, welche Abweichung dem Leben in der Zukunft mehr entspricht, als es die überlieferte Norm bis dato tat. Die Grenzlinie, um die das Lenkrad der Psyche dabei pendelt, gibt die zwei grundsätzlichen Ausrichtungen des Daseins vor: Das Dasein wendet sich nach innen und es wendet sich nach außen.

Auch die Entstehung des Ichs ist kein linearer Prozess von winzigen Anfängen bis zur Reife. Sie folgt zunächst fast vollständig den Prinzipien des determinierten Chaos. Der genetisch vermittelte Entwurf eines Keims trifft mit seinen individuellen Ungleichgewichten auf ein konkretes Stück Umwelt und wird durch die Verwirbelung des Aufpralls mehr nach da oder mehr nach dort gelenkt. Deshalb können minimale Unterschiede in den Ausgangsbedingungen über Kaskaden sich potenzierender Kausalverkettungen zu ebenso konträren Entwicklungen führen, wie umgekehrt sehr verschiedene Anfänge zu ganz ähnlichen Endresultaten. In der Praxis gleichen sich die Wirkungen kleiner Impulse[126] meist aus. Daher verläuft das

---

[126] Flügelschläge von Schmetterlingen im Aostatal können zu Sturmfluten in China führen. Die meisten tun es aber nicht, weil ihre Fernwirkung über dem Nahen Osten von den Folgen des Aufblühens namibischer Stachelkakteen von Süden her abgefangen wird. Die meisten Chinesen sind sich bis heute gar nicht bewusst, welchem wehrhaften Verbündeten sie ihre ungestörte Reisernte zu verdanken haben!

Gros der Entwicklungen gedämpft und in zahllosen Nuancen um die Grenzlinie pendelnd und mündet so meist in eine mittlere Bandbreite unverdächtiger Normalität. Diese Normalität kann jedoch, sofern man sich nicht voreilig mit Tütensuppen und Fertignahrung zufrieden gibt, durchaus als „leid-bringend", also als „patho-gen" bezeichnet werden. Große Teile der Normalität gehören folglich in den Bereich der Seelenpathologie.

Wohlgemerkt! Die Entstehung des Ichs folgt *zunächst* den Prinzipien des determinierten Chaos; solange nämlich, bis das Ich sich mehr und mehr selbst reflektiert und es dem multizentrischen Kraftfeld, das seine Entwicklung von außen[127] steuert, einen ins Innere des Selbst zentrierten Willen entgegenstellen kann. Der eigentliche Wille des Selbst ist die Verwirklichung jener Ordnung, die die Struktur der materiellen Außenwelt und die Dynamik der Psyche in der Ordnung eines Wertesystems in Übereinstimmung bringt, das den Unterschied zwischen innen und außen übersteigt. Das Selbst überschreitet die Trennung der Welt von der Psyche. Das Selbst will das Richtige, ohne zu fragen, ob es innerhalb oder außerhalb des Ichs zu finden ist.

Gewarnt wird hier erneut davor, den Geist über die Materie zu setzen. Denn das Wertesystem ist nichts, was sich erhaben über die Stoffe erhebt, sondern was den Stoffen und der Psyche als Potential struktureller Ästhetik und harmonischer Funktion bereits innelegt, was im Geist jedoch erst als die ästhetische Harmonie seiner selbst sichtbar wird. Der Geist wendet sich daher nicht mit dem ethischen System, das er erkämpft, wie mit einer Beute, die er den Stoffen abtrotzt, von eben diesen Stoffen ab, sondern erkennt in den Strukturen der Stoffe das gemeinsame Heil, das all den Trennungen zugrunde liegt.

Das Ich mag zunächst die Partei seines konkreten Körpers sein. Später mag des die Macht usurpieren und den Leib, für den es handelt, mehr im Bündel seiner abstrakten Interessen sehen. Unterhalb all dieser Vorläufigkeiten liegt jedoch das Selbst, das eine stimmige Konsonanz des konkreten Seins mit dem Soll anstrebt. Dieses Soll entsteht aus der Einheit all dessen, was sich als Vielheit begegnet und entspricht der Ordnung, in der sich alles begegnen kann.

Für das Selbst ist das Ich ein Entwurf, der sich an der Frontlinie des Daseins mit dem Bau eines Wertesystems versucht. Verbunden sind Ich und Selbst durch das Gewissen, das den Grad der Übereinstimmung des Ichs mit dem Selbst anzeigt, indem es je nach Lage der Dinge entweder „warm"

---

[127] Die Psyche ist solange außerhalb des Ich, bis das Ich sich über die Begrenzung des Ego hinweg erweitert. Solange das Ich Ego bleibt, wird es von der Psyche ebenso herumgeschubst wie von der störrischen Außenwelt.

oder „kalt" ruft. Wie man weiß, ist das Getöse der Welt oft laut und der Ruf des Gewissen leise, sodass man meint, man wisse gar nicht, wo man nach dem Richtigen suchen könnte. Dann reicht es, das Wenige zu tun, von dem man weiß, das es richtig ist, um dadurch dorthin zu kommen, von wo aus man den nächsten Wegweiser sieht.

So nützlich wie der Imperativ, tatsächlich zu tun, was man als richtig erkennt, ist die Hypothese, dass hinter allem, was jemand tut, letztlich der Impuls zu finden ist, ethisch rein zu handeln. Das gilt selbst dann, wenn die faktische Tat, vom Irrtum verführt vor Hass, Verlogenheit, Missgunst und jedem anderen Laster nur so strotzt und man sehr genau hinsehen muss, bis man den ethischen Anspruch in der Verwerflichkeit erkennt. Selbst der Teufel rebelliert nicht gegen das Gute, sondern dagegen, dass er sich dem Guten unterwerfen soll. Sein Widerstand gegen die Unterwerfung hat ein ethisches Motiv, wenn es sich auch in seine Endlichkeit verirrt. Der Verführung durch den Teufel widersteht daher nicht, wer im Gegensatz zum Bösen gut ist, sondern wer den Teufel an Ethik übertrifft.

Mit einem Ohr lauscht das Ich der Opportunität des Alltags. Mit dem anderen lauscht es dem Ruf nach sich selbst. Im Alltag nutzt es die Gelegenheiten, durch die es sein Selbst in die Wirklichkeit überführt. Je reifer das Ich wird, desto mehr wird es durch eigene Entscheidungen bestimmt, durch die es einerseits in freier Wahl eine innere Stimmigkeit erzeugt und die sich anderseits zwingend aus der Übereinstimmung mit sich selbst ergeben. Je reifer ein Ich wird, desto mehr verursacht es sich selbst.

1.5. Trauma und Freiheit

Für das Problem der Kontaktstörungen folgt aus der These vom determinierten Chaos der anfänglichen Ichentstehung, dass man keine Systematik von Störungsmustern formulieren kann, denen eindeutig unterscheidbare Einzeltraumata zugewiesen werden könnten. Psychopathologien sind nur zu einem geringen Teil als Folgen einzelner schädlicher Ereignisse zu deuten. Schwerer als das einzelne Trauma wiegt das Kommunikationsklima, dem das Ich im Laufe seiner Entstehung ausgesetzt ist und noch schwerer als das Klima selbst wiegen die ungewagten Antworten darauf. Nicht das Ereignis macht in der Regel also seelisch krank, sondern die Tatsache, dass sich der Kranke nicht adäquat auf die pathogene Haltung seiner Umwelt einstellt und dass er die wachsende Verantwortung für sich selbst im zwiespältigen Umfeld nicht übernimmt. Je jünger der seelisch Kranke ist, desto mehr ist er das Opfer seiner pathogenen Umwelt. Je älter er wird, desto mehr verursacht er sein Leiden selbst, indem er sich vor echter Freiheit und echter Bindung drückt.

Die Beschreibung grundsätzlicher pathologischer Kontaktmuster gelingt also eher, wenn man vom Einzeltrauma absieht und statt dessen das Kontaktmuster der Frühkindheit sowie die individuellen Reaktionsweisen darauf betrachtet. Da beim seelisch Leidenden die biographische Korrektur problematischer Prägungen zum großen Teil ausbleibt und er sich in seine untauglichen Abwehrmuster[128] verstrickt, gehen die verschiedenen psychopathologischen Grundmuster, denen man im Kontakt mit ihm begegnet - und die man dabei auch selbst produziert! - zum großen Teil auf misslungene Kontaktsequenzen in der frühen Phase der Ichentstehung[129] zurück. Wohlgemerkt: nur zu einem großen Teil, da man erstens ein beträchtliches Maß an organischen[130] Einflüssen nicht vergessen darf und da zweitens das Ich, sobald man es so nennen will, jenes Maß an willkürlicher Entscheidungsfreiheit hat, mit dem es auch nach der gelungensten Sozialisation - sozusagen aus jugendlichem Leichtsinn heraus - übel in die Irre gehen kann.

Zwischen dem Alter und der Reife eines Ichs gibt es in der Regel eine positive Korrelation. Je reifer ein Ich wird, desto mehr erkennt es den Einfluss seiner eigenen Entscheidungen auf sein weiteres Leben. Je unreifer es bleibt, desto mehr beruft es sich auf äußere Faktoren und lässt Dinge geschehen, ohne sie tatkräftig auf ihre Richtigkeit hin zu überprüfen.[131] Wie

---

[128] Abwehrmechanismen sind Verhaltensmuster, mit denen verhindert werden soll, dass sich schmerzhafte Erfahrungen im Kontakt mit anderen wiederholen. Stets handelt es sich dabei um Vermeidungsstrategien, die schädliche Nebenwirkungen auf die soziale Einbindung haben. Das aktuelle Leid resultiert daher nur bedingt aus dem vergangenen Trauma. Unmittelbar ist es Folge seelischer Fehlhaltungen, die der aktuellen Lebenssituation nicht angemessen sind, weil sie in der Vergangenheit hängen bleiben.

[129] Obwohl die Ichentstehung nur als Prozess gedacht werden kann, der ein Leben lang nicht zu Ende geht, ist anzunehmen, dass Einflüsse, die in der frühesten Phase des Prozesses wirksam werden im Durchschnitt den größten Einfluss haben - so wie bei einem Konto der Effekt von Zins und Zinseszins dazu führen kann, dass die erste angelegte Mark womöglich mehr Ertrag bringt als die letzten tausend. Für das Verständnis eines Menschen ist daher die Betrachtung der frühkindlichen Lebensumstände, manchmal bis in die pränatalen Phase, unerlässlich.

[130] Organische Einflüsse lassen sich zum Teil als Folge familiengeschichtlicher, menschheitsgeschichtlicher und prähistorischer Konstellationen identifizieren. Die Lebensbedingungen der Urhorde strahlen bis in die heutige Seele hinein und selbst die Lehren, die das erste Bazillus aus schmatzenden Sümpfen zog, hat das Unbewusste nicht vergessen.

[131] Was das unreife Ich keineswegs davon abhält, über das tatsächlich Unrichtige genauso lebhaft zu klagen, wie über das vermeintliche. So manchen Missstand erkennt das unreife Ich

viel an gesunder Kontaktpartnerschaft ein Ich seinem Du einmal anbieten kann, hängt im Wesentlichen davon ab, von wie viel Kontaktpathologie es geprägt wurde und in wie weit es im Laufe seiner Entwicklung die Verantwortung für sich selbst übernimmt, um damit für seine Haltung im Bezug zum anderen selbst einzustehen.

Ichs sind, obwohl Horte der freien Willkürentscheidungen, keine beliebigen Konstrukte. Da sie ein Resultat der Selektion biologischer Systeme sind, die nur Überleben lässt, was sich mit den bestimmenden Kräften der kosmischen Matrix verträgt, bleiben Ichs trotz ihrer Freiheit jener Matrix verpflichtet, deren abstrakten Aspekt man „die Wahrheit" nennt. Ichs, so wurde weiter oben ausgeführt, sind dieser Wahrheit nicht nur wie Knechte ihrem Herren untergeben, sodass ihnen bei Ungehorsam von außen eine Strafe droht, sondern, da Ichs reine Abstraktionen sind, ist Wahrheit als ihr eigentliches Wesen quasi ihre virtuelle Grundsubstanz. So kann sich ein Ich zwar dank seiner Freiheit von jeder Wahrheit abwenden, jedoch nie ohne dass es damit gegen sich selbst verstößt und niemals weiter, als bis es an seinem Irrtum zerbricht.[132]

Zum Wesen der Wahrheit gehört, dass sie und jedes ihrer Teile ihrem Ideal entspricht. So wird auch das Ich seinem Wesen nur als ein Du gerecht, wenn es prinzipiell mit einem anderen Ich im "reinen" Kontakt sein kann. Kann es das nicht, weil es nicht weiß, wie es geht oder weil es sich zu sehr davor fürchtet, entsteht im Ich eine Verstimmung, die ihm den Abstand von seinem wahren Sein anzeigt. Das Ich spürt die Angst, in seiner Existenz zu misslingen, die Schuld, die es begleichen müsste, um es selbst zu sein und die Scham, dass es sich selbst nicht genügt. Diese drei Gefühle sind die Grundmotive sowohl der Gewissenhaftigkeit als auch die Dornen im Fleisch derer, die sie, statt sich davon zu mehr Wahrhaftigkeit anstacheln zu lassen, durch das Bindegewebe psychopathologischer Abwehrmaßnahmen zu ummänteln versuchen.

Die tiefste Ebene, das primäre Motiv der Kontaktstörungen und aller psychischen Symptome, die daraus resultieren, ist dabei die Angst. Es ist die Angst des keimenden Ichs, dass es im Kontakt durch den anderen nicht gefördert, sondern im Gegenteil dazu bedroht, zurückgewiesen, missbraucht

---

recht gut. Allein, nur allzu oft fehlt ihm der erfrischende Gedanke, dass es seine eigene Aufgabe ist, dem erkannten Missstand abzuhelfen.

[132] So kann Otto Mustermann im Wahn seinen erstaunten Zuhörern zwar sagen, er sei Napoleon Bonaparte und erwarte die Zwillinge Castor und Pollux als Leibesfrüchte seiner geliebten Josefine, das wahre Ich Mustermanns kommt bei derart symbolischer Kommunikation aber nicht recht zum Zuge.

oder gar an seiner Verwirklichung gezielt gehindert wird. Diese primäre Angst, dass nämlich selbst die nächsten Mitmenschen, und oft gerade sie, abweisend, feindselig oder rücksichtslos vereinnahmend sein können, wird durch Erfahrungen genährt, die kaum jemandem erspart bleiben und die viele so früh und so hart trifft, dass sie ein Leben lang nicht mehr vertrauen. So sieht das Ich sich in dem Dilemma gefangen, ausgerechnet das zur Konstitution seines eigentlichen Wesens zu brauchen, was ihm anscheinend schadet: den Kontakt, als das Eingangstor fremder Feindseligkeit in die eigene Psyche. Wie das Männchen einer Spinne, das, wenn es in seinen Genen überleben will, sich einem Weibchen nähern muss, welches ihn nur allzu gerne als Beutetier verspeist, ersinnt das verängstigte Ich komplexe Rituale, um die Gefahr des Kontakts zu bannen. Da das Ich vom Ich-und-Du-Kontakt mehr abhängt, als von einem Spielfeld - auf das man sich begeben kann, wenn man Lust hat oder eben nicht -, sondern da es zur Konstitution der eigenen Existenz des Du bedarf und der Kontakt zum Du zu seiner Substanz gehört, muss es Kontakte suchen, um seine eigene Struktur zu finden.

Der Zweifel am Selbstwert geht mit der Kontaktstörung Hand in Hand. Das ungeliebte Kind, dessen Eltern es misslingt, es herzlich im Leben zu empfangen, denkt: Wenn ich hier nicht empfangen werde, ist an mir wohl etwas nicht in Ordnung. Das ist eine psychologische Erklärung des Selbstwertzweifels.

Ontologisch gedacht geht es auch so: Dem Ich wohnt der Kontakt zum Du als Existenzbedingung inne. Daher ist auch die *Er-innerung* misslungener Kontakte, die mit dem Bild des Schlechten assoziiert sind, statt die Kriterien des „reinen" Kontakts und damit des heilen Selbstwertgefühles zu erreichen, Strukturbildner des Ichs. Je mehr missratene Kontakte jemand erlebt, ohne dass es ihm gelingt, sich aus ihrem Missstand aktiv zu befreien, desto mehr besteht er aus ihrem Echo. Und da er spürt, wie sehr der Klang in ihm verstimmt ist, weiß er, dass in seinem Leben etwas falsch läuft. Er spürt, dass es in ihm etwas gibt, was es nicht wert ist, dem Wahren zu begegnen.

Das neurotische Ich versucht die Gefährlichkeit der Kontakte durch seine Manöver zu vermindern und zahlt dafür den Preis, dass es die Chancen des Kontakts nicht unbefangen nützen kann. Sein Kontakt zur Umwelt ist verbogen.

Das psychotische Ich[133], hat so viel Angst, dass es den Kontakt zu den Du´s fast ganz vermeidet. Es nimmt damit in Kauf, auf sich selbst als eine strukturierte Gestalt zu verzichten, denn die klare Struktur des Ichs entsteht nur in der ebenso klaren Angrenzung zum Du. Das psychotische Ich kommuniziert so, dass niemand es versteht und der einzige Partner ist ihm seine Phantasie. Sein Kontakt zur Umwelt ist zerbrochen. Es führt ein Unverstandensein herbei, weil es das Verstandensein bereits als Invasion befürchtet.

So ist der Auslöser aller Psychopathologien auf einer grundsätzlichen Ebene immer Angst. Es ist die Angst davor, im Kontakt unverhohlen zum eigenen Stück Wahrheit zu stehen und dem, was in ihm ist, sichtbaren Ausdruck zu verschaffen.

2. Große Plätze und enge Räume

2.1. Spuren der Angst

Durch eine aufsehenerregende Studie haben Brashley und Kingston jüngst herausgefunden, dass Klaus Mustermann schon einmal gelebt hat. Durch die C-14-Methode, einen Vergleich des Schädelinhaltes von Mustermann mit dem Segment 7 von Simbalesi sowie Fingerabdrücken auf einem mit Schnitzereien verzierten Rentierknochen konnten sie nachweisen, dass Mustermann 633064 vor Christus als Pavianjunge am Ufer des Nakurusees im südlichen Riftgraben zur Welt kam. Tierpsychologischerseits fiel außerdem auf, dass Mustermann in den Verzierungen des Rentierknochens sublimativ seine beiden Grundängste zum Ausdruck gebracht hat. Diesen glücklichen Zufällen verdanken wir es, dass wir heute die ursprüngliche Dualität der menschlichen Angst ohne Mühe verstehen.

Mustermann wurde am Nakurusees nämlich mitten in eine Horde anderer Paviane hineingeboren und war besonders am Beginn seines kurzen Lebens noch recht hilflos. So wäre es für Mustermann fatal gewesen, wenn er den Anschluss an seine Horde verloren hätte. Schutzlos wäre er den Löwen zum Opfer gefallen, die den Geburtsvorgang vom Schatten einer nahen Akazie aus neugierig beobachteten. Als Mustermann in die Astgabel fiel, die sich seine Mutter als Kindbett ausgesucht hatte, zog ihm sofort der bedrohliche Gestank blutgeiler Großkatzen in die Nase. Instinktiv klammerte sich

---

[133]Das man eigentlich in Anführungszeichen setzen müsste...

Mustermann am Fell seiner Mutter fest und auch später, als er sich hinlänglich mit den Gefahren des Lebens vertraut gemacht hatte, entfernte er sich niemals weiter von seiner Mutter, als es der soziale Horizont der mütterlichen Horde vorgab.

Innerhalb der Horde ging es rau zu. Schon im Kindergartenalter musste sich Mustermann mit anderen Pavianjungen prügeln und trotz mutigen Einsatzes schaffte er es nie, mehr als eine mittlere Rangposition zu erobern. So kam es, dass sich Mustermann oft unterordnen musste, was ihn dazu bewog, ein teilweise in der eigenen Seele verborgenes Dasein zu führen, wo er seine unerfüllte Sehnsucht nach einem freieren Leben hinter dem verebbenden Schutzwall seiner Schamgefühle für spätere Zeiten aufhob. Am meisten litt er unter Bonzo, der seinen Ärger, innerhalb der Horde bloß ewiger Zweiter zu sein, wahllos an den schwächeren Artgenossen ausließ. Nur dem Rentierknochen, den man Jahrhunderttausende später im kalten Grab einer Skythenprinzessin fand, vertraute Mustermann als Botschaft für seine Enkel an, was ihn zum Verbleib an der unpassenden Stelle in der Affenhorde bewog.

Wenn Mustermann nämlich darüber nachsann, jenseits der Horde seine eigenen Wege zu gehen und Bonzo sich selbst und Pascha Khans Alphatyrannei zu überlassen, zog sich, kaum hatte er seinen tapferen Schritt beschlossen, sein Herz beim Gedanken an all das Raubzeug unter den Akazien wie ein verlassenes Kitz im Gras zusammen. Die Angst, die in ihm aufkam, trieb ihn zur Flucht in eine Enge, in der ihn die Tatzen der Löwen nicht erreichen konnten. Vom geistigen Ausflug ins Land der Freiheit zurück und in der Enge, die ihn schützte, wieder angekommen, sah er Bonzo, der hinter Pascha Khans Rücken mit Cheeta scherzte, ausgerechnet mit der Cheeta, die Mustermann kurz vor seiner Flucht in die Freiheit im Geiste schon mitten aus der tobenden Horde herausgeraubt hatte und mit der er sich bei Mondschein ganze Affenhorden und eine Zukunftsmenschheit zeugen sah. Da packte ihn die blanke Wut und ballte sich im Bauch zu einer Faust zusammen. Doch als Bonzo sich beim Scherzen mit Cheeta zu seiner vollen Höhe streckte und er Mustermann drohend in die Augen sah, verwandelte sich die Wut im Bauch in eine Faust, die Mustermanns Affenherz auf die Größe einer Opportunität zusammenquetschte. Da griff Mustermann nach dem Stück Rentierknochen, beschrieb seine beiden Ängste und wie er sich mit der Einsicht zu trösten versuchte, dass es die Angst auf der Welt wohl geben müsse, um das Ich aus der Oberfläche vorläufiger Wünsche in die Tiefe seiner selbst zu treiben.

2.2. Agoraphobie

„Agoraphobie" heißt auf deutsch „Platzangst". Das Wort „Platz" entstammt ursprünglich der griechischen Wurzel „platys = platt, breit". Plätze sind verbreiterte Straßen, auf denen man sieht und gesehen wird.

Mit dem Wort „agora" bezeichnete Sokrates den Markplatz, auf dem er tagsüber hochaufgerichtet seine verschatteten Zeitgenossen empfing und ihnen mit bohrenden Fragen geistige Geburtshilfe angedeihen ließ und auf dem er, wenn ihm vorerst nichts Hochgeistiges mehr einfiel, Auberginen für die abendliche Moussaka und ein Quäntchen Ouzo erstand, weil der ihm Gelassenheit für den Moment verlieh, in dem er vom Philosophieren heimkam und die Auberginen seiner Frau Xanthippe in die Küche brachte.

„Phobie" kommt von „phobos", was vom Klang her schon wieder griechisch klingt und mit „Angst" zu übersetzen ist. Wenn Xanthippe ihrer zänkischen Unzufriedenheit freien Lauf ließ, konnte das einem arglosen Passanten einen gehörigen Schrecken einjagen, weswegen Sokrates´ Zeitgenossen den unbeugsamen Philosophen zunächst nicht vergifteten, da seine zügellose Freigeisterei lange Zeit als durch Xanthippes Existenz hinlänglich bestraft angesehen wurde.

Das Wort „Angst" wiederum wurzelt in lateinischen „angustus = eng". Wenn man es buchstabengetreu bedenkt ist die „Platzangst" also eine „Plattenge" und man fragt zu Recht, was der Begriff aussagen will.

Wer Platzangst hat, bekommt die Angst in dem Moment, in dem er sich weithin sichtbar auf einem freien Platz befindet; so wie Sokrates, der auf der Agora jedoch stehen bleibt und sich eben nicht vor den Zeitgenossen duckt, die ihm einst den Schierlingsbecher reichen werden und so wie Mustermann, der nach der Flucht aus dem Herrschaftsbereich Pascha Khans und seiner Büttel sich von der eigenen Courage tief erschüttert auf der freien Savanne wiederfindet, wo ihn jeder Löwe im Umkreis von tausend Metern sofort sieht. Für die Löwen sind die tausend Meter bis zu Mustermann bloß ein Katzensprung, während der nächste Baum in dessen Augen um so weiter weg entschwindet, desto mehr die Angst vor den stinkenden Bestien aus dem platten Boden steigt. Mustermann würde am liebsten in die Muttererde unter seinen Füßen abtauchen, damit er nirgends mehr ins gefährliche Dasein ragt. Da sich der Erde Schoß Mustermanns Ansinnen jedoch verschließt, ist die Platzangst dessen Impuls, sich auf der Flucht vor der gefürchteten Sichtbarkeit wenigstens platt auf den Boden zu werfen und sich wie ein zerbrechliches Rehkitz unbeweglich hinter ein Grasbüschel zu kauern, damit er auf keinen Fall mehr auffällt.

Jahrhunderttausende nachdem sich Cheetas und Mustermanns Blicke zum Abschied für immer ein letztes Mal kreuzten, Jahrhunderttausende nachdem Bonzo triumphierend zu Mustermann herübersah, während er mit gierigem Grapschen Cheetas Anmut unter seine Geilheit zwang und ebenso lange nachdem Mustermann den Impuls, sich vor der Gefahr zu ducken, für den er sich vor Cheeta bitter schämte, auf dem besagten Rentierknochen der Nachwelt beschrieben hatte, suchen heutzutage viele Menschen einen Therapeuten, weil sie beim Verlassen des Hauses und dem Betreten freier Plätze wie aus heiterem Himmel von der Angst befallen werden, sie könnten vor aller Augen den Boden unter den Füßen verlieren und ohnmächtig schwindelnd hinstürzen. Aus der ursprünglichen Angst, die dazu riet, sich duckend aus dem Blickfeld der Löwen in Deckung zu bringen, ist heute die Angst geworden, der archaische Impuls könne durchbrechen und den Ängstlichen wehrlos einer Menschenmenge vor die Füße werfen, die zu Recht den aufrechten Gang der Selbstachtung fordert und die den, dem das Malheur des Fallens passiert, aus der solidarischen Gemeinschaft verächtlich ausstößt. Wer Platzangst hat, droht zu fallen, weil er auf keinen Fall auffallen will und er riskiert ausgerechnet dadurch besonders aufzufallen. So fällt er in eine Spirale der Angst und fürchtet sich vor einer Gefahr, die er nicht so einfach wie Mustermann beschreiben kann, weil die Gefahr, die dem, der sich aufrichtet heute droht, abstrakter ist und sich nicht unmissverständlich wie ein hungriger Löwe oder ein machtgeiler Pavian als konkreter Feind zu erkennen gibt.

Dabei hat der Ängstliche schon vorher arge Zweifel, ob die Muttererde, deren schützendem Schoß er entgegenfällt, ihn überhaupt haben will und ob er, weil man ihn von Kindesbeinen an nicht so richtig annahm, nicht sowieso auf freien Plätzen schon größerer Gefahr und Feindseligkeit ausgesetzt ist, als das menschliche Maß es problemlos toleriert. Wer nämlich als Kind nicht bei einer Mutter verlässliche Zuflucht fand, dem schwindet im späteren Leben, wenn er allein stehen und die Savanne nur vom eigenen Mut beschützt überqueren soll, leicht das Vertrauen in den eigenen Stand.

Platzangst ist eine Angst, in der der Mensch nach jener Enge sucht, in der er sich verbergen kann. Sie lässt den Ausgesetzten, der schutzlos ins Dasein ragt, in die Enge flüchten. Die Gefahr, die dem Menschen von draußen droht und die ihn in den Schutz der Enge flüchten lässt, geht heute allerdings kaum von Löwen aus. Der Raum in dem die eigentliche Angst entsteht, ist auch nicht mehr die platte Ebene einer geographischen Savanne, sondern das weite Feld der Bewährung zwischen Gemeinschaft und Freiheit, auf dem der Mensch die Synthese seiner widersprüchlichen Impulse versucht: die Synthese des Wunsches nach Zugehörigkeit und dem nach Autonomie.

Was sich in der Panik des Agoraphobikers beim Verlassen schützender Objekte symbolisch zeigt, ist somit eine der zwei grundsätzlichen Ängste, die den einzelnen Menschen von je her im Umgang mit seiner Gemeinschaft und dem Faktum der individuellen Existenz plagen.

Betrachtet man die Motive des Agoraphobikers genauer, erkennt man, dass er meist nicht einfach nur feiger als jemand anderes ist. Vielmehr neigt der Agoraphobiker dazu, die tatsächliche Quelle seiner Angst zu verkennen und sie auf ein Terrain zu verschieben, nämlich den Platz als simple Topographie, auf ein Terrain also, das heute als symbolisch aufzufassen ist und das gleichzeitig dem archaischen Ursprung des seelischen Themas entspricht[134]. Die eigentliche Quelle der Angst ist das Unvermögen des Agoraphobikers zu echtem Kontakt und seine Unsicherheit beim Eintreten für das, wofür er steht. Der eigentliche Platz vor dem er sich fürchtet, ist der freie Stand im Blickfeld der anderen. Die Weite, die ihn ängstigt ist der Abstand, der ihn für sich und die anderen eindeutig erkennbar macht.

---

[134]Die Vergangenheit und die Gegenwart ist nicht nur durch die Kontinuität einer zeitlichen Entwicklung miteinander verbunden, sondern das Vergehende ist immer auch das Symbol dessen, was wird. Das Wort „Symbol" entstammt dem griechischen Verb „sym-ballein = zusammenwerfen" und beschrieb ursprünglich das Erkennungszeichen Verbündeter, das sich aus den Bruchstücken eines Ganzen zusammensetzt - z.B. eines zerbrochenen Medaillons - und das durch das Zusammenpassen der Teile die Zusammengehörigkeit der Verbündeten zu einer transpersonalen Einheit ausweist. Das Symbol weist auf eine Einheit hin, die es selbst an Komplexität weit übertrifft.

Daher ist die Zeit nicht nur eine physikalische Dimension, sondern sie besteht aus der fortschreitenden Konkretion der Wirklichkeit und die Wirklichkeit ist nichts, was gleichwertig war, ist und sein wird, sondern dessen Intensität sich zunehmend aufbaut. Die Wirklichkeit entstand nicht plötzlich und ist seitdem mit wechselnden Inhalten einfach da, sondern sie blendet seit dem Beginn der Zeiten über dem Wechsel der Inhalte langsam auf. Die Welt wird wirklicher, indem sie die symbolischen Verheißungen der Vergangenheit in komplexe Konkretionen übersetzt und indem sie sich zuletzt selbst versteht. Mustermanns Lebenswelt stand also symbolisch für das, was kommen wird und kann als Metapher der Menschenseele verstanden werden.

Denkt man den Prozess zu Ende, kommt man zu einem Zustand maximaler Intensität, die alles an Wirklichkeit übertrifft und die den weltlichen Kosmos, der ihr zugrunde liegt als das Symbol ihrer Einheit entschlüsselt. Da diese Einheit selbst auf nichts höheres mehr hinweist, ist sie reine Präsenz ohne Vergänglichkeit. In der Welt sieht Gott, *wie* alles in ihm zusammengehört.

2.3. Klaustrophobie

Wenn von zwei polaren Ängsten die Rede ist und die erste als eine Angst beschrieben wurde, die vor dem gefährlichen Einstehen-für-sich-selbst besteht, dann lässt sich der Gegenpol leicht in der schützenden Enge vermuten, in die man einst hineingeboren wurde und in die man sich vor dem Sturmwind der Freiheit rettet, sobald es draußen heftig bläst. Während der Angstimpuls in der Savanne dahin treibt, zu taumeln und in die Enge zurückzustürzen, aus der man kam, ist der Charakter der Angst vor der Enge von anderer Art. Klaustrophobe Ängste sind erstickte Wut.

Als Mustermann sich dem Schutz seiner Gruppe unterordnete und des Schutzes wegen schmerzliche Beschneidung hinnahm, bäumte sich in seinem Inneren der Impuls zur Freiheit auf, doch da der Impuls Mustermann dazu zwingen wollte, Bonzo heldenhaft anzugreifen und nur mit Bonzos Oberschenkelknochen bewaffnet sämtliche Löwen des Riftgrabens in die brodelnde Lava des Vulkans Longonot zu prügeln, wog Mustermanns Verstand die Durchführbarkeit des Vorschlags kritisch ab und kam zu dem Entschluss, dass man vor solch wütenden Impulsen mehr Angst haben sollte, als vor der Kastration.

Daher liegt unter der klaustrophoben Angst eine erstickte Wut und Klaustrophobiker fürchten folglich, sie bekämen in engen Räumen keine Luft, sie müssten unter der Dusche ersticken oder würden im überfüllten Kaufhaus von den Massen enthemmter Schnäppchenjäger erdrückt. Außerdem sitzen sie im Hörsaal immer an der Tür, weil sie glauben, es fehle ihnen im Ernstfall die Entschlossenheit, sich durch die Mauer der Kommilitonen einen Weg zu bahnen und den zumindest vordergründig kolossalen Schutz des anonymen Auditoriums zu verlassen, in dem alle schweigend darauf hören, was der große Meister sagt.

Auch bei der klaustrophoben Angst ist der Lift, die Nasszelle, die Schlange an der Kaufhauskasse und die zusammengepferchte Masse Mensch im Hörsaal nur ein symbolischer Auslöser des ursprünglichen Wutgefühls, das beengende Ketten sprengen will und das sich dann im Klaustrum mangelnder Ent-schlossen-heit in Angst verwandelt. Die Wut des Klaustrophoben explodiert nach innen und nichts als ein paar Schweißperlen wird durch das Schweigen hindurch nach außen gepresst.

Das eigentliche Problem des Klaustrophoben liegt aber nicht im Lift, sondern in der beängstigenden Struktur seiner sozialen Beziehungen, in deren zwiespältigen Schutz er sich distanzlos verklammert. Durch das Klammern in eine unangemessene Nähe muss er auf der Platz verzichten, in dem er seinem Wunsch nach autonomer Entfaltung gemäß expandieren könnte. Weil er seine Expansivität im konkreten Ich-und-Du-Kontakt verleugnet, überfällt ihn das Gefühl zu ersticken oder stecken zu bleiben anderswo, nämlich dort, wo die Beengung durch Strukturen geschieht, deren Loyalität und beschützende Freundlichkeit man durch impulsives Nachdraußendrängen nicht zu irritieren riskiert. Wer einem Lift oder dem Hörsaal zum fünften Male schweißgebadet entflieht, braucht nicht zu fürchten, dass diese Räume ihm nicht mehr offen stehen, sobald er ein sechstes Mal doch wieder hinein will. Anders könnte das aber sein, wenn man mächtige Eltern oder einen schützenden Partner mit dem Hinweis verlässt, sie stünden der persönlichen Entfaltung des Flüchtlings im Wege. Nach einer Reihe merkwürdiger Fluchten, von denen man reumütig zurückkehrt, könnte es sein, dass sich hier die Türen für immer verschließen, weil die Beschützer für ihren Schutz eine konstante Loyalität verlangen.

Ein weiterer Grund, warum der Klaustrophobe seine Angst nicht in der Situation empfindet, in der die Quelle der Angst tatsächlich entspringt - nämlich in seinen allernächsten persönlichen Beziehungen - und warum er die Empfindung des Problems in die Peripherie verschiebt, liegt darin, dass seine Wut über die Enge vom bestechenden Gefühl der Sicherheit überdeckt wird, das die verengte Beziehung tatsächlich erzeugt. Weder der Lift, noch der Stau vor der Ampel oder am Ausgang des Hörsaals bieten aber wirklich jene Sicherheit des überengen Sozialkontakts, die die Wut über die Beengung ganz zum Schweigen bringt, sodass dort hauptsächlich die Beengung überwiegt und das Symptom zum Ausbruch kommt.

2.4. Introversion und Verwirbelung

Seit Mustermann tot ist und seit selbst die Skythenprinzessin starb, in deren Grab Mustermanns Rentierknochen nach einer bisher unaufgeklärten Odyssee durch die Jahrhunderttausende entdeckt wurde, hat sich die Welt verändert. Besonders die Bedrohung durch freilaufende Löwen und Wölfe hat nachgelassen. Nach dem, was man über die Zeit als Entschlüsselung vergangener Symbolik zu hören bekam, braucht man aber nicht zu fürchten, die Erfahrungen, die das Menschengeschlecht im Laufe der Jahrtausende des Mio-, Plio- und Pleistozäns - und wie die Äonen alle heißen mögen - mit den Löwen gemacht hat, seien alle für die Katz. Nein, das sind sie nicht. Es ist bloß so, dass die Steppen, Savannen und wechselwarmen Urwälder der Neuzeit nicht mehr geographisch zu durchmessen sind, sondern soziographisch. Die hauptsächliche Lebenswelt des Menschen ist heute das soziale Interaktionsfeld zwischen den Mitgliedern der Gemeinschaft. So kommt es, dass die Löwen und Wölfe, die heutige Mustermänner bedrohen, sobald sie sich aus den maushohen Bodenwellen erheben, in die sie sich ducken könnten, abstrakter sind, als das Getier der freien Wildbahn, dessen Leben sich somit einmal mehr als allegorische[135] Inszenierung komplexerer Wahrheiten erweist. Die Komplexität des irdischen Biotops hat sich seit den Tagen der Wollnashörner und Höhlenbären nach innen gewendet. Während die Biosphäre jenseits des Menschen verarmt, nimmt die Komplexität im Binnenraum der menschlichen Kultur stetig zu.

Parallel zur anthropozentrischen Introversion[136] der Biosphäre hat sich auch die Agora des menschlichen Daseins nach innen verschoben. Während das Draußen Mustermanns noch jenseits seiner Horde lag, liegt das Draußen der Bewährung und des Einstehens-für-sich-selbst heute innerhalb der sozialen Interaktion. Die Bewährung Mustermanns bestand darin, dass er seinen Körper selbständig gegen eine artfremde Gefahr verteidigte, während das Ich seit Sokrates seine Autonomie vornehmlich gegenüber einer vereinnahmenden Gemeinschaft behauptet, die ihren Schutz dem zu entziehen droht, der innerhalb der Schutzgemeinschaft neue Wege gehen will.

Weil die Weite des Menschseins somit in besonderer Weise im Gehege der Gemeinschaft stattfindet, treten agoraphobe und klaustrophobe Ängste meistens in vielfältigen Vermischungen und Verwirbelungen auf, und die eine Form legt den Grundstein der anderen. Da die primäre Beziehungsstruktur des Menschen dialogisch ist und da jeder der beiden Dialogpartner die zwei grundsätzlichen Impulse ausbalancieren muss, variieren alle Begegnungen vier polare Motive: Zugehörigkeit und Annahme, Selbständigkeit und Pluralität, Vereinnahmung und Unterwerfung, Ausgrenzung und Einsamkeit.

Den grundsätzlichen Ängsten, nämlich der vor dem Drinnen und der vor dem Draußen entsprechen zwei grundsätzliche Muster der Kontaktvermeidung. Das eine Muster hebt den Ängstlichen im Kontakt durch eine

---

[135] „Allegorie" heißt eigentlich das „Anderssagen". Der Begriff meint, dass eine abstrakte Vorstellung durch ein konkretes Bild dargestellt wird. Das Leben des Pavians in der Löwensteppe weist wie das unsere im Spannungsfeld zwischenmenschlicher Beziehungen auf eine bedingungslose Wahrheit hin.

[136] So ein paar Fremdwörter machen schon etwas her! Beiläufig eingestreut vermitteln sie den Eindruck wissenschaftlicher Ernsthaftigkeit. Die Imponibilität des Textes steigt und der Geist so manchen Lesers extravertiert zu verstärkter Rezeptivität. Noch besser wirkt es, wenn man außerdem darauf hinweist, dass die „anthropozentrische Introversion" hier im Sinne *Sedanskis* verstanden wird, weil das Konzept *Proppels* in der Hermeneutik eines psaphatischen Enkekalymmenos steckenbleibt; was das auch immer heißen mag.

stereotype Betonung autonomer Positionen über den Partner hinaus oder es hält den Partner zumindest auf Distanz. Das andere Muster tut das Gegenteil. Der Ängstliche macht sich klein, damit er in den Partner passt. Das Gemeinsame beider Muster liegt darin, dass ein vollwertiger Kontakt zwischen ebenbürtigen Partnern nicht zustande kommt und - da Kontakt das Reagenzglas der psychosozialen Prozesse ist - sich die seelische Entwicklung verlangsamt.

VII. Die „Technik" der transparenten Therapie

Die bisherigen Aussagen über den Kontakt in der Psychotherapie waren im Text beiläufig eingestreut. Sie blieben dem allgemeinen Interesse am Titel des Buches verpflichtet. So könnte eines der vorigen Kapitel auch mit dem Satz beginnen: 'Die Psychotherapie kann zum Thema „Kontakt" eine ganze Reihe bemerkenswerter Beiträge liefern....' - was allerdings wie der Ausschreibungstext für ein Seminar an der Volkshochschule geklungen hätte.

Jetzt soll der Ansatz umgedreht werden. Jetzt geht es weniger darum, neue Erkenntnisse über den Kontakt zu suchen, als vielmehr die gewonnenen Erkenntnisse zur Definition einer konkreten therapeutischen Grundhaltung zu verwerten. Diese Grundhaltung orientiert sich explizit am Credo, dass die Einhaltung der „Kriterien des reinen Kontakts" bei der erfolgreichen Psychotherapie von großer Bedeutung ist.

In der Überschrift wird von "Technik" gesprochen. Doch durch die Anführungszeichen soll der Begriff sogleich als untauglich gekennzeichnet werden; denn das volle Potential an therapeutischer Wirksamkeit wird gerade dann verfehlt, wenn die Grundhaltung des Therapeuten zu einer bloß professionellen Technik verkommt - eine Gefahr, vor der nur jene Therapeuten leidlich gefeit sind, deren Berufswahl tatsächlich ihrer Berufung entspricht. Dann nämlich erreicht der Begriff seinen wirklichen Sinn und die Professionalität entfaltet, obwohl sie auch profan dem Gelderwerb dient, ihre volle Wirkung.

Mehr als der Begriff „Technik" trifft der der „Grundhaltung" das, worum es hier geht. Als Grundhaltung soll jenes Verhaltensrepertoire gelten, das als gemeinsame Basis alle fruchtbaren therapeutischen Beziehungen prägt und somit die Grundlage der individuellen Variationen bildet. Gemäß der These, dass Psychopathologien[137], also „Seelenleiden", die überhaupt eine elaborierte Therapie erfordern, nur im Kontext missratener Ich-und-Du-Kontakte vorkommen, bleibt die Richtlinie der therapeutischen Grundhaltung auf das Ziel des verwirklichten „reinen Kontakts" ausgerichtet. An seinen Kriterien hat sich das Therapeutenverhalten zu messen - doch das wurde bereits gesagt!

---

[137] Nota bene I: mit Ausnahme aller organischen Psychosen, sowie der endogenen, sofern sich einst herausstellen wird, dass auch sie eigentlich organisch sind.
Nota bene II: Dadurch, dass der psychotische Ausdruck vom psychogenen abgegrenzt wird, soll der Bezug der normalen Psyche zum organisch-substantiellen Aspekt ihres Ursprungs nicht verleugnet werden. Anscheinend liegt das Seelische des Psychotikers jedoch im Organischen gefangen, während sich das Organische des Nichtpsychotikers ins Seelische befreit.

Jetzt ist die Frage vielmehr, wie man das macht und wie die konkreten Grundzüge einer Therapie aussehen, die primär eine Verbesserung des Kontaktvermögens betreibt.

1. Sieben Hypothesen

Bevor der neue Schacht vollends in die trächtige Erde abgeteuft wird, soll das Terrain zunächst durch eine erste Reihe markanter Hypothesen abgesteckt werden. Die Hypothesen ergeben eine übersichtliche Skizze, die in den Abschnitten danach farbig untermalt werden soll; und die trotz aller Farben Skizze bleibt, da sich das große Thema „Therapie" im siebten Kapitel eines kleinen Buchs sowieso nur grob konturieren lässt.

Dass die sieben Hypothesen fast ebenso entwässert klingen, wie das Wort „Hypothese" selbst, wollen wir dabei dem Autor milde nachsehen, versucht er durch die trockene Wortwahl doch bloß der Sache wissenschaftlichen Ernst einzuflößen, den er durch eine allzu blumige Sprache zu verlieren fürchtet. So ist seine Absicht zumindest ehrenwert, wenn man sich auch fragen mag, ob die Verteidigung des wissenschaftlichen Ernstes es wirklich wert ist, ihr so viel an gefälliger Lesbarkeit zu opfern.

1.
Die personifizierte Individualität als spezifisch menschliches Merkmal ruht in der dialogischen Grundstruktur ihres Wesens. Mehr noch: Das Ich ist der personifizierte Schnittpunkt der Beziehungsvektoren des Individuums mit seiner Umwelt. Das Ich findet seinen wesentlichen Sinn im Rahmen seiner vielfältigen Ich-und-Du-Kontakte. Ohne die Begegnung hätte die Individualität keine seelische Substanz. Die isolierte Individualität - unter der Hypothese einer vollständigen Objekt-Subjekt-Spaltung - ist jener besondere Modus des ganzen Ich, der ihm eine Reihe besonderer Erlebnisqualitäten, zum Beispiel die der existenziellen Einsamkeit, die der Autonomie und der Unverbindlichkeit zugänglich macht.

2.
Die Psychopathologie handelt vom seelischen Leiden des Einzelnen. Sie ist auf Grund von dessen dialogischer Grundstruktur immer mit einem Missraten des Ich-und-Du-Kontakts verbunden. Seelisches Leiden und die Beeinträchtigung des Kontaktvermögens schaukeln sich häufig wechselseitig auf. Zeitlich geht das Missraten der Begegnung bei der Entstehung der pathologischen Spirale dem individuellen Leiden in der Regel voraus. Kinder kom-

men nicht neurotisch zur Welt. Sie werden es, wenn es ihnen im Laufe des Lebens nicht gelingt, die pathogenen Beziehungsmuster ihrer Umwelt zu verarbeiten. Psychopathologie ist daher, sofern sie keine organische Ursache hat, zunächst eine Folge gestörter Kontakte und erst dann ihre Ursache. Psychopathologie ist jener Pol des gestörten Menschseins, der dem individualistisch denkenden Beobachter einseitig ins Auge fällt und der vom Standpunkt des naturwissenschaftlichen Vorurteils - das meint, Subjekte ließen sich durch Subjekte objektivieren - am leichtesten zu beschreiben ist.[138] Psychopathologie ist, was der Einzelne von der Störung seiner Bezüge unmittelbar wahrnimmt. Sie ist, womit die Störung der Beziehung auf sich aufmerksam macht.

3.
Da die Spirale des Übels vom gestörten Kontakt ihren Ausgang nimmt, ist dort auch der erfolgversprechendste Ansatzpunkt für heilsame Eingriffe. Primäres Ziel jeder Therapie ist es, die Kontaktfähigkeit des Klienten zu verbessern. Sinnvoller Ansatz bei der therapeutischen Arbeit ist die Analyse des vorliegenden Kontaktverhaltens hinsichtlich seiner dialogischen Qualität und das konsequente Anstreben qualitativ besserer Formen. Diese Aufgabe kann ohne Umschweife angegangen werden. Das seelische Leiden als individuelles Phänomen kann von der Analyse des Kontaktverhaltens aus am wirksamsten erreicht und in den Heilungsprozess miteinbezogen werden.

4.
Drei Kontaktbereiche sind bei der Therapie von besonderem Interesse: Erstens der konkrete Kontakt zwischen Klient und Therapeut. Der Therapeut spricht ausdrücklich darüber, wie er die Art erlebt, in der der Klient ihm begegnet. Neben dem konkreten Kontakt zwischen Therapeut und Klient interessieren dann dessen aktuelle Kontakte zum Umfeld. Und drittens werden die prägenden Kontakte in der Kindheit des Klienten untersucht. Dort sind meist durch eine einfache Exploration nach tiefenpsychologischen Gesichtspunkten grobe Abweichungen zwischen den realen Beziehungsmustern und den im Laufe der Untersuchung herausgearbeiteten

---

[138] Die empirische Psychologie verwechselt aus methodischen Gründen Normalität, also Durchschnittlichkeit, leicht mit Gesundheit. Deshalb übersieht sie, wie groß der Anteil der „Normalen" am Scheitern der Kommunikation mit den „seelisch Kranken" ist. Selbst wenn die Normalität einer Gauß´schen Verteilung folgt, tut das die Gesundheit noch lange nicht. Eine Wissenschaft, die die Normalität als vorgeblich gesunden Standart setzt, wertet die Individualität der Psyche implizit ab.

Kriterien des „reinen Kontakts" festzustellen, die als pathogene Introjekte[139] das Leiden der Gegenwart triggern.

5.
Maßstab für den besonderen therapeutischen Kontakt ist der existenzielle, gesunde Ich-und-Du-Kontakt im Allgemeinen. An dessen Kriterien misst sich das therapeutische Handeln und seine Zielsetzung; zumindest solange der Therapeut jede Verirrung in einen humorlosen Dogmatismus vermeidet.

6.
Die Person des Therapeuten ist ein wichtiges Element im Rahmen der Arbeit am Kontakt. Der Therapeut begegnet dem Klienten nicht wie ein anonymer Experte, sondern als echte Person. Der Verbesserung seiner Kontaktfähigkeit kommt deshalb im Rahmen seiner Qualifizierung eine große Bedeutung zu. Der Therapeut reflektiert und thematisiert ausdrücklich wie er dem Klienten begegnet. Er teilt dem Klienten mit, was in ihm selbst gerade vorgeht. Er erklärt dem Klienten, wie er sich ihm gegenüber verhält - und er sagt, warum er das so tut. Der Therapeut macht sein Kontaktverhalten so transparent wie möglich. Die Transparenz der innerseelischen Vorgänge des Therapeuten während des konkreten Kontakts zum Klienten ist ein wesentliches Element der heilsamen Kommunikation.

7.
Die Arbeit am Kontakt nutzt sowohl tiefenpsychologische als auch verhaltenstherapeutische Ansätze. Diese Form der Psychotherapie beschreibt Kontakte phänomenologisch und erarbeitet begleitend dazu Lösungsansätze. Der Schwerpunkt liegt jedoch auf der Exploration des seelischen Problems, weil darauf vertraut wird, dass ein verbessertes Selbst-Bewusstsein aus der eigenen Dynamik heraus zu adäquateren Verhaltensmustern führen wird. Zur Beschreibung der Probleme benutzt man eine klare Sprache und drastische Bilder, da so die Chance erhöht wird, strukturelle Veränderungen auszulösen.

Vor dem Hintergrund dieser spröden Thesen soll nun die Psychotherapie im Sinne der Heilung des Kontakts als ein Drama in mehreren Akten und vielen Bildern beleuchtet werden. Wegen seiner Komplexität ist das Ganze in Abschnitte aufgeteilt, die das Phänomen „Therapie" aus jeweils anderer

---

[139] Das sind erlernte Muster aus der Vergangenheit, die nicht überprüft wurden und die den situativen Anforderungen der Gegenwart so wenig entsprechen, dass es weh tut.

Perspektive betrachten. Die Inhalte der Abschnitte überlappen sich und sind somit in ein Gesamtbild verwoben.

2. Konturen einer transparenten Kontakttherapie

Der Klient leidet also unter Kontaktstörungen. Seine Verhaltensmuster und Beziehungsformen verfehlen die Wesenskriterien des „reinen" Kontakts. Wäre er dazu nämlich in der Lage, hätte er keine Symptome, die er als unangemessen empfände. Was er seelisch erlitte, nähme er als den Preis eines authentischen Menschseins weise in Kauf und wahrscheinlich riefe er niemals beim Therapeuten an.

Zum Glück für dessen Geschäfte ist das Kontaktverhalten des Klienten jedoch grob gestört oder in sozial scheinbar angepasster Weise verbogen. Statt individuell ist er vereinzelt. Statt solidarisch zu sein, hängt er von anderen ab. Deshalb leidet er und beim Therapeuten klingelt das Telephon.

Vorrangiges Ziel der Therapie, die im Anschluss ans Klingeln zustande kommt, ist die Untersuchung und Heilung[140] des pathogenen Kontaktverhaltens. Die neurotischen Symptome, die das Leiden des Klienten symbolisieren und Anlass zur Therapie geben, werden als Teilaspekte gestörter Beziehungen - und zwar auch einer gestörten Beziehung des Ichs zu sich selbst - verstanden. Die Symptome sind die Brücken, über die der Klient den Kontakt zum Therapeuten aufnimmt.

Zwar bleibt die Beseitigung der Symptome Ziellinie der Therapie, sicherster Weg dorthin ist jedoch nicht die einseitige Verengung des Blickwinkels auf die umgehende Beseitigung dessen, was vordergründig stört, sondern die Arbeit an einem Bewusstsein, das klar erkennt, wie innerhalb der Beziehungen das passiv erlebte Leiden mit unerkannten Eigenaktivitäten zusammenhängt. Ein derart gesteigertes Selbst-Bewusstsein führt über eine Verbesserung der inneren und äußeren Kontaktfähigkeit zur Überwindung der Symptome. Die Psychotherapie setzt also *am* Kontakt an, weil sie dadurch die Symptome an der Wurzel packt. Ausgehend von dieser Perspektive lässt sich das seelische Leiden des neurotischen Menschen schlüssig verstehen und erstaunlich rasch heilen.

---

[140] „Heilung" wird hier ganz prosaisch als „Ergänzung" verstanden, so wie es die etymologische Analyse des Wortes „heil" (vrgl. whole = ganz) nahe legt. „Heil" ist ein Kontaktverhalten, wenn prinzipiell alle persönlichen Motive darin zum Ausdruck kommen, ohne dass bestimmte Anteile der Person verleugnet, verdrängt und herausgefiltert werden.

2.1. Psychotherapie als Profession der Begegnung

Der Psychotherapeut braucht den Ich-und-Du-Kontakt als die entscheidende Arena seiner Wirksamkeit, denn seine Arbeit findet mehr als alle anderen innerhalb der Begegnung statt. Zwar begegnen sich auch in anderen professionellen Beziehungen Ichs, doch dort bleibt im Vergleich zu dem, was bei der Psychotherapie passiert, die subjektive Ich- und Du-Haftigkeit derer, die sich begegnen, hinter sachbezogenen Interaktionsebenen zurück. Beim Bäcker spricht man über Brötchen und Wechselgeld, beim Rechtsanwalt über Paragraphen und Gerichtstermine, beim Arzt über Durchfall und Schleimauswurf und beim Pfarrer über Gott, den Teufel und fromme Rituale. Nur in der Psychotherapie ist alles Ferne nebensächlich. Hier spricht das Ich über sich und darüber, wie es im Kontakt mit seinen Dus so schmerzhaft scheitert.

Gewiss, auch beim Anwalt und beim Arzt geht es um Umstände, die das Ich plagen. Beim Anwalt ist es Nachbar Schnesemann, dessen blödsinniges Nadelgestrüpp über den Jägerzaun wuchert und das der eigenen Tomatenpflanzung das süße Licht zum Reifen raubt. Beim Arzt stellen sich Salmonellen als eigentliche Übeltäter heraus. Wie man jedoch unschwer sieht, ist der Kontakt zwischen Anwalt und Klient, zwischen Arzt und Patient bloßes Mittel, von dem aus man auf ein Problem jenseits des Kontakts blickt und vom Kontakt selbst ist nicht mehr von Belang, als dass es dabei korrekt und höflich zur Sache geht.

Im Gegensatz dazu taucht bei der Psychotherapie das Problem, das durch die Begegnung gelöst werden soll, innerhalb des Kontakts auf, in dem die Lösung versucht wird. Zum einen, weil ein Teil der grundsätzlichen Störung auf die Beziehung zum Therapeuten übertragen wird. Zum anderen, weil es um den Kontakt als solchen geht. Daher ist das Problem auch keine Sache, auf die man gemeinsam nach draußen blickt, sondern das Ich und das Du derer, die sich geschäftlich begegnen, sind als die beiden Pole, zwischen denen das Arbeitsfeld entsteht und das eigentliche Problem sichtbar wird, unmittelbar miteinbezogen - mehr noch: Sie rücken ins Zentrum der Aufmerksamkeit. Bei der Psychotherapie geht der Blick der Kontaktpartner daher hauptsächlich nach innen, selbst wenn ein Großteil des „bearbeiteten Materials" - also vergangene Kontaktepisoden und aktuelle Beziehungsmuster - von außerhalb stammt.

Parallelen zur therapeutischen Beziehung mögen beim Kontakt zwischen Pfarrer und Gläubigem zu finden sein. Sie sind jedoch begrenzt. Zwar geht es auch beim Pfarrer darum, was die Seele quält und ihr den unschuldigen

Genuss der mitmenschlichen Beziehungen verdirbt. Doch hier wird das Übel nicht durch nüchterne Exploration individueller Motive und konkreter Kommunikationsstrukturen - also durch Neugier und erfrischende Erkenntnis - sondern durch Verurteilung, Ermahnung und sühnende Rituale bekämpft.

Zwar betont auch der Pfarrer das dialogische Prinzip, doch nicht ohne es im gleichen Atemzuge wieder auszuhöhlen. „Wo zwei in meinem Namen zusammen sind" - so zitiert er sein heiliges Buch - „da bin ich mitten unter ihnen". Der Kommunikation wird so zwar das Zepter gereicht, den Personen, die sich konkret begegnen jedoch nur eine Stellvertreterrolle zugestanden. So wird das wesentliche Ziel der Achtsamkeit nicht im Hier-und-Jetzt belassen. Die Kommunikation blickt nicht auf die konkreten Personen selbst, sondern sie verweist in einen fernen Himmel. Darin liegt zwar eine Geste der Bescheidenheit, zu oft dient diese Art Bescheidenheit jedoch dazu, den tatsächlichen Mangel an Bescheidenheit hinter abstrakten Idealen zu verstecken.

Dementsprechend stellt sich der Pfarrer dem Gläubigen nicht als ein ebenbürtiges Du in einer ursprünglichen Kommunikation zur Verfügung. Er versteht sich vielmehr als eine unpersönliche Instanz, die sich in dem, was sie meint, nicht mehr in Frage stellen muss. Dass die geistliche Instanz vor der Begegnung bereits weiß, was richtig ist, hält er für ein grundsätzliches Prinzip, den Zweifel an diesem Prinzip deklariert er gar als Sünde. So bleibt die reale Person des Pfarrers bewusst hinter einem monolithischen Credo zurück und mit dem Glauben, dass die geistliche Instanz das einzig Richtige bereits kennt, schwärmt er aus, um die anderen durch die „Begegnung" von seinem Vorurteil zu überzeugen.

„Pfarrer" ist sprachverwandt mit dem Wort „Pferch", also einem eingehegten Platz. Der Pfarrer schirmt die Gläubigen - wie der Hirte das Schaf - nach außen hin ab. So versteht er sich als Vormund, der den anderen als der Freiheit nicht gewachsen wähnt und da er sich väterlich über ihn stellt, hält er wenig vom wechselseitigen Austausch der Impulse. Wer nämlich dem Eifer der Mission erlegen ist, nimmt vom jeweils anderen nur an, was ihn selbst bestätigt. Daher erwartet ein Pfarrer vom konkreten Kontakt auch nicht, darin für sich noch etwas wesentlich Neues zu erfahren. Wenn aber nichts Neues erfahren werden kann, ist die Begegnung nicht authentisch und im Grunde findet eine echte Begegnung gar nicht statt.

Für den Pfarrer ist der andere also niemand, dem er wirklich begegnet, sondern die Zielscheibe einer gutgemeinten Wirksamkeit. Ihm geht es um die gefällige Unterordnung des Gegenübers unter die Regeln einer Konfession, weil er einfältig glaubt, dass ihm das Überzeugen und dem anderen die

Zustimmung im Jenseits Pluspunkte bringt. Der Gläubige soll keine eigene Haltung formulieren und sich bewusst sein, wie er dazu steht, sondern er soll sich einer einheitlichen Moral anvertrauen; selbst dann, wenn er sie nicht nachvollziehen kann[141].

Im Gegensatz dazu verlangt der Therapeut keine Unterordnung unter eine transzendente Macht, sondern er verweist auf eine immanente Macht, die dann am besten Gutes tut, wenn der Einzelne sich im Dialog zu sich selbst bekennt. Das seelische Leiden verschwindet, wenn der Klient im Kontakt mit sich selbst stimmig wird, wenn sein Verhalten zu der Haltung passt, die ihm tatsächlich eigen ist.

Das wichtigste Mittel, um auf die Macht im Inneren der geistigen Prozesse zu verweisen, ist dabei das Beispiel, das der Therapeut im konkreten Kontakt mit seinem Klienten liefert, indem er die Dynamik seiner seelischen Reaktion bei der Interaktion simultan offenlegt. Die maximale Kommunikation entspricht in der Therapie wie anderswo maximaler Transparenz. Dem Therapeuten geht es um das Verständnis der seelischen Regeln im kommunikativen Prozess, deren sinnvolles Gefüge man im reflektierten Dialog erkennt und nach deren Erkennen man mit der eigenen Biographie einverstanden ist. Eine gelinde Form der Unterwerfung empfiehlt der Therapeut daher nur unter die Aha-Erlebnisse der Selbsterkenntnis[142]; also einer Herrin, deren Anspruch den Unterworfenen in die Höhe beugt.

Der brave Pfarrer versucht so zu sein, wie er sollte, der gute Therapeut, bloß wie er ist. Der Pfarrer empfiehlt, Teilen der Wirklichkeit aus dem Wege zu gehen, weil man daran Schaden nehmen könnte. Der Therapeut hält es für besser, sich der ganzen Wirklichkeit zu stellen. Der Pfarrer sucht die eigentliche Macht im Himmel abstrakter Ideale, während sich das Interesse des Therapeuten auf die konkrete Innenseite der Realität bezieht.[143]

---

[141] Natürlich ist das polemisch! Die meisten Pfarrer sind wohl weniger schlimm, als man es auf Grund ihres Credos maximal erwarten könnte.
[142] Natürlich ist das idealisierend! Oft sind Therapeuten weit missionarischer, als es im Dienste der Sache gut ist.
[143] So ganz will dem Autor die Abgrenzung zwischen dem Klerikalismus, den er so scheut, und seiner eigenen Theorie nicht gelingen. Zu sehr schielt, was er denkt, zum Transzendenten und zu sehr bleibt er doch der schnöden Irdigkeit verhaftet, als dass es ihm wirklich gelänge, viel besser als die Klerikalen ohne erhobenen Zeigefinger auf das Wesentliche hinzuweisen. Nach außen hin gibt er sich zwar liberal, in irgendeiner seiner Herzensklausen haust jedoch auch ein finsterer Jesuit.

2.2. Die zwei Wege der Kommunikation

Wichtig für die Therapie ist die Fähigkeit des Therapeuten, nonverbale Signale zu verstehen. Durch die charakteristische Haltung, mit der der Klient stereotyp seiner Umwelt begegnet, strukturiert er seine Kontakte so, dass darin nur ein Teil seiner tatsächlichen Individualität unverstellt erscheint. Der andere Teil wird schamhaft verborgen oder ganz übersehen, denn was nicht in einer konkreten Beziehung mitteilbar ist, entgeht leicht sogar der Aufmerksamkeit dessen, der es verschweigt. Meist betreibt der Klient zusätzlich einen sekundärer Aufwand, um die vermeintlich unkommunizierbaren Aspekte des Seelenlebens am Ausdruck zu hindern, da er fürchtet, derlei Aspekte würden seine bereits brüchige Integration in die Gemeinschaft gefährden. Durch vielfältige Manöver zur Abwehr ausgeblendeter Impulse wird seine Fähigkeit, kreativ und unbefangen zu begegnen, eingeschränkt.

Da der Klient gefürchtete Impulse ausblendet, hat er nur ein lückenhaftes Bild seiner selbst. So weiß er nur ungenau, was er vom Leben tatsächlich will. Die ausgeblendeten Anteile werden aber als nonverbale Haltung und spezifische Verfärbung des Kontaktverhaltens ausagiert und zwar um so stärker, je weniger sie verstanden sind. Aufgabe des Therapeuten ist es dann, aus dem Verhalten bereits herauszulesen, was der Klient noch nicht sagen kann. So erahnt der Therapeut oft schon bei der ersten Begegnung - wenn nicht mehr als ein paar Sätze gesagt sind - die wesentlichen Aspekte der Störung. Dabei achtet er auf Gestik, Mimik und Kleidung, auf Sprachmelodie und Tonfall dessen, was der Klient als erstes sagt. Und er achtet darauf, wie seine eigene Psyche bildhaft und emotional vor jeder abstrakten Formulierung einer Antwort auf diesen konkreten Menschen reagiert.

Die zweite Schiene der Kommunikation beruht nicht auf dieser analogen Intuition, die sich auf die Atmosphäre einschwingt, die der Klient um sich verbreitet. Die zweite Schiene nimmt vielmehr ernst, was der Klient wortwörtlich sagt. Sie geht davon aus, dass jeder Mensch mehr über sich ausspricht, als er selbst weiß. Dabei greift der Therapeut prägnante Wörter und ganze Sätze des Klienten immer wieder auf. Er bereichert die Bilder, die sich daran knüpfen, nicht nur indem er den Klienten zur freien Assoziation ermutigt, sondern durch die eigene und zielgerichtete Analyse dessen, was im Wort und im Satz zusätzlich ausgesagt wird, wenn man unter der üblichen Bedeutung nach ergänzenden Obertönen und paradoxen Widersprüchen sucht. Ein Vorteil dieser „Technik" ist, dass der Therapeut selbst viel gibt, statt immer neue Einfälle von seinem Klienten zu fordern. Der Therapeut lässt nicht nur Freiraum, sondern er füttert und hat selbst Biss.[144]

2.3. Vermittlung kommunikativer Kompetenz

Der Patient geht zum Arzt, weil er Beschwerden hat. Er beschwert sich, dass ihn Symptome plagen. Den Arzt wählt er als Beschwerdestelle, weil ihm selbst die Möglichkeit fehlt, die Symptome zu beheben und weil er davon ausgeht, dass der Arzt eine Fachautorität ist, die ihm aus einer fürsorglichen Haltung heraus helfen wird. Die Hilfe, die er erwartet, soll ihn heilen, während er selbst dabei weitgehend passiv bleibt. Das Kompetenzgefälle zwischen ihm und dem „Doktor" bleibt auch nach der Heilung bestehen.

Der Anlass, aus dem ein Klient zum Psychotherapeuten kommt, sind ebenfalls Beschwerden und Symptome. Ursache seiner Beschwerden sind aber keine fassbaren Krankheitsursachen, die ihn, unabhängig von dem, was er selbst tut, quasi von außen in die Seele zwicken und die ein geübter Seelenarzt herausschneiden könnte, wenn die Psyche solange stillhält, sondern, was ihn untergründig plagt, ist, dass er im Kontakt und in der Einbindung zu seiner Umwelt kein ganzer Mensch sein kann. Das Problem des Psychotherapiepatienten ist also nicht, dass er wie der körperlich Kranke als Opfer von schädlichen Wirkungen befallen wird, sondern dass er etwas nicht kann, was seinem Wesen angemessen wäre. Das Problem des Klienten ist mangelndes Können und kein Befallensein.

In legitimer Vereinfachung lässt sich sagen, dass der Klient „kein ganzer Mensch" sein kann, weil er sich wie ein hilfloses Opfer des Übels über den Missstand bloß beschwert, statt ihn durch ein Einstehen für sich selbst in der Begegnung zu beseitigen. Legitim ist diese Vereinfachung, weil das Einstehen für das ganze Selbst tatsächlich als zentrales Heilmittel psychogener Pathologien genannt werden kann, stark vereinfacht wird das Problem, weil die Aussage die vielschichtigen Probleme zwischen Sein und Bewusstsein verschweigt und das differenzierte Problembewusstsein scheinbar durch einen moralischen Appell ersetzt.

---

[144] Die Oralität ist nicht nur ein infantiles Überbleibsel, dass es durch abstinentes Agieren von Seiten des Therapeuten zu frustrieren gilt, sondern sie ist ein tragendes Strukturelement der Begegnung, das einen Anspruch darauf hat, bewusst durch reiche Gaben anerkannt zu sein. Nicht dass der Mensch passiv gefüttert werden will ist ein Problem, sondern dass ihm nicht bewusst ist, wann es mehr einbringt, aktiv zu fressen.

Während der Arzt in aller Regel jedenfalls am körperlichen Symptom oder am isolierten Organbefund ansetzen darf[145], reicht es für den Therapeuten nicht, sich mit Hilfe seiner „Techniken" - zum Beispiel der Deutung, der Suggestion oder der Konditionierung - im seelischen Apparat des Patienten zu schaffen zu machen, als wäre dieser Apparat eine abgeschlossene Gestalt, analog dem defekten Motor eines Lieferwagens. Vielmehr ist es die Aufgabe des Therapeuten, den „ganzen Menschen" in seiner existenziellen Verwobenheit mit der Umwelt als Behandlungsziel zu sehen. Da es also letztlich um ein Menschsein-Können geht, zielt die Psychotherapie auf keine passive Behandlung ab, sondern auf eine autonome Aktivität des Klienten. Der Klient lernt in der Therapie wie er sich - man verzeihe die abgenutzte, aber doch treffende Wendung - in seinem Beziehungen selbst verwirklicht.

Anders als wenn es um einen entzündeten Blinddarm geht, gehört zur Psychotherapie daher auch, dass sich das Kompetenzgefälle - betreffs der Fähigkeit zur kreativen Kommunikation - zwischen Therapeut und Klient vermindert. Die Kompetenz, die dabei vermittelt wird, ist die, sich authentisch und vorbehaltlos in fruchtbare(n) Beziehungen zu er-leben.

2.4. Der „ganze Mensch"?

Was für ein gleichermaßen verführerischer und verfänglicher Begriff! Und doch ist er zur Konzeption einer Psychotherapie notwendig, die mehr erhofft, als die schnellstmögliche Beseitigung lästiger Symptome.[146] Selbst wenn ein Klient mit eben diesem Ziel zum Therapeuten kommt und vordergründig nichts anderes will, als sich seiner Symptome zu entledigen, ist es für das Gelingen der Therapie wichtig, dass der Therapeut den Klienten als „ganzen Menschen" empfängt. Denn hinter jeder Psychopathologie steckt tief verborgen die uralte Sehnsucht, als ganzer Mensch in einer realen Begegnung empfangen zu sein.

Verfänglich ist der Begriff, weil er dazu führen kann, sich unklarer Verbrüderung und Schwärmerei zu überlassen, wenn er in sulziger Senti-

---

[145] Was die ganzheitliche Medizin allerdings zu Recht bezweifelt.
[146] Dies ist keine Spitze gegen die Verhaltenstherapie. Zwar fokussiert diese ausdrücklich das Symptom als solches, doch wenn sie bei der Beseitigung des Symptoms erfolgreich war, hat sie damit auch Veränderungen im ganzen System bewirkt. Die Beseitigung des Symptoms wirkt hier als spezifischer Hebel weitreichender Veränderungen. Das Symptom verschwindet aber um so besser, je klarer der Verhaltenstherapeut beim Hebeln das Gesamtsystem beachtet.

mentalität dazu verleitet, sich ohne Tiefgang gegenseitig den besonderen Wert des Menschseins zu bestätigen. Dann gefährdet er die Begegnung und deren therapeutische Wirksamkeit, indem der Mut zur Gegnerschaft im Rahmen einer ganzen Beziehung in ritualisierter Nettigkeit zu ertrinken droht. So etwas ist keine Therapie, sondern wechselseitige Beziehungskorruption. Jede echte Gemeinsamkeit braucht in sich selbst den Gegensatz.

Verführerisch ist der Begriff, wenn er ohne platte Idealisierung der Hypothese folgt, dass das wahre Potential des unverkorksten Menschen das, was üblicherweise davon verwirklicht ist, um Qualitäten übersteigt; und das tut es in der Tat! Wenn in der Therapie ein Klima geschaffen wird, das die Entfaltung des ganzen Potentials begrüßt, kann im Sog der verführerischen Phantasie das entstehen, was vom Ideal verwirklicht werden kann. Ohne das Charisma eines utopischen Ideals, das gleichzeitig von einem nüchternen Realismus ins Pragmatische eingebunden wird, ist therapeutischer Fortschritt zwar möglich; doch kommt er vergleichsweise mühsam voran.

Die Psychotherapie braucht daher ein Konzept vom „ganzen Menschen", das zwischen Skylla und Charybdis erfolgreich manövriert. Wird das Konzept zu sachlich, will es ausschließen, was das Sichtbare und Nützliche übersteigt, droht es am Felsen der Profanität zu zerschellen, schwärmt es zu viel, ersäuft es im unklaren Strudel hehrer Ziele.

2.5. Abstinenz und Transparenz

Die Wirksamkeit des therapeutischen Dialogs wird durch das besondere Verhältnis zwischen Klient und Therapeut gefördert. Beide begegnen sich nicht als Kollegen am Arbeitsplatz oder als Teilnehmer an einem Malkurs in der Toskana und sie vereinbaren ihre weiteren Treffen auch nicht, weil sie sich zufällig sympathisch genug sind, eine gemeinsame Freizeit zu gestalten und halt `mal sehen wollen, was sich aus all dem entwickelt. Die therapeutischen Treffen haben vielmehr ein klar umrissenes Thema: den Klienten, seine Symptome und wie er sich samt seinen Symptomen so durchs Leben schlägt.

Es gehört zum Wesen der Kontaktstörungen, dass ihre Auffälligkeit mit der Nähe und der Intensität des Kontakts steigt. Und je auffälliger sie werden, desto mehr stören sie. Da sich Therapeut und Klient im sonstigen Leben nicht begegnen, bleiben sie zueinander in so viel sicherer Distanz, dass der störende Einfluss ihrer beider Kontaktstörungen weniger zum Tragen kommt, als dies der Fall wäre, wenn sie auch anderweitig im Leben etwas miteinander zu schaffen hätten. Durch diese Distanz kann in der therapeutischen Begegnung viel mehr Wahrheit angstfrei riskiert werden, als anderswo. Psychotherapie ist ein Single-Abenteuer-Urlaub[147] der zwischenmenschlichen Kommunikation. Dort kann man auch mal anders sein, als im Umfeld derer, mit denen man zuhause in Symbiosen lebt.

Aus der Tatsache, dass es in der Therapie primär um das Wohl des Klienten geht, hatten unverbesserliche Puristen in der Vergangenheit geschlossen, dass es den Therapeuten als Person im therapeutischen Prozess am besten gar nicht gäbe, da seine Gegenwart den Klienten behindere, wirklich zu sich selbst zu finden. Und da es den Therapeuten nun doch `mal gibt, sollte er zumindest so tun, als gäbe es ihn nicht. Damit war die sogenannte „Abstinenzregel" der analytischen Therapie aus der Taufe gehoben. Sie besagt, dass der Therapeut sich der Präsenz enthalten sollte.

Was die Puristen zu ihrer extremen Forderung trieb, war die Furcht, der Therapeut könne durch seine erkennbare Präsenz die assoziative Selbstfindung des Klienten so aus der Bahn lenken, dass sich der Klient am Ende nicht von den eigenen, sondern den Neurosen eines entfremdeten Ichs befreit und geblendet von einem scheinbaren Erfolg an falscher Stelle auf den echten Problemen sitzen bleibt. Diesem Denken haftet insgeheim ein einseitig partikuläres Konzept der Person an, die man zwar per Milieutheorie von überall her beeinflusst sieht, der man in der Therapie dann aber so begegnet, als gebe es die eine Person, die man in atomistischer Reinheit finden könne, indem man sie aus dem konkreten Kontakt herauslöst.

So frönte die frühe Psychologie einem Objektivismus, der die Subjektivität und die prozessuale Vernetzung ihres Sujets in den sozialen Kontext unterschätzte; was man verstehen kann, wenn man die junge Wissenschaft der Psychologie als ein Kind des 19. Jahrhunderts betrachtet, eines Jahrhunderts also, in dem Sir Conan Doyle Sherlock Holmes erfand, eine Figur, in deren Phantasie die Wege des menschlichen Geistes vollständig von den monokausalen Gedanken eines naiven Rationalismus erfasst werden können.

Im Gegensatz dazu wird hier die Hypothese vertreten, dass das Ich viel zu sehr dialogisch ist, als das es im dialogfeindlichen Klima der klassischen Analyse große Chancen hätte, seine wesentlichen Themen rasch zu finden. Statt der Abstinenz empfiehlt sich daher die Transparenz. Der Therapeut sollte sich nicht im dialogischen Off seinen Teil denken und das Erdachte vieldeutig verschweigen. Die Gedanken, Impulse und seelischen

---

[147] „Ur-laub" kommt nota bene von „er-lauben". Urlaub erlaubt verbotenen Impulsen Freigang.

Reaktionen des Therapeuten sind nämlich gerade das, wonach das nach echtem Dialog dürstende Ich des Klienten sucht und mit dessen Hilfe es jenen Teil von sich selbst tatsächlich finden könnte, den es anderswo bisher nicht fand. Was der Klient braucht - und zwar umso mehr, je größer seine Probleme sind - ist ein Therapeut, der seine Person nicht unterschlägt, sondern der sie offen und ehrlich im therapeutischen Prozess zur Verfügung stellt. Was der Mensch im Allgemeinen braucht und was den Kranken im Besonderen heilt, ist ein Gegenüber, das den Mut hat, sich bejahend und ohne taktische Winkelzüge, die in der normalen Kommunikation nur allzu selbstverständlich sind, zu offenbaren[148].

2.6. Falsche Fragen und echte Antworten

Es gehört zu den größten Unsitten in der Therapie, dem Klienten Fragen zu stellen, die gar keine sind. Echte Fragen werden gestellt, um Unbekanntes zu erfahren. Echte Fragen gehen von einer Wissenslücke aus, die der Therapeut in sich wahrnimmt, und echte Fragen wollen tatsächliche eine Lücke schließen.

Beim unechten Fragen geht es im Gegensatz dazu darum, den Patienten zu verführen. Er soll jene Antwort geben, für deren Richtigkeit sich der Therapeut in seiner einsamen Schweigsamkeit bereits entschieden hat. Er soll glauben, dass richtig ist, was den Therapeuten zufriedenstellt. Hier tut der Therapeut nur so, als ob er etwas wissen wolle. In Wirklichkeit meint er aber, er wisse bereits Bescheid, um über den Kopf des Klienten hinweg zu entscheiden, wohin er dessen nächsten Schritt führen soll.

Nun ist es zwar legitim zu glauben, man wisse Bescheid, doch statt die eigene Sichtweise als eine Aussage in den Raum und zur Diskussion zu stellen, versucht der Therapeut aus dem dialogischen Off den Patienten durch „geeignete" Fragen zur Bestätigung seiner Ansicht zu bewegen. Was der Therapeut durch diese Technik zu vermeiden versucht, ist das Risiko, eventuell Irrtümer und Ungenauigkeiten in seiner Beurteilung der psychologischen Zusammenhänge eingestehen zu müssen. Womöglich fürchtet er gar, die Autorität seines Expertentums werde durch begründbare Zweifel an seiner Unfehlbarkeit untergraben, was darauf schließen lässt, dass er die suggestive Wirksamkeit der Droge Arzt für wichtiger hält, als das, was der

---

[148] Man mache sich nur klar, wie viel selbst in ganz nahen Beziehungen des Alltags insgeheim gedacht und doch verschwiegen wird, weil man aus taktischen Überlegungen heraus mehr Gespräch nicht zu riskieren wagt.

Arzt über das Wesen des Leidens tatsächlich herauszufinden vermag. Hinter dem Mangel an Transparenz ist der verleugnete Selbstwertzweifel des Therapeuten zu spüren und was sich als professionelle Abstinenz verkleidet, ist oft bloß mangelnder Mut zu dialogischer Präsenz.

2.7. Nondirektiv?

Der Therapiestil dieser wohlgemeinten Manipulation vermeidet die echte Begegnung und hofft, man könne in der Therapie Klarheit schaffen, indem man kommunikativ im Trüben fischt. Rationalisiert wird diese Haltung durch die These, der Therapeut solle nondirektiv sein, damit der Klient bei der Erkundung seiner seelischen Motive „von allein darauf kommt". Sonst blieben die Erkenntnisse bloße Kopfgeburten, die ihm der Therapeut am Bauch vorbei ins Hirn pflanze und die dort prompt dem Intellektualisieren, also einer oberflächlichen und nutzlosen Verstandestätigkeit, als wehrlose Beute zum Opfer fielen; was zwar tatsächlich passieren kann, jedoch am ehesten dann, wenn die Erkenntnisse, die der Therapeut frontal ausspricht, nur Konserven sind und nicht der originären Begegnung mit dem konkreten Klienten entspringen.

    Tatsächlich kommt der Klient aber gerade deswegen zum Therapeuten, weil er selbst nicht „von allein darauf kommt". Deshalb bedarf die Forderung nach dem nondirektiven Stil der Differenzierung. „Nondirektiv", also „nicht-richtungweisend", ist ein Therapeut im Grunde nie. Warum auch? Der in seine Entscheidungsprobleme verirrte Klient kommt schließlich deshalb, weil er vom Therapeuten eine Richtung aus seiner Verirrung gewiesen haben will. Der kluge Therapeut weist aber keine Richtung, indem er über die Probleme des Klienten entscheidet oder ihn gar zu irgendwelchen Taten drängt, sondern er weist den Klienten auf jene ungeklärten seelischen Konflikte hin, deren Klärung seine Handlungs- und Entscheidungsfähigkeit vermutlich verbessern wird. Und beim Hinweis auf die relevanten psychologischen Probleme, deren Benennung dem Therapeuten durch seine Berufserfahrung leichter als der Allgemeinheit fällt, ist es am effektivsten, klar und deutlich in jene Richtung zu weisen, die der Fachmann für richtig hält. Hier macht es keinen Sinn, um den heißen Brei herumzureden und dem Klienten mit verstohlenen Fragen tastende Antworten zu entlocken, denn die klare Stellungnahme des Therapeuten hat die beste Chance, der Abwehr des Patienten trefflich zu entgehen, oder im kreativen Widerspruch zur Formulierung der zutreffenden Antithese fruchtbar gemacht zu werden.

2.8. Therapiestil

Die wohlgemeinte Manipulation verstößt gegen das Kriterium der Ebenbürtigkeit, weil dem Hinlenken durch die Technik der angeblichen Frage etwas Geringschätziges anhaftet. Der Therapeut tut dabei so, als könne man das Ich des Klienten nicht als einen vollwertigen Kommunikationspartner ansprechen, der in der Lage ist, von sich Abstand zu nehmen, um sich aus dem Abstand heraus gemeinsam mit jemandem zu betrachten. Stattdessen erwartet ein solcher Therapeut, dass der Klient sich ihm blind anvertraut; jedenfalls blinder, als es sein müsste.

Angeblich ist die Weitergabe tiefenpsychologischer Anschauungen (griechisch: Theorie) kontraproduktiv, da sie bloß zum besagten Intellektualisieren führe. Das stimmt aber nur, wenn man sich dabei des esoterischen Vokabulars[149] der Psychoanalyse bedient. Übersetzt man das, was die Analyse der Menschenseele seit Jahrtausenden an Weisheiten zutage gefördert hat jedoch in eine kraftvolle Sprache, berührt das jeden, der so viel Grips im Kopf hat, dass er überhaupt eine Therapie machen will. Es ist daher zu vermuten, dass ein Therapeut, der seine eigenen kognitiven und emotionalen Prozesse innerhalb des therapeutischen Dialoges nicht transparent macht, sondern im Stillen Fragen formuliert, die den Klienten zum Guten führen sollen, dadurch seinen Kompetenzvorsprung beim Verständnis psychologischer Dynamik sichert, was dem Kontaktmerkmal „Ebenbürtigkeit" zuwiderläuft. Das 'Ich sehe 'was, was Du nicht siehst' ist ein nettes Gesellschaftsspiel. In der Therapie hat es nichts zu suchen. Ein guter Therapeut intrigiert nicht gegen die Neurose, sondern fordert sie zum Duell heraus.

Verstoßen wird gegen das Kriterium der Gegenseitigkeit, weil sich der Therapeut zwar das Recht vorbehält, die intimsten Gedanken des Klienten auszuspähen, er sich selbst gegen Einblicke in die Ereignisdynamik seines innerpsychischen Feldes jedoch professionell abschirmt. Die Kommunikation wird so derart asymmetrisch, dass man die wichtigsten Heilkräfte der Begegnung blockiert.

Verstoßen wird auch gegen das Kriterium der Begrenzung, weil die einzig reale Grenze, auf die das Ich im Dialog tatsächlich stößt, das konkrete

---

[149] So kann man von „Oralität", „Oknophilie", „dentaler Aggression", „Analität", „Narzissmus", „projektiver Identifikation", „Kastrationsangst", „Penisneid", „ödipaler Triangulierung" und dergleichen sprechen. Man kann es aber auch bleiben lassen. Dann bieten sich Begriffe wie „Sehnsucht nach Fütterung und Zugehörigkeit", „aggressive Gefräßigkeit", „Selbstbehauptungswille", „Widerstand gegen Vereinnahmung", „Selbstwertzweifel", „Eigenliebe" usw. an.

Du des Gegenübers ist und weil jede gesunde Kommunikation auf die Sichtbarkeit dieser Grenze angewiesen ist. Landläufig ist die These, man müsse den Klienten mit sich selbst - also den Klienten mit dem Klienten - konfrontieren, man müsse ihn „spiegeln", als sei der Therapeut der Handspiegel beim Friseur, mit dem die unsichtbaren Hände dieser Selbstkonfrontationstheorie um den Kunden kreisen, damit der mal sieht, wie er hinten herum ausschaut. Dabei ist doch völlig unklar, wie der Therapeut seine Person so gründlich aus dem Spiegelkabinett der Therapie herausputzen soll, dass der Klient im Spiegel nur sich selbst, aber nichts vom Therapeuten erkennt.

Womit der Klient vom Therapeuten tatsächlich zu konfrontieren ist, ist nicht sein unverzerrtes Spiegelbild, das er in Wirklichkeit nur soweit sehen kann, wie er ohne Skrupel sich selbst reflektiert. Aber er kann und soll mit der ehrlichen seelischen Reaktion des Therapeuten konfrontiert werden und mit dem, was dieser dank seiner Erfahrung in der Analyse menschlicher Seelenmotive an qualifizierter Betrachtung der Sinnzusammenhänge zustande bringt. Die Chance der Therapie liegt nicht im virtuellen Solipsismus des Klienten, sondern in einer qualitativ hochwertigen und thematisch vertieften Kommunikation, so wie man sie im Alltag leider viel zu selten antrifft.

Da Individuen keine isolierten Partikel sind, deren Werden sich in einer abgeschlossenen Dynamik erschöpft, als seien sie einsam kreisende Planeten im Weltall, ist es für ihre Weiterentwicklung sinnvoll, dass ein gutes Angebot integrationsfähiger Sichtweisen bereitsteht, aus dessen Fundus der Einzelne am besten selbst auswählt, was er tatsächlich integrieren will. Hier ist es letztlich wie beim Essen. Selbständigkeit beruht auf der bewussten Auswahl der Speisen, die man sich einzuverleiben gedenkt und es besteht gar kein Anlass, der eigenen Zunge so zu misstrauen, dass man die Entscheidungen lieber einem Diätkoch überträgt. Wenn selbständiges Entscheiden und die Übernahme der Verantwortung so hohe Therapieziele sind, wie man sie in Therapeutenkreisen handelt, warum sollte man dann dem Klienten nicht die Rezepte verraten, nach denen man die Suppe seiner Arbeitshypothesen kocht. Wenn man hierbei die eigene Denkweise als sinnvolle Alternative offen anbietet, kann der Klient am leichtesten integrieren, was ihm tatsächlich bekömmlich ist; oder im möglichen Widerspruch dagegen kann er selbst entdecken, wovon er bisher nichts wusste. Diese offene Bereitstellung integrierbarer Sichtweisen ist es auch, was das Wesenskriterium „Integration" mit Leben erfüllt. Denn das Ich kann seine wahre Integrität nur im realen Kontakt zum Du entdecken.

Konkret bedeutet das, dass der Therapeut den Klienten nicht bloß mit fertigen Thesen konfrontiert, sondern dass er ihm die Abfolge seiner

Schlüsse offenlegt[150]; inklusive dessen, was er dabei als seine eigenen Anteile erkennt. Indem er das tut, hat er selbst die beste Kontrolle darüber, dass seine Schlussfolgerungen keine unreflektierten Konstrukte sind, die weniger mit der Sache des Klienten zu tun haben, als dass sie Ausdruck einer unverstandenen Eigenproblematik des Therapeuten sind.

Sind die Verknüpfungen seelischer Motive, die der Therapeut auf diese Weise zu einem kohärenten Sinngeflecht zusammenwebt, plausibel, gewinnt er durch seine transparente Vorgehensweise beim Klienten stark an Überzeugungskraft. Erstens, weil das tiefenpsychologische Denken verstehbar wird und es die Aufmerksamkeit des Klienten in seinen Bann zieht. Zweitens, weil die Überprüfbarkeit das Misstrauen und damit so manche störende Abwehr des Klienten entkräftet. Und zum Dritten führt Transparenz dazu, dass der Klient etwas von den Kochkünsten des Therapeuten lernt und so besser in die Lage versetzt wird, das Werkzeug der Introspektion selbständig im Alltag zu verwenden. Therapeutische Prozesse werden durch all dies oft erheblich beschleunigt. Therapie und Begegnung gewinnen rasch an Intensität.

2.9. Eigennutz und Gemeinschaftssinn

Die Existenz der Psychopathologie ist ein schlagkräftiges Argument für die These, dass das Individuum mit seinem grundlegenden Wesen in einer transpersonalen Wahrheit verankert ist. Rein biologisch betrachtet hätte ein einzelner Mensch einen klaren Selektionsvorteil, wenn seine psychischen Funktionen beliebig an die jeweiligen Lebensbedingungen anzupassen wären, ohne dass es dabei in seinem Inneren zu störenden Spannungen käme, die seine soziale Durchsetzungsfähigkeit beeinträchtigen würden. Anders gesagt: Gäbe es Menschen von absoluter Skrupellosigkeit, deren Wesen in nichts etwas anderem verpflichtet wäre, würden sie die Menschheit auf Dauer vollends beherrschen.

Ein Soziologe könnte nun einwenden: Schon, schon, aber darf man vergessen, dass das Individuum ein menschliches Herdentier bleibt und deshalb Selektionsvorteile hat, wenn seine Psyche - ähnlich wie ihm selbst - auch der Gemeinschaft, in der es lebt, verpflichtet bleibt, sodass sein Altruismus das Gedeihen der Gemeinschaft fördert und ihm selbst daher als Teilnehmer dieser Gemeinschaft nützlich ist? Nein, vergessen sollte man

---

[150] So nutzt der Therapeut die Chance, dass ihm in der Person des Klienten stets auch ein Supervisor gegenübersitzt.

das nicht, aber das Studium der psychopathologischen Seelenzustände zeigt, dass die Seele Prioritäten setzt, die auf die Vormachtstellung einer Ethik hinweist, die sowohl das egoistische als auch das gemeinschaftlich-solidarische Motiv übersteigt.

Trüge der Mensch nur die beiden Motive „Eigennutz" und „Gemeinschaftssinn" in seiner Seele, hätte er es erheblich leichter. Zwar käme es auch dann intrapsychisch zu Interessenskonflikten, die Leiden verursachen könnten, doch akzeptable Kompromisse ließen sich viel leichter finden. Die Skrupellosen würden die Menschheit durch ein Netz pragmatischer Gemeinschaftswerte beherrschen. Es entstünde ein unerschütterlicher Protestantenstaat, weil die Skrupellosen begriffen hätten, dass es für sie am nützlichsten ist, die anderen entmündigt aber fürsorglich zu führen.

Psychopathologische Zustände, die als sogenannte Neurosen oder Persönlichkeitsstörungen dauerhaft bestehen bleiben oder sich im Laufe des Lebens sogar verstärken, beruhen darauf, dass profane Kompromisse auf der Ebene „Eigennutz versus Gemeinschaftssinn" deshalb nicht vereinbart werden, weil die transpsychosoziale Ebene ihr Veto gegen eine solche Kumpanei der Egos einlegt. Weil dieser Ebene, dass heißt dem Bezug des Individuums zu einer Wahrheit jenseits partieller Interessen eine so große Bedeutung bei der Steuerung seelischer Funktionen zufällt, nimmt es die Psyche lieber in Kauf, ein Leben lang zu leiden, als von ihrem meist unbewussten Bündnis mit dem Absoluten vollends abzuweichen. Der Preis, den eine Seele für diesen Bezug zur Wahrheit zu zahlen bereit ist, ist offensichtlich hoch. Es lässt sich vermuten, dass das Ausmaß, durch den diese Ethik die Psyche bereits vor der Bildung eines reflektierenden Bewusstseins bestimmt, ähnlich groß ist. Nur unter Berücksichtigung dieser Hypothese lässt sich erklären, warum Menschen unter den Folgen einer traumatischen Sozialisation oft ein Leben lang zu leiden haben. Und gleichzeitig ist die Existenz seelischen Leidens der Beweis der Wahrheit.

Die Kompromissbildung zwischen den Impulsen des egozentrischen Eigennutzes und der sozialen Loyalität ist zwar ein zentrales Thema der seelischen Entwicklung und der Mensch kann die Form der Kompromisse grundsätzlich frei bestimmen, doch nicht ohne dass seine Wahl Konsequenzen nach sich zöge, die im ungünstigen Fall zu seelischem Leiden führen. Dies weist darauf hin, dass das Ist der Kompromissbildung mit einem Soll verglichen wird. Je größer die Abweichung ist, desto größer ist auch die unbestimmte Spannung, die intrapsychisch wirksam wird und die auf den Ausgleich drängt. Die ursprüngliche Konfliktspannung, die zur Neurose führt, entsteht nicht nur zwischen Eigennutz und Gemeinschaftssinn, also nicht nur zwischen den Instanzen Es, Ich und Über-Ich, sondern sie entsteht zwischen dem realisierten Kompromiss der unterschiedlichen Impulse und seinem Soll, das mehr oder weniger bewusst ist.

Genau besehen sind der direkte Egoismus mit rücksichtslosem Ellenbogen und die geschmeidige Bereitschaft zur sozialen Anpassung nicht so unterschiedlich, wie man es aus der Nähe betrachtet meinen kann. Aus größerem Abstand erkennt man, dass beide letztlich auf den individuellen Vorteil abzielen und sich bemühen, im kleinen Horizont dieses Vorteils den großen Rest des Daseins einzuordnen. Die Ziele sind weitgehend gleich, nur in Strategie und Taktik sind die zwei Ansätze unterschiedlich. Solange sich der Einzelne jedoch nicht aus der halbherzigen Wahl zwischen beiden Möglichkeiten freimacht, wird er für neurotische Pathologien anfällig bleiben, weil das Ego, das direkt oder indirekt auf seinen Egoismus zentriert bleibt, nie die Freiheit finden kann, sich ganz über den nahenden Tod zu erheben. Wie ein Gnom beim Hochsprung watschelt es zögernd auf zwei zu kurzen Beinen der gefürchteten Latte entgegen, wobei es durch sein Watscheln niemals den Schwung bekommt, um unterwegs von aller Sorge befreit daran zu glauben, dass man am Ende die Latte überfliegen und nicht bloß darunter untergehen kann.

2.10. Die primäre Forderung der Ethik

Die Eigenart des Individuums, die als dessen ureigene Art alle Unterschiede nebensächlich macht, ist die Tatsache, dass das Individuum einen jeweils besonderen Platz einnimmt, von dem aus es in einzigartiger Weise die Welt wahrnimmt und ihr so begegnet. Sofern die Ethik fordert, dass das Individuum seiner eigenen Art entspricht, heißt das: Der Mensch ist nur dann mit sich stimmig, wenn er es wagt, die Welt so zu sehen, wie sie aus seiner Perspektive tatsächlich zu erkennen ist.

Echte Stimmigkeit wird dabei nur erreicht, wenn das kognitive Erkennen nicht als intellektuelle Simulation von der faktischen Haltung dieser Welt gegenüber abgespalten bleibt. Die Ethik fragt immer, ob das Verhalten eines Menschen mit seinem Weltbild und mit seinen tatsächlichen Lebensumständen in Übereinstimmung ist. Dabei ist im Regelfall aus jeder individuellen Perspektive heraus erkennbar, dass individuelle Perspektiven generell - und so auch die eigene - eben bloß Perspektiven sind und dass das eigene Weltbild somit immer relativierbar bleibt. So fordert die Ethik zwar, zu dem zu stehen, was man von sich aus als *wahr* erkennt, sie fordert aber auch, sich nicht einseitig in die eigene Sichtweise zu verrennen. Sie fordert, zu sagen, was man sieht und zu hören, wie dies die anderen tun. Und sie fordert, aus der eigenen Perspektive heraus zu handeln und zu der Ansicht zu stehen, für die man sich entscheidet.

2.11. Ethik, Gewissen, Über-Ich und Moral

Der Begriff „Ethik" entstammt einer indogermanischen Wurzel. „Suédhos" lässt sich gut mit „Eigenheit, Eigenart" übersetzen. „Ethisch" heißt eigentlich „der eigenen Art entsprechend". Folglich findet das Individuum Antworten darauf, ob sein Verhalten ethisch richtig ist oder falsch, grundsätzlich nur in sich selbst. Erst beim Blick nach innen stellt es fest, ob etwas seiner eigenen Art entspricht. Das Sein des Individuums ist stets ein aktiver Bezug zur Welt. Ethisch richtig ist das Verhalten, wenn es mit dem Sein dessen übereinstimmt, der es als aktiven Bezug von sich zur Welt ausführt.

Die seelische Instanz, die über derlei Fragen entscheidet, wird von altersher als „Gewissen" bezeichnet. Das Gewissen ist die Versammlung dessen, was ein Bewusstsein über sich in der Welt weiß und die aus diesem Wissen heraus vom Individuum verlangt, 'nach bestem Wissen und Gewissen zu entscheiden'.

Das „Gewissen" bezeichnet etwas anderes als der moderne Begriff des „Über-Ichs". Das Über-Ich vergleicht die Ziele und Wünsche des Individuums nicht mit den Erfordernissen seiner „eigenen Art", sondern mit den Normen des sozialen Umfelds und es entscheidet folglich nicht darüber, ob etwas ethisch richtig ist, sondern, ob es der geltenden Moral entspricht. Der primäre Blick auf der Suche nach der richtigen Moral richtet sich nicht nach innen, sondern hält Ausschau, was im Umfeld des Individuums gerade mal Sitte ist. Das Über-Ich ist eine Erinnerung daran, was man früher beim Blick nach außen als „sittlich" und „der Moral gemäß" erkannt hat.

„Sitte" stammt etymologisch aus der gleichen Quelle wie die Wörter „Saite" und „Seil". Der gemeinsame Ursprung weist darauf hin, das „sittlich" eigentlich „verbindlich" heißt. Ein sittliches Verhalten verbindet mit dem Umfeld, ein unsittliches führt zum Ausschluss aus der Gemeinschaft, die bestimmte Sitten für sich als verbindlich definiert hat.

Das Wort „Moral" schließlich ist ein Abkömmling der indogermanischen Wurzel „mo- = starken Willens sein". In diesem Sinne spricht es von Regeln, die ein starker Wille durchsetzt. Die Moral ist daher immer einer „irdischen" Macht verpflichtet, deren Statthalter im Individuum „Über-Ich" heißt und deren mächtige Ansprüche als jeweils geltender kultureller Sittenkodex wirksam sind. Je nach politischem System ist die irdische Macht dabei mehr oder weniger in Einzelpersonen zentriert. So sind moralische Entscheidungen jenem sozialen Umfeld gegenüber loyal, dessen Wertehierarchie sich ein Individuum mit dem Ziel unterwirft, sich durch Anpassung Vorteile zu verschaffen und den Nachteilen des Abweichens aus dem Wege zu gehen.

Zwar weist die Moral über den Horizont des Individuums hinaus, doch anders als es die Ethik tut. Die Ethik sucht Übereinstimmung mit der 'Eigenart der Individualität', während sich die Moral mehr um eine Loyalität zum sozialen Umfeld bemüht. Die 'Eigenart der Individualität' darf nicht mit dem willkürlichen Gutdünken eines Individuums gleichgesetzt werden. Vielmehr wird jedes Individuum durch das Faktum der vorgegebenen Perspektivität und der darin vorgegebenen Möglichkeit zur Wahrhaftigkeit an eine transpersonelle Wahrheit gebunden. Nicht in der Freiheit zu willkürlicher Beliebigkeit liegt die Chance des Einzelnen, sondern in der Freiheit, die einzige perspektivische Wahrhaftigkeit zu wählen, in der seine Individualität mit dem Kosmos stimmig ist.

So weist die Ethik mehr als die Moral über das hinaus, was dem Individuum vordergründig von Interesse[151] ist; und doch erreicht das Individuum erst im ethischen Anspruch ganz sich selbst.

Da Menschen grundsätzlich derselben Wahrheit verpflichtet sind, gibt es zwischen der Moral und der Ethik gewiss Gemeinsamkeiten. Im besten Falle, wenn es also viele Gemeinsamkeiten sind, ist Moral jedoch bloß eine Ethik von der Stange. Sie ist eine passable Konfektion abstrakter Werte, die sich jeder überziehen kann, damit er nicht nackt ist. Im schlimmsten Falle allerdings ist die Moral ein Instrument der Macht, denn sie taugt als Knebel und als reines Gift. Während die Ethik das Individuum wie ein Vertebratenskelett von innen trägt, bleibt die beste Moral ein äußerer Panzer aus Chitin. So stellt Ethik als Regelwerk der Werte einen höheren Anspruch an das Individuum als die Moral, weil sie im Gegensatz zur Moral über die soziale Einbindung hinausgeht und als Lohn der Angst eine Freiheit gewährt, die der Moral als Preis für den Schutz, den sie gibt, geopfert werden muss.

Illustrieren lässt sich der Unterschied ganz einfach: Je nach kultureller Zugehörigkeit ist es unmoralisch Milch und Fleisch vermischt zu essen, Alkohol zu trinken, Kühe zu schlachten, der Polygamie zu frönen oder sich nackt im Spiegel zu betrachten. Ethisch relevant sind diese Fragen aber nicht per se. So bleiben die Moralisten der Zeit und dem Erdkreis treu, in

---

[151] Denn auch die soziale Einbindung ist für das dialogische Individuum ein Imperativ des blanken Egoismus.

dem sie auf ihre Regeln schwören, doch sie haben Schwierigkeiten, sich über die Grenzen hinweg zu verstehen. Ethik ist eine Über-ein-stimmung mit den Erfordernissen der Individualität ohne bloß ohnmächtiges Mitschwingen im Konzert der individuellen Interessen zu sein. So wie Individualität als besonderes Phänomen alle kulturellen Interpretationen ihres Themas übersteigt, so übersteigt auch jene Haltung, die ihrem grundlegenden Wesen entspricht - die Ethik - alle kulturellen Unterschiede, die zur Zwietracht reizen.

2.12. Unbefangen und wahrhaftig

Das Individuum kann sich nur soweit unbefangen auf die Welt einlassen, wie es gleichzeitig seiner ursprünglichen Herkunft als eine Emanation der Wahrheit treu bleibt. Im gleichen Zuge wie das Individuum in die Welt hinausexistiert, insistiert die Welt beharrlich auf ihrer Forderung, dass die tiefste Binnenstruktur der Psyche dem Geheimnis einer hintergründigen Einheit der Welt entspricht. Diese Insistenz bestimmt das Individuum eindringlich als ethische Vorgabe, deren Regeln es nicht nach Belieben verändern kann.

„Nur soweit unbefangen" meint dabei, dass es beim Übertreten dieser Regeln zu innerseelischen Feedback-Mechanismen kommt, die ein weiteres Vorwärtsschreiten in jede falsche Richtung zunehmend erschweren. Falsch ist jede Richtungen, die zu weit von der ursprünglichen Verbindung zwischen Wahrheit, Wahrhaftigkeit und bewusster Perspektive wegführt. Die Mechanismen, die so zum Tragen kommen, tun gemeiner Hand in irgendeiner Weise weh, sodass man, unter bewusstem Verzicht auf naiv-patriarchalische Gottesbilder, sagen darf, dass jedem Menschen durch sein „Leben-mit-der-Welt" ein Wirkmechanismus immanent ist, durch den er sich für Nachlässigkeiten im ethischen Bereich von selbst bestraft.[152]

„Unbefangen" und „wahrhaftig" sind Begriffe, deren nähere Betrachtung sich lohnt. Sie deuten darauf hin, dass die Freiheit der Seele und der Gang der Welt nur als Einheit zu verstehen sind. Unbefangen, also frei von jeder Hemmung, die dem eigenen Wesen nicht entspricht, bewegt sich ein Mensch, wenn er wahrhaftig ist - so lautet hier etwas streng die These. Abgemildert wird die Strenge aber dann, wenn man sich deutlich macht, dass Wahrhaftigkeit, also das der-Wahrheit-verhaftet-Sein, nicht heißt, dass das kleine Ich der großen Wahrheit ganz entsprechen müsste, um nicht bei je-

---

[152] ... und es einer jenseitigen Hölle, zumindest einer solchen, die *sämtliche* irdischen Sünden bestraft, nicht bedarf, da so manches Vergehen durch das Erdendasein bereits abgebüßt ist.

dem Straucheln gleich vom Knüppel eines brutalen Gewissens drangsaliert zu werden. Um der Wahrheit verhaftet zu sein, reicht es, so zu handeln, wie man es aus eigenem Dafürhalten trotz aller Irrtumsmöglichkeit für richtig hält. Da die Befreiung in die Unbefangenheit einer fehlbaren Individualität jedoch nur zu dem Preis gelingt, wie das Individuum seine grundsätzliche Bindung an das Wahre nicht aufgibt, darf man die Freiheit getrost als gnädige Pflicht bezeichnen. Der psychologische Konflikt zwischen der Autonomie und der Abhängigkeit des Individuums von seiner Gemeinschaft, hat in der Dialektik zwischen Unbefangenheit und Wahrhaftigkeit einen ontischen Boden. Die Wahrheit ist die Gemeinschaft auf die sich die Freiheit des einen Geistes bezieht.

Psychotherapie dient der Befreiung von seelischen Symptomen. So wie das Ich nicht als abgelöst vom Umfeld betrachtet werden kann, so können auch die Symptome, die es plagen nur im aktiven Bezug zu seiner Welt verstanden werden. Da die Freiheit der Seele nur im Kontext ihrer authentischen Begegnung mit einer wahrhaftigen Wirklichkeit beschrieben werden kann, tut die Psychotherapie gut daran, ethische Fragen nicht als unwissenschaftliche Privatangelegenheit außer Acht zu lassen, wie sie es explizit zumindest gerne tut. Seelische Gesundheit und Ethik sind nicht voneinander zu trennen.

Implizit ist es zudem so, dass kein Therapeut ohne - zumindest unbewussten - Bezug zur ethischen Ebene tatsächlich arbeiten kann, denn die Grundlage der Individualität ist bereits seine ethische Stellungnahme zum Ganzen. Um Manipulationen aus dem dialogischen Off zu vermeiden, ist es daher wichtig, sich ethischen Fragen als Person zu stellen und die eigene Ethik somit dem Klienten einsehbar stets neu in Frage zu stellen.

2.13. Der Beginn der Psychopathologie

Kinder kommen nicht neurotisch zur Welt. So hat es schon weiter oben geheißen. Anfangs, und wenn sie sich später nicht aus ihrer Mitte herausreißen lassen, betrachten und begreifen sie die Welt aus einer streng individuellen Perspektive. Dabei gibt es nichts, was vermuten ließe, dass sie vom eigentlich ethischen Prinzip der Treue zur Individualität abwichen und in wahrhaft konfrontierender Weise erscheint ihre ganze seelische Aktivität auf ihre persönliche Ansicht der Dinge zentriert. Im Verlauf einer idealen Entwicklung trifft der Egozentrismus des Kindes auf die realen Widerstände der Wirklichkeit und differenziert sich durch diese Begegnung mit der Realität aus, ohne dass dadurch die jeweils individuelle Perspektivität in Frage gestellt werden müsste.

Tatsächlich kommt es jedoch meist zu zwei Kategorien äußerer Ereignisse, die dazu führen, dass das Kind seine Mitte verlässt. Zum einen geschehen Dinge, die das Wesen der kindlichen Psyche so massiv bedrohen, dass das Kind eine spontane Reaktion darauf nicht riskieren kann. Es wäre, oder wähnt sich, dadurch direkt vom Tode bedroht. Zur Rettung eines Teiles seiner perspektivischen Integrität verzichtet es auf deren Vollständigkeit und spaltet das Nichtintegrierbare durch diverse Abwehrmanöver ab. Meist sieht es nur noch „auf einem Auge" oder beide Augen wechseln sich beim Sehen ab. Mit dem Auge, mit dem es jeweils sieht, sieht es den dann erkannten Teil allerdings oft messerscharf.

Zum anderen tritt die Außenwelt mit Erziehung, Verführung und Bestechung an das Kind heran. So verleitet sie es, die eigene Sichtweise zu verlassen und sich stattdessen fremde Ansichten ohne kritischen Abstand anzueignen. Dann lebt es mit fremden Sichtweisen, als ob sie die eigenen wären. Es verstreut seinen ursprünglich gut fokussierten Standpunkt ins Umfeld. Statt den anderen von sich selbst aus gelassen ins Auge zu sehen, betrachtet es sich mit tausend fremden Augen, stets erfolglos darum bemüht, unvereinbare Bilder zur Deckung zu bringen. Da es den Fokus seiner Perspektive in das diffuse Bündel fremder Ansichten zerstreut, sieht es die Welt und sich selbst nur noch verschwommen. Resultat ist, dass es sich durch die Unklarheiten seiner Sinne zwar in allerlei Unerfreulichkeiten verwickelt, dass es aber zu unscharf sieht, um den Ansatzpunkt zu einer grundlegenden Verbesserung seines inadäquaten Verhaltens zu finden. Eigentlich tappt so ein Mensch stets im Dunkeln.

Beide Ereignisse, die Verleugnung des tatsächlich eigenen Standpunkts bedingt durch Drohungen und Verführungen des Umfelds sowie das Wegblicken von dem, was man seelisch noch nicht ertragen kann, treten eine Kaskade psychopathologischer Symptomentwicklungen los. Diese Symptome bestehen solange, bis das Individuum zur eigentlich eigenen Ansicht der Dinge zurückkehrt. Erschwert wird die Rückkehr dadurch, weil man nach Jahrzehnten der Verzerrung meist selbst nicht mehr weiß, wovon man einst weggeblickt hat.

Kinder kommen ohne Kontaktstörung zur Welt. Ihre Psyche bleibt solange mit ihrem Lebensvollzug in syntoner Einheit verschmolzen, wie sie sich nicht auf Grund der beschriebenen Verzerrungen der eigenen Perspektivität vom unberührten Kontakt zur Umwelt zurückzieht. Der Rückzug vom ursprünglich primären Kontakt wird notwendig, weil die individualitätswidrige Verzerrung des perspektivischen Weltbilds nur aufrecht erhalten werden kann, soweit der korrigierende Kontakt unterbrochen bleibt. Denn der volle Kontakt ist die stimmige Ausrichtung der individuellen Perspektive auf den entsprechenden Ausschnitt der Wirklichkeit.

3. Die drei Ebenen des Kontakts

Will man seelisches Leid verstehen, muss man danach suchen, aus welchen Motiven heraus und durch welche Abwehrmanöver der Klient den Kontakt zu seiner Umwelt auf Sparflamme hält und welchen Forderungen seines Gewissens er damit ausweicht. Gleichzeitig erforscht man, wo und in welcher Weise der Blickwinkel des Klienten aus seiner Mitte heraus verschoben ist. Man sucht danach, welchen Teil seiner Biographie er nicht sieht, weil er ihn aus seiner Existenz auszublenden versucht. Man findet heraus, durch wessen Augen er die Welt betrachtet und in wessen Existenz er seine eigene versteckt.

3.1. Die Beziehungen des Klienten zum Umfeld

3.1.1. Ängste, Zwänge und Depressionen...

Der Klient kommt meist mit Symptomen zur Behandlung, deren Bezug zu seinen Beziehungen oft erst in zweiter Linie erkennbar wird.

Der eine hat Angstattacken wenn er Lift fährt, der andere, wenn er das schützende Haus verlassen soll. Einen dritten packt es beim Anblick einer struppigen Spinne und der vierte bekommt weiche Knie, wenn er sich vorstellt, er soll bei der Feier anlässlich seines 25-jährigen Betriebsjubiläums eine Rede halten.

Alle, die sich da fürchten, meinen zunächst, die peinliche Angst habe nicht mehr mit ihren Mitmenschen zu tun, als dass man die rätselhafte Schwäche vor deren Hohn und Mitleid verbergen sollte. Welche konkreten Beziehungsaspekte es sind, die sich, verschoben auf einen symbolträchtigen Angstauslöser, in der einzelnen Phobie[153] als pathogen manifestieren, ist

---

[153] Phobien sind Ängste, die an konkrete Auslöser gebunden sind und deren Sinn nur auf Umwegen zu erkennen ist. In der Phobie wird die Angst auf ein Nebengleis verschoben, weil sie dort, wo sie wirklich entsteht, nicht gefühlt werden soll, um zu verhindern, dass sie die Stabilität der Beziehungskonstellation, der sie entspringt, bedroht. Die Beziehung soll durch die Verschiebung der bedrohlichen Angst auf den scheinbar unsinnigen Auslöser geschützt

dem Opfer des Leidens nicht bekannt. Erst durch eine gezielte Analyse, durch die die Spur der Leidensentstehung assoziativ vom bildhaften Inhalt des angstbesetzten Themas bis zur Struktur real bestehender Ich-und-Du-Kontakte zurückverfolgt wird, erkennen Patient und Therapeut, welche Beziehungsproblematik durch die Phobie in gleichem Maße verdeckt wie verraten wird.

Bevor ihn die Faszination dieser Beziehungsanalyse in den Bann der Erkenntnis zieht, würde der Angstpatient am liebsten hören, dass sich als Ursache des Leidens eine Infektion mit dem grässlichen Bazillus Panicus ergeben habe, dem durch eine Einmaldosis eines sündhaft teuren Antibiotikums - das die Kasse aber zum Glück noch bezahlt! - endgültig der Garaus gemacht werden könne. Zugegeben, wenn es so wäre, wäre es gar nicht so schlecht.

Andere Patienten kommen mit Depressionen. Je unerklärlicher die Ursache ihrer Depressivität zunächst erscheint, desto depressiver fühlen sie sich und desto hilfloser erwarten sie vom Arzt, dass er ihnen das probate Mittel gibt, das die ungebetene Schwermut so sicher vertreibt wie das erste Tageslicht einen blassen Vampir mit blutverschmierten Lippen. Auch der rein Depressive[154] versichert oft, dass mit seinen Beziehungen zum Umfeld alles völlig in Ordnung ist oder es doch wäre, hätte er durch die Depression nicht so fürchterliche Antriebsmängel, die ihn der Umwelt seinen Beitrag schuldig werden ließen; worunter er selbst qua drängendem Schuldgefühl am allermeisten leide.

Wenn man unbeirrt nachfragt, erfährt man jedoch rasch, dass die schlechte Stimmung mit Unstimmigkeiten im Beziehungsgefüge des Patienten korreliert. Man erfährt, dass die Grübeleien, mit denen er sich um den Schlaf bringt, sich hauptsächlich um Erwartungen drehen, die er von anderen erfüllt haben will, ohne sie offen zu äußern. Man erfährt von der Wut, die er nicht zu artikulieren wagt und von Schuldgefühlen, die sich ihm ständig aufdrängen, ohne dass er tatsächliche Schuld wirklich wahrhaben will.

---

werden, da sie dem Kranken nicht nur die Angst, sondern auch Vorteile verschafft, die er für unverzichtbar hält.

[154] Dass die fiktive Person, die hier beschrieben wird, als „rein Depressiver" firmiert, soll darauf hinweisen, dass es in der Realität der seelischen Problematiken nur selten so viel Reinheit gibt, als dass man die „Fälle" in eine handvoll diagnostischer Schubladen packen könnte. Tatsächlich benutzt jeder immer verschiedene Abwehrmechanismen, sodass es „rein Depressive" womöglich nicht gibt.

Stets hat Depression[155] mit Rollen zu tun, die man im Zusammenspiel mit anderen spielt, ohne dass die Rolle zu dem, der hinter ihrer Maske steckt, tatsächlich passt.

Wieder andere leiden unter Zwängen. Zehn mal, nein zwanzig mal müssen sie zur Tür zurück, um nachzusehen, ob sie sicher verschlossen ist. Alles muss eine genaue Ordnung haben und wenn ein Bleistift anders liegt, als exakte 90° zur Tischkante, drängt sich die Ahnung einer katastrophalen Drohung auf.

Ob ein Zwanghafter das wohl auch noch täte, würde er von einem Sturm im Südpazifik über Bord gespült und hätte er sich auf einer einsamen Insel als einzig Überlebender eine Hütte aus Bambus gebaut, durch deren offene Tür, jeder der will, schamlos zu ihm eindringen könnte? Natürlich täte er es! Aber nur etwa zehn Jahre lang, bis es sich endgültig herausgestellt hätte, dass die Insel bis auf ein paar Leguane und Winkerkrabben unbewohnt ist und am Strand keine Kannibalen landen. Dann ginge er morgens weg, um Kokosnüsse zu ernten und ließe die Türe einfach offen stehen.

Wieder andere sehen ein Messer und phantasieren sofort, wie sie sich oder andere in einem unkontrollierbaren Blutrausch erstechen. Irgendein Hass, der sich auf konkrete Personen bezieht, ist ihnen dabei nicht bewusst, was sie das widrige Symptom nur als um so unverständlicher erleben lässt. Und auch hier dauert es bei gezielter Behandlung manchmal gar nicht so lange, bis der Betreffende erkennt, welche Wut sich hinter einer jahrzehntelang eingeübten Verträglichkeit zu verbergen scheint.

Der Zwanghafte sichert sich durch tausend kleine Grenzen, weil ihm eine klare Grenze[156] fehlt. Seine Ordnungswut verhindert, dass jemand durch seinen territorialen Todesstreifen angeblicher Notwendigkeiten, der alle Spontaneität im Anhub schon erschöpft, zu ihm vordringt und sich seiner so bemächtigt. Und durch strenge Rituale verhindert er im selben Zuge, dass ihn von Innen her Impulse übermannen, die durch das Gestrüpp des Stacheldrahts hindurch nach Begegnung drängen, die der Zwanghafte im gleichen Maße fürchtet, wie er sie ersehnt, die er aber nicht zu riskieren wagt, weil er darin peinlich entblößt werden könnte. So erweist sich die

---

[155] Anders stehen die Dinge bei organisch bedingten Depressionen und wie es bei der „endogenen" ist, weiß bisher niemand.
[156] Nämlich eine klare Ich-Grenze, an der er Unliebsames von Draußen offen zurückweist ohne erst angebliche Notwendigkeiten zu postulieren und an der er eigenverantwortlich entscheidet, welchen seiner Impulse er Taten folgen lässt, ohne abgelehnte Kandidaten als inexistent abzustempeln.

Zwanghaftigkeit oft als ein Versuch, die Vergewaltigung des Ichs von innen oder außen zu verhindern.

3.1.2. ... und was der Therapeut zum Beispiel fragt

Diese grob skizzierten Beispiele ließen sich leicht um weitere bereichern. Und sie ließen sich in erstaunliche Kaskaden innerseelischer Sinnzusammenhänge vertiefen. Wesentlich ist bei allen jedoch eins: dass die Symptome als nonverbale Kommunikation von Menschen zu verstehen sind, die wesentliche Aspekte der Haltung, die sie der Welt und ihren Bewohnern gegenüber einnehmen, so gründlich verstecken, dass selbst ihnen es ohne weiteres nicht mehr gelingt, sie zu finden; weshalb auch die Kommunikation des Ichs mit seinem Selbst gestört ist.

Das Unbewusste besteht aus zwei Teilen: aus Motiven, die das eigene Leben mitbestimmen, obwohl man sie noch nicht wahrgenommen hat und aus jenen anderen, deren Mitbestimmung man nicht wahrhaben, sondern verhindern will, indem man sie zu ignorieren versucht.

Wie das Unbewusste so besteht auch das Verhalten des Menschen, durch das er der Welt begegnet, aus zwei Teilen: dem offiziellen, an dessen alleinige Existenz er glaubt und dem abgespaltenen, dessen Integration in ein bewusstes Selbstbild bisher noch nicht vollzogen ist. Doch erst die ganze Haltung, die man den Mitmenschen gegenüber einnimmt, bestimmt die tatsächliche Form des Kontakts, durch den man zu ihnen in Verbindung tritt.

Will der Therapeut seinem Patienten daher bei der Beseitigung seiner Symptome helfen, muss er hartnäckig im Muster seiner aktuellen Kontakte suchen, wo sich der Patient pathogen verhält ohne es selbst zu bemerken.

Beim Patienten mit der Angst vor engen Räumen fragt er, welche Beziehung ihn heute beengt[157], ohne dass er das Weite darin zu suchen wagt. Bei dem, der Angst hat, das schützende Haus zu verlassen, sucht er nach der Art, wie sich der Patient in seinen scheinbar heilen Beziehungen ausgesetzt und verloren fühlt, ohne sich seinen Wunsch nach Halt und Schutz tatsächlich zu erfüllen. Den Spinnenphonbiker fragt er, in wessen

---

[157] Diese Formulierung ist irreführend. Man könnte nämlich meinen, „die Beziehung" sei quasi als fremdes Subjekt eine aktive Quelle böser Taten, die ihr Opfer beengt. Klarer wird die Aktivität des unglücklich Beengten, wenn man fragt, 'in welche Beziehung er sich hineinzwängt?' oder 'wie er die Weite des reinen Kontakts auf den kleinen Horizont seiner Angst reduziert?'

Netz er hilflos baumelt - oder, ob er sich selbst für so hässlich hält, dass er fürchten muss, andere Menschen würden kreischend vor ihm flüchten, wenn er wie Rumpelstilzchen einmal unachtsam offenbarte, mit welcher Berechnung auch er in seiner Einsamkeit tödliche Fäden spinnt. Und von dem, der im Lampenfieber am Rande der Ohnmacht schwitzt, will er wissen, in welchen Beziehungen er nicht zu dem steht, was er wirklich ist. Denn die Angst des Redners ist es doch, dass alle Welt erkennt, dass er dort oben nicht hält, was er vorgibt, zu sein. Er hat Angst und würde sich am liebsten zurück in die Enge eines namenlosen Platzes in Reihe Siebzehn flüchten, bevor alles lachend erkennt, dass sich da ein Tölpel bloß anmaßt, sich aus der Anonymität heraus zu erheben, um eine Weile in aller Aufmerksamkeit zu stehen.

Natürlich sind die „Fälle" nicht so stereotyp und die Lösung des Problems nicht so einfach zu haben, als dass es genügen würde, allen Phobikern wie aus dem Rezeptbuch eine Schlüsselfrage zu stellen und schon fiele ihnen die Verblendung wie Schuppen von den Augen und die Fesseln der Symptome von der Seele ab.[158] Jedes Netzwerk der Abwehr ist individuell gestrickt und muss individuell bis in viele Details hinein untersucht werden, bevor die gelebte Weltsicht der Seele sich durch das morsch gewordene Netzwerk hindurch wirklich neue Wege bricht.

3.1.3. Abwehr

„Abwehr" ist ein psychoanalytischer Begriff. Er meint all jene Manöver des Geistes, mit deren Hilfe er sich gegen Einsichten zur Wehr setzt, die ihm subjektiv als ungenießbar erscheinen, die sich ihm andererseits aber aufdrängen, weil sie der objektiven Logik seiner Gestaltbildung entsprechen. Da die Bausteine des Geistes aus den Wahrheiten bestehen, die sich in ihm zu einer bewussten Macht verknüpfen, handelt es sich bei Abwehrmanövern letztlich immer um den Widerstand gegen irgendeine dieser Wahrheiten. Die „Neurose" ist die unverstandene Ablehnung der eigenen Biographie, die der Urknall der Wahrheit als eine der ungezählten Möglichkeiten ins Dasein sprengt. Je mehr man von der eigenen Biographie nicht wahrhaben will, desto mehr lehnt man sich selbst damit ab. Jede Neurose ist deshalb auch mit einem Selbstwertproblem verquickt.

---

[158] Bei einem anderen Redner könnte es zum Beispiel sein, dass er die Masse des Publikums als Mutter erlebt, in deren Schoß er sich zurückflüchten will, deren ablehnende Rache er jedoch fürchtet, weil er sich aus freien Stücken von ihr entfernt hat.

Obwohl die Abwehrmuster individuell gestrickt sind, sind es Variationen unterscheidbarer Themen. So wie beim Stricken das Muster dadurch entsteht, dass der Rhythmus von Nadel und Wollschnur einer mathematischen Symmetrie folgt, so sind die Muster der psychologischen Abwehr letztlich im Fundus geistiger Gesetze verankert, denen jeder einzelne Geist, ob er will oder nicht, verpflichtet bleibt. Die gesunde Psyche findet daher ihr Heil niemals im Chaos ihrer blinden Willkür und seelische Gesundheit ist letztlich die Demut vor der Einheit einer Wahrheit, deren Ausmaß man nicht einmal erahnen kann.

Wenn es also bei der Therapie so entscheidend darum geht, die versteckten Muster der Abwehr zu erhellen und zu erkennen, aus welcher Angst heraus sich diese Abwehr dagegen sträubt, dass das Wahre ungestört im Bewusstsein seinen Platz einnimmt, muss man sich zunächst darüber im Klaren sein, wo diese Muster hauptsächlich wirksam sind. Und jetzt müsste es wirklich mit dem Teufel zugehen, wenn hier nach aller Penetranz, mit der auf die zentrale Bedeutung des Kontakts hingewiesen wurde, nicht behauptet würde, dieser Ort sei der nämliche Kontakt. In den spezifischen Charakteristika der Beziehungsmuster, die der Patient zu seinen Mitmenschen unterhält, wird am besten erkennbar, gegen welche Einsichten er sich am meisten sträubt. Und diese Einsicht[159] in die Wünsche, Impulse und Bedürfnisse, die im konkreten Kontakt nicht wahr sein dürfen, ist es, was dem Patienten zur Heilung am meisten fehlt.

3.1.4. Und noch einmal: Direktiv oder nicht?

Wären menschliche Beziehungsmuster gänzlich relativ, gäbe es kein sinnvolles Maß, an dem pathogene Abweichungen erkannt werden könnten. Könnten pathogene Abweichungen nicht erkannt werden, wären Psychotherapien schwindelerregende Taumeleien durch das Reich unverbindlicher Möglichkeiten. Gute Therapeuten taumeln jedoch nicht. Gute Therapeuten versu-

---

[159] Einsicht ist die Aktivität des Geistes. Leid ist eine seiner Erlebnisweisen. So ist schlüssig verstehbar, warum das Wort „Passivität" dem lateinischen „pati = leiden" entspringt. Der Geist leidet, sobald er die Aktivität seiner Einsichtsfähigkeit unterbindet und damit passiv wird. Da das Schicksal jedoch milde ist und es die geistige Passivität nur dann mit seelischer Pein bestraft, wenn der Geist zur betreffenden Einsicht prinzipiell fähig ist, bleibt es einfältigen Menschen gottlob erspart, allzu viel unter ihrer Einfalt zu leiden. Nicht die intellektuelle Dummheit tut also weh, sondern die neurotische. Seelenleid ist ein Kriterium anhand dessen man beide Formen unterscheiden kann.

chen sich stets an dem zu orientieren, was als menschlich richtig zu erkennen ist, zumindest soweit „das Richtige" überhaupt als ungefähre Richtung erkannt werden kann. Eine gute Therapie ist nie ganz „nondirektiv", weil sie zumindest immanent die Direktive vertritt, dass Therapeuten ihre Klienten bei der Entscheidungsfindung nicht beeinflussen sollten. Leistet ein Therapeut, der sich für nondirektiv hält, gute Arbeit, liegt das daran, dass er richtungweisende Direktiven unbewusst anbietet.

Die bewusste Vermittlung von Direktiven ist der unbewussten jedoch aus zwei Gründen vorzuziehen. Erstens reichen diese Direktiven bis weit in den Bereich ethischer Fragen hinein und zum zweiten ist die offene Vermittlung aus vielerlei Gründen therapeutisch effektiver.

Da es sich bei den Direktiven um ethische Haltungen dreht und Ethik weder wissenschaftlich objektiv ermittelt werden kann noch dem privaten Gutdünken des Therapeuten überlassen werden sollte, ist es wichtig, die eigene Ethik stets der dialogischen Überprüfung zugänglich zu machen. Nur allzu schnell kann sich die scheinbar edelste „Ethik" nämlich gnadenlos verirren.

Zum zweiten ist die offene Konfrontation des Patienten mit den ethischen Maximen seines Therapeuten therapeutisch effektiver als ein bewusst geplantes oder ein unbewusst zugelassenes Hinübersickern individueller Wertvorstellungen. Die zweite Variante ist im Grunde nichts als Manipulation, auch wenn man der Manipulation zugestehen mag, dass sie heilsame Wirkungen entfalten kann. Zumindest, wenn die Lebensweisheit des Therapeuten soweit entwickelt ist, dass der Klient sich bei ihrer Berücksichtigung in weniger leidvolle Erfahrungen verstrickt, als er es mit seinen bisherigen Grundmustern tat.

Manipulationen rufen aber viel leichter als Konfrontationen das durchaus gesunde Misstrauen des Patienten auf den Plan. Besonders, wenn er vordergründig sehr gelehrig ist, spürt er im Hintergrund, dass hinter den verdeckten Karten etwas vorgeht, das sich seiner Mitwisserschaft entzieht. Ein derart geschürtes Misstrauen macht es dem Therapeuten, selbst wenn er es noch so gut meint, nicht eben leichter.

Der offene Umgang mit ethischen Thesen führt außerdem dazu, dieses wesentliche Thema des Menschseins bewusst - und damit stärker - zu fokussieren. Die stärkere Hinwendung eines Menschen zu ethischen Fragen lässt die Bedeutung seiner pathogenen Konflikte bereits zu einem Teil verblassen, was das Leiden daran vermindert und die Lösbarkeit der Konflikte erleichtert. Schon von daher lässt sich eine Therapie, die sich aus falsch verstandener Modernität nicht bewusst auf ethische Fragen einlässt, ein wichtiges therapeutisches Agens entgehen.

Und noch einen Vorteil bietet die „offenbarte Ethik": Sie spricht sehr reife Ichfunktionen an. Da diese Funktionen durch die direkte Ansprache aufgewertet werden, stärkt die Ansprache im Patienten eine geistige Struktur, in deren Sicherheit er mit weniger Angst bis zu den gewalttätigen Ebenen archetypischer Konflikte regredieren kann. Und nur, wenn der Patient bis zur archaischen Angst und zum archaischen Hass seiner Seele vordringen kann, wird die ganze Chance der Therapie genutzt.

3.2. Die Beziehungen des Klienten zu den Bezugspersonen seiner Kindheit

3.2.1. Muster

Um tiefgreifende Neuorientierungen in der Therapie zu erreichen, reicht es oft nicht, die Analyse des Kontaktverhaltens auf die gegenwärtigen Beziehungen zu beschränken. Stereotype Muster, die heutige Beziehungen prägen, wurden meist in der Frühkindheit gebahnt.

Zum einen erreichen sie die Gegenwart durch Lernprozesse. Das heißt: Muster wurden in der Vergangenheit anhand damaliger Beziehungen eingeübt und im Laufe der Biographie ebenso automatisiert wie der individuelle Fahrstil nach zwanzig Jahren Führerschein. Die Automatisierung des Verhaltens geschieht durch Übernahme zugeschliffener Verhaltensschablonen in das Regelgedächtnis, das unabhängig von Episodengedächtnis funktioniert. Deshalb wird im Allgemeinen gründlich vergessen, während welcher konkreter biographischer Episoden eine Verhaltensregel in den automatisierten Bestand integriert wurde und wann sie aus dem üblichen Blickfeld des Bewusstseins verschwand.

Da es im Interesse eines reibungslos funktionierenden Sozialverhaltens liegt, dass auf die „Software" der Verhaltensmuster des täglichen Gebrauchs ohne Zeitverzögerung zugegriffen werden kann, wurden die entsprechenden Verhaltensmuster so weit es geht vom „mnestischen Datenballast"[160] der Episoden entkleidet. Weil Verhaltensmuster primär nicht

---

[160] Das heißt: von der Erinnerung an die Details der Episode und meist auch von der Erinnerung daran, dass die Episode überhaupt stattgefunden hat.
  So parkt man zum Beispiel Tag aus Tag ein auf dem großen Parkplatz vor der Firma und wenn man bei Schichtende hurtigen Schrittes das Weite sucht, weiß man im Allgemeinen hinreichend genau, wo man morgens sein Auto abgestellt hat. Man kann sich aber beim besten Willen nicht mehr an die Abstellplätze der letzten 7244 mal seit Eintritt in die Firma

dazu da sind, Kristallisationskeime von Selbstbetrachtungen zu sein, sondern dafür, ein Verhalten zu verursachen, werden die Muster in der Regel nicht reflektiert, sondern ausagiert. Erst wenn alte Muster in neuen Situationen an der Lösung von Problemen scheitern, wird gemeiner Hand das Bewusstsein darauf aufmerksam, dass es einen Anlass zur bewussten Einmischung ins Althergebrachte gibt.

Zum zweiten lässt sich die Existenz frühkindlicher Muster im Erwachsenenleben nicht nur durch die Kybernetik von Lernprozessen erklären, sondern auch durch das Postulat, dass es eine Seele gibt, die als der virtuelle Leib des Geistes gestaltdynamischen Gesetzen folgt. Dann kann man sehen, dass der Aufbau geistiger Strukturen kein Spiel der Willkür ist, sondern Regeln unterliegt, die erkennbar und zum allgemeinen Nutzen zu respektieren sind. Im Gefüge jeder geistigen Struktur, die sich als Ich empfinden kann, sind Muster festzustellen, deren überdurchschnittlich häufiges Zusammentreffen einer Erklärung durch bloßen Zufall widerspricht.

So wird verständlich, dass Störungen aus der Kindheit, die nicht ausgeglichen werden konnten, später im Leben ihr Unwesen treiben und dass der jeweils aktuelle Seinsmodus der Psyche versucht, den Defekt durch ein Aufrechterhalten oder Wiederherstellen jener psychosozialen Verhältnisse zu reparieren, in denen die „pathologische"[161] seelische Struktur eigentlich durch Transformation in eine differenziertere Form hätte ausreifen sollen. Der Reparaturvorgang kommt aber nicht von der Stelle, da die kindlichen Bedürfnisse und Seelenmotive, die mit dem unangemessenen Verhalten in Verbindung stehen, aus zweierlei Gründen verleugnet sind. Erstens, weil die entsprechende Person aus individuell erlernten, biographischen Gründen spezielle Hemmungen hat, derlei Impulse offen einzugestehen. Und zum zweiten, da das kulturelle Klima im Allgemeinen der Kindlichkeit ambivalent, das heißt zum Teil mit einer stark abwertenden Haltung, gegenübersteht. So bleibt im Leistungsdruck und Konkurrenzkampf des Erwachsenseins wenig Platz, bewusst bis dahin zu regredieren, wo hungrige kindliche Bedürfnisse nicht als bloß peinliche Schwächen zu erkennen sind und wo sie sich deshalb aus ihren Schlupflöchern herauswagen können, ohne

---

erinnern. Das Gedächtnis an all diese konkreten Episoden ist erloschen und nur das Extrakt, wie man nämlich in Parklücken kommt und wo am ehesten noch eine zu finden ist, wenn man sich verspätet hat, ist ins Regelgedächtnis hinübergerettet.

[161] „Pathologisch" steht hier in Gänsefüßchen, da die Klassifikation seelischer Merkmale als „krankhaft" wegen der darin liegenden Gefahr destruktiver Entwertung stets problematisch ist. Besser wäre vielleicht, hier das Wort „pathogen", also „leid-erzeugend" einzusetzen.

sich - als gingen sie zu einem Maskenball - durch aufwendige Psychopathologie zu verkleiden.

3.2.2. Biographische Kohärenz und Selbstwertgefühl

Die gegenwärtige Psychopathologie ist durch juveniles, quasi stehen gebliebenes Rollenverhalten unterlagert. Im therapeutischen Prozess wird oft erst dann genügend Schubkraft für nachhaltige Veränderungen freigesetzt, wenn der Patient die biographische Kohärenz zwischen den Lebensbedingungen seiner Kindheit, seinem aktuellen Rollenverhalten und den Symptomen, die ihn zur Therapie geführt haben, erkennt.

Das Erkennen der „biographischen Kohärenz" ist per se schon heilsam, weil es dem Patienten ermöglicht, sich als eine geordnete und damit sinnhafte Binnenstruktur zu begreifen. Durch das Begreifen einer sinnhaften persönlichen Identität wird die Frustrationstoleranz für seelisches Leiden stark erhöht. Der Fokus der Aufmerksamkeit wird von den Wechselfällen äußerlicher Erfolge weg und zum Binnenraum der persönlichen Existenz hingewendet. Da das Selbstbewusstsein tatsächlich in dem Maße wächst, wie man sich seiner selbst bewusst wird, führt die Aufmerksamkeitsverschiebung nach innen zu einer verbesserten Durchsetzungsfähigkeit nach außen und zu einer verbesserten sozialen Integration. Die Abhängigkeit von der Bestätigung durch andere lässt in gleichem Maße nach.

Die Lösung vieler Konflikte erscheint außerdem weniger drängend, sobald man sie als verstehbare Komponenten eines Gesamtkontextes erkennt. Mit der Erkenntnis, dass das eigene Leben als überschaubare Binnenstruktur durch Sinnbezüge zusammengehalten wird, assoziiert sich die Zuversicht, dass auch ein überpersoneller, sinnvoller Kontext besteht, in dem die unlösbaren Widersprüche der Person transpersonal gelöst sind. Parallel zu all dem gilt, dass das Kohärente nicht als wertlos[162] empfunden werden kann. Die Erkenntnis der Kohärenz führt daher Selbstwertprobleme bereits nahe an ihre Lösung heran.

---

[162] Kot und Müll sind der Inbegriff der Wertlosigkeit, weil beides Substanzgemenge sind, die die spezifische Kohärenz, die vordem ihre Identität beschrieb, eingebüßt haben.

3.2.3. Die primäre pathogene Beziehung

Das Verständnis der spezifischen Impulse des Patienten, die er zur Verwirklichung eines zufriedenen Lebens gewähren lassen müsste und die durch pathogene Kompromissbildungen blockiert sind, wird stark verbessert, wenn man in der frühkindlichen Biographie die Ursprünge der „primären pathogenen Beziehung" findet.

Natürlich ist es nicht so, dass eine Beziehung als *pathogen* identifiziert werden kann, während alle anderen unproblematisch sind. Es ist aber oft so, dass es eine pathogene Beziehung gibt, die bei der Aufrechterhaltung einer Persönlichkeitsstörung eine Schlüsselrolle spielt und deren Modulation am effektivsten eine Kaskade von Veränderungen auch in anderen Beziehungen ermöglicht. Diese primäre pathogene Beziehung ist oft die, die vom Patienten selbst am wenigsten problematisiert wird.

Das ist nicht verwunderlich, wenn man sich vor Augen hält, dass menschliche Beziehungen immer ambivalent sind, weil jeder der beiden Beziehungspartner dem menschlichen Wesen gemäß zwischen egozentrischen und sozialen Impulsen, zwischen Autonomie und Zugehörigkeit lavieren muss. Die scheinbar ungestörte Harmonie (z.B. der Mutter-Sohn- oder der Vater-Tochter-Beziehung) ist deshalb daraufhin verdächtig, dass diskordante Impulse aus Loyalitätsgründen und Trennungsängsten heraus nicht ausgelebt und - schlimmer noch - dass sie gar nicht erst wahrgenommen werden.

Untersucht man die betreffenden Kontakte wie sie in der Realität stattfinden oder wie sie als Objektbeziehungsintrojekte verinnerlicht sind, auf ihre pathogene Potenz, ist es hilfreich, sich als Maßstab dessen, wie gesunde Beziehungen in der Regel sind, die Kriterien des „reinen Kontakts" ins Gedächtnis zu rufen. Wenn man sich dabei vor blinder Rechthaberei hütet und den ethischen Rigorismus durch eine Dosis unbekümmerten Humors erträglich macht, darf man als therapeutische Taktik ebenso getrost wie beharrlich das Sein mit dem postulierten Soll vergleichen. Selbst wenn die bisher herausgearbeiteten Kriterien des „reinen Kontakts" nämlich weit weniger rein sein sollten, als der Autor sich das denkt, sind sie der seelischen Gesundheit meist zuträglicher als das, was man als Therapeut in der täglichen Praxis an blinder Verstrickung im Beziehungskampf zu Gesicht und zu Gehör bekommt.

3.2.4. Abwertungen

Ein besonders destruktives Abwehrmuster ist der systematischen Verstoß gegen die Ebenbürtigkeit. Entweder der Patient wertet andere, sich selbst oder alle zusammen ab. Damit leugnet er die prinzipielle Gleichrangigkeit menschlicher Wesen, was zu schweren Störungen des Zusammenlebens und des Selbstwertgefühles führt. Nicht immer sind die Abwertungen offen ausgesprochen. Manchmal werden sie in mehr oder weniger subtil versteckter Weise in bestehenden Kontakten ausagiert und schweigend hingenommen. Die Spur der Abwertung unter das Niveau der Ebenbürtigkeit lässt sich dabei regelmäßig bis in die Beziehungen der Frühkindheit verfolgen. Die Abwertungen sind in der primären pathogen Beziehung sowohl am besten versteckt als auch besonders virulent.

Abwertungen werden in unterschiedlicher Schärfe sichtbar. Manchmal sind sie grob: der Patient beschimpft andere als Dummköpfe, Dreckschweine, Pantoffelhelden oder sich selbst als Versager, Feigling, Säufer. Meist sind Abwertungen aber weniger krass und fallen erst beim aufmerksamen Zuhören auf. Der Patient wählt dann beim Sprechen Formulierungen, denen das Abfällige so beiläufig anhaftet wie Gilb und Staub schmutzigen Gardinen. Da die Dinger schon seit Ewigkeiten unbeachtet im Fensterrahmen hängen, bemerkt man kaum noch, dass sie es sind, die den Raum in ein trübes Kabuff verwandeln.

Hier empfiehlt es sich, frontal zu konfrontieren und dem Patienten im Zweifelsfalle lieber zehn mal ins Wort zu fallen als ihn beim Ausagieren seines zerstörerischen Musters mit fragwürdiger Toleranz gewähren zu lassen.

Man soll aber nicht meinen, dass sich Abwertungen in pathogenen Beziehungen nur als hinreichend leicht erkennbare Grobheiten einnisten. Schlimmer noch als die Abwertung, die sich ihrer Feindseligkeit nicht allzu sehr schämt und leicht zu enttarnen ist, sind jene, die mit so viel Zucker übertüncht sind, dass man das Gift erst richtig merkt, wenn man Jahre später daran krepiert; als seien die Vanillekipfel der Kindheit mit Arsen verseucht gewesen. Am anderen Ende des bunten Spektrums der Entwertung geht es hier um die „überfürsorgliche" Bestechung des Kindes, die es dazu verführt, den Genuss der Eigenständigkeit so leichtfertig gegen Mutters eifrige Waschfrauendienste einzutauschen, wie Hans im Glück seinen Klumpen Gold über die Kette seiner haltlosen Schwachheiten gegen einen wertlosen Stein.

Ist beim Patienten durch die Verstrickung in eine derartige Korruption der bewusste Anspruch auf jeden Ärger durch Honig verkleistert, sollte man als Therapeut mit klarem Wasser und einer Wurzelbürste die Klebrigkeit der wohlgemeinten Segenstaten im Weltbild des Patienten attackieren. Die Wurzelbürste darf dabei allerdings nicht allzu grob sein. Denn unter den verzuckerten Schichten uralten Honigs liegt oft eine sehr empfindliche Haut, die sich nach frischer Luft zwar heftig sehnt, die den frechen Hagel, der ihre Nacktheit treffen könnte, jedoch im gleichen Maße fürchtet.

3.2.5. Das leise Gift der Tugend und der Pflichterfüllung

Auch Verstöße gegen das Kriterium der Gegenseitigkeit gibt es in verschiedenen Spielarten. Zum einen achte man darauf, ob Erziehungspersonen den Kontakt zum Kind so gestaltet hatten, als ob im Eltern-Kind-Kontakt nur eine Richtung der Einflussnahme vorgesehen ist. Dann finden sich zum Beispiel die Eltern eines Einzelkindes: gebildet, pflichtbewusst und einig darin, dass bei der Erziehung dieses Kindes alles optimal verlaufen soll. Sie riskieren, von einem unerreichbaren Sockel elterlicher Ethik herab, unzweifelhaft alles immer bereits besser zu wissen, als das Kind es überhaupt erst herausfinden könnte. Zwischen Eltern und Kind bleibt eine durch Wohlwollen maskierte Distanz und ein Gefälle, das das Autonomiestreben des Kindes durch den Tropfen des steten Vorsprungs beharrlich untergräbt; während das Kind zu allem Überfluss auch noch von überallher zu hören bekommt, dass es sich besonders glücklich schätzen könne, mit solch großartigen Eltern gesegnet zu sein. Solchen Eltern-Kind-Beziehungen fehlt, dass der anarchische Impuls des Kindes seinen Weg bis zum Sockel der vernünftigen Tugend findet und diese durch Pfützenwasser und Gartendreck aus ihrer verknöcherten Perfektion erlöst.

Gegen die Gegenseitigkeit wird ebenfalls verstoßen, wo in Familien eine Person das Aschenputtel spielt, von dem sich die anderen bedienen lassen. Da gibt es die duldsame Mutter, vom mürrischen Vater, der sich wie ein unzufriedener ältester Sohn gebärdet, längst hoffnungslos entfremdet, die die Kinder wie eine Henne um sich schart und den Trupp ein Leben lang durchs lieblose Familienleben leitet. Sie erfüllt alle häuslichen Pflichten ohne je offen den Ausgleich der missglückten Balance zu verlangen. Ist der Vater nach langer Arbeitslosigkeit und kurzer Invalidenrente an Lungenkrebs verstorben, denkt die Trauergemeinde am offenen Grabe zwar insgeheim 'Uff, jetzt ist der Alte endlich weg' - doch die Mutter wäscht und bügelt ihrem 24-jährigen Sohn wie ehedem die Wäsche; damit der Junge, falls er mal ein anständiges Mädel trifft, auch ordentlich dasteht! Wetten, dass dieser Sohn nicht zur Gründung einer eigenen Familie fähig werden wird, bevor er nicht aufhört, die Dienstbarkeit der Mutter als Trostpflaster auf seine Lebensangst zu pappen? Wetten, dass diese Mutter ihre Opferbereitschaft nicht als Abwehr gegen eigene Lebensangst erkennen will und dass sie dazu neigt, es eher hinzunehmen, dass das erkennbare Geben in der Beziehung zu ihrem Sohn in einer Einbahnstraße verläuft, als von einem wirklich erwachsenen Sohn verlassen dazustehen?

Man braucht kein neues Beispiel zu bemühen, um hier auch den Verstoß gegen die Kriterien der „Begrenzung" der „Solidarität" und der „Transzendenz" zu illustrieren. Grenzenlos war bereits die Asymmetrie mit der Vater und Kinder im scheinbar solidarischen Übereifer ihres Aschenputtels passiv blieben. Allerdings war dessen Übereifer nur scheinbar solidarisch, weil er sich nicht auf die Wirklichkeit des Gegenübers bezog, sondern Aschenputtel als ein Abwehrmanöver diente, um der Angst zu entkommen, es werde verloren gehen, wenn es sich nicht durch Dienstbarkeit unentbehrlich macht. So führt die uneingestandene Angst vor dem Verlorengehen zu einem Leben voll tragischer Verluste.

Grenzenlos bleibt die asymmetrische Beziehungsstruktur sogar über alle Wechselfälle des Lebens und Sterbens bestehen, ohne dass selbst der dramatische Eingriff des Todes genug Erschütterung aufbrächte, um das familiäre Restgefüge in neue Dimensionen zu transzendieren. Erst wenn der Sohn an der Leberzirrhose stirbt, bricht sich die Transzendenz gewaltsam ihre Bahn. Als hätte sie die Geduld mit der Feigheit der Dulder verloren.

Es gehört zum Wesen des „reinen Kontakts", dass jede Form der Beziehung zeitlich begrenzt ist. Wenn irgendwelche Ängste den Wandel verhindern, stirbt die Beziehung bei lebendigem Leibe ab. Entweder, dass sie alle wünschenswerte Intensität verliert, oder dass die einzige Intensität, die man noch ausmachen kann, jene ist, mit der die pathogen gewordene Beziehung seelisches Leiden verursacht.

Ob nun die Henne zuerst da war oder das Ei, ist nicht zu sagen. Genauso offen ist die Frage, ob die pathologische Kontaktstruktur das Rennen macht oder die mangelnde Einsicht in ihren fatalen Prozess. Tatsache ist jedoch, dass Beziehungen um so pathogener sind, je weniger ihr Verfehlen des gesunden Maßes erkannt wird. Deshalb kommt es innerhalb der pathogenen Beziehung immer zu einem Erlahmen der Exploration, da sie es wäre, die das marode Gleichgewicht der faulen Kompromisse zum Kippen bringen würde. Zentrale Aufgabe der therapeutischen Arbeit ist deshalb, die Erkundung kommunikativer Strukturen zu ermutigen, was nach hinreichender Integration neuer Aspekte ins Weltbild des Patienten dazu führt, dass die Lawine der Veränderung ohne weiteres Zutun des Therapeuten ins Rollen kommt.

3.3. Die Beziehung zwischen Therapeut und Klient

3.3.1. Begegnung ist mehr als Beziehung

Zu viel wurde bereits über die Kriterien des reinen Kontakts gesagt, als dass uns der erneute Hinweis auf ihre Bedeutung für die Binnenstruktur der therapeutischen Beziehung nicht wie ein Gemeinplatz in den Ohren klänge. Ja, beim Versuch, es explizit zu tun, zuckt die Tastatur sogar voll Überdruss zurück und die wenigen Buchstaben, die es trotzdem bis zum Bildschirm schaffen, rutschen dort wie Spritzwasser an einem trüben Februarmorgen von der Windschutzscheibe ab.

Die Vielfalt der Kriterien erscheint jetzt, am Ende der Betrachtung, eher wie ein Haufen Hinweisschilder, die aus kritischer Distanz besehen zwar recht gut die Richtung weisen, denen es aber selbst noch an der Einheit fehlt, in der sich ihre Wege kreuzen.

Besser als Bekanntes zum wiederholten Male durchzukauen, um dem Spautz den allerletzten Nähstoff zu entziehen, ist deshalb die Betonung anderer Begriffe; und zwar solcher, die die Beziehung zwischen Therapeut und Klient mit frischen Licht beleuchten.

Um die besondere Beziehung zwischen diesen beiden nämlich zu verstehen, muss man ausdrücklich zwischen den Begriffen „*Beziehung*" und „*Begegnung*" unterscheiden und sich die Bedeutung der *Präsenz* ein wenig zu Gemüte führen.

In irgendeiner Weise stehen alle Elemente im Kosmos miteinander in Beziehung. Ganz besonders tun es die Menschen durch das Netzwerk ihrer sozialen und persönlichen Bezüge. Über feine Verästelungen dieser Bezüge sind wirksame Verbindungen zwischen Xsosa Xuaheli aus Nkomeneni und Shao Ping Meh, dem Dorfschulzen des Weilers Wuh in Yünnan zu postulieren, obwohl sich beide wohl niemals begegnen werden.

Die Begegnung ist eine Sonderform der Beziehung. Sie ist Beziehung in der dritten Potenz. Bei der Begegnung bildet sich eine gemeinsame Gegenwart, in der sich der Kontakt als Akt bewusster Präsenz vollzieht. In der Begegnung gibt es ein wirkliches Jetzt und ein Hier, von dem aus man in die magische Tiefe jenseits des schlichten Raumes blickt.

Beziehungen erster Potenz bestehen zwischen leblosen Dingen oder den physikalischen Aspekten lebender Körper. Diese Beziehungen sind ebenso starr wie unveränderlich, und gemeiner Hand nennt man sie Naturgesetze. So stehen Xsosa und Shao Ping durch die Gravitationskraft ihrer Körpermasse in höchstdiskreter Weise in Verbindung.

Beziehungen der zweiten Potenz prägen das grundlegende Netzwerk der sozialen Bezüge. Im Gewebe konkreter menschlicher Verstrickungen ist der soziale Bezug und die persönliche Begegnung miteinander verwoben. Statt von erster, zweiter und dritter Potenz der Verbindung zu sprechen, könnte man die erste als „physikalisch", die zweite als „sozial" und die dritte als „bewusst-dialogisch" bezeichnen.

Zwischen Xsosa und Shao Ping besteht - solange sie nie persönlich aufeinandertreffen - ausschließlich eine Beziehung der zweiten Potenz. Ihre Wirkung bleibt üblicherweise gering, sie kann aber offensichtlich werden, wenn Xsosa mit seinem Werben um die schöne Xsashu nämlich scheitert, er seinen Schmerz durch ein ergreifendes Liebeslied sublimiert, welches über das panafrikanische Folklorefestival in Harare weltweite Bekanntheit erreicht und das Shao Ping im fernen Wuh dermaßen anrührt, dass der aus der dörflichen Enge erwacht, die Technische Akademie in Harbin besucht und eine preiswerte Solarzelle erfindet. Wenige Jahrzehnte später dient eine solche Solarzelle dem ergrauten Xsosa, seine Limonade zu kühlen.

Sind Bezüge zwischen Menschen, deren konkrete Kenntnis voneinander bloß statistischer Art ist, bereits plausibel - gönnen wir Xsosa nämlich seine Xsashu, erfährt Shao Ping von beiden nur, dass es etwa eine Million Namibier gibt - wird ein komplexes Netzwerk wirksamer Verbindungen zwischen jenen, die sich persönlich treffen, offensichtlich. Das konkrete Miteinander im Alltag ist eine Mischung aus Beziehungen der zweiten und der dritten Potenz, also aus Beziehungen nach Art von Xsosa und Shao Ping einerseits und konkreten Begegnungen im bewussten Dialog andererseits.

Selbst Menschen, die sich persönlich kennen, sind in der Regel jedoch mehr aufeinander bezogen, als dass sie sich tatsächlich begegnen. Auch wenn die Bänder dabei kürzer und dicker als jene zwischen Xsosa und Shao Ping sind, bleibt ihre Beziehung im Wesentlichen sozial. Sie leben in einer diffusen Gegenwart, durch die das meist unbewusste Bündel ihrer Abhängigkeiten zieht und die sich nur selten im konkreten Hier-und-Jetzt der bewussten Begegnung zweier Menschen fokussiert.[163]

Spricht man der Einfachheit halber der naturgesetzlichen Beziehung zwischen zwei Menschen - also der Beziehung erster Potenz - eine gewisse Wirksamkeit zu, kann man ohne Risiko, sich grob zu irren, davon ausgehen, dass die Wirksamkeit der zweiten Potenz - also der subdialogischen Interaktion zwischen lebenden Personen, intensiver ist. Und am intensivsten ist die

---

[163] Das bewusste Wir-begegnen-uns ist dabei der ontogenetische Überstieg des reflektierenden Ich-bin.

Wirksamkeit der konkreten Begegnung, in der sich das Dasein zur Präsenz verdichtet.[164]

Treten in persönlichen Verbindungen - in Familien, Partnerschaften, Freundschaften und im Kollegenkreis - Aspekte der Beziehung zweiter Potenz durch eingeschliffene Rollenspiele gegenüber der konkreten Begegnung meist in den Vordergrund, so ist es zwischen Therapeut und Klient umgekehrt. Wenn es mit rechten Dingen zugeht! Die übliche soziale Beziehung wird von einem Rollenspiel beherrscht, das im abgeschwächten Dämmerlicht einer ins Geschäftige zerstreuten Bewusstheit persönliche Interessen ins Räderwerk von Symbiosen verwebt. Dort steht der Geist nicht unbedingt zu seiner Wahrheit.

Die therapeutische Beziehung wirkt im Gegensatz dazu als eine konkrete Begegnung. Sie ist eine absichtlich und systematisch herbeigeführte Beziehung der dritten Potenz und in der Regel verlöre sie rasch an gebündelter Wirksamkeit, wenn Beziehungsaspekte der zweiten Potenz darin wichtig würden. Zu Recht wird daher von den führenden Therapieschulen darauf hingewiesen, dass Therapeut und Klient jenseits der Therapiestunden keine Beziehung unterhalten sollen, die die untergründige Verwobenheit in den gemeinsamen gesellschaftlichen Kontext übersteigt.

3.3.2. Präsenz statt Technik

Die Effektivität der Therapie korreliert mit der Intensität der Begegnung. Therapeutische Beziehungstechniken, mit deren Hilfe verschiedene Therapieschulen das Zusammengehörigkeitsbedürfnis ihrer Apologeten füttern und mit deren Hilfe man sich von den anderen abgrenzt, sind nur soweit von Belang, wie sie echte Begegnung bahnen oder verhindern. Was letztlich wirkt ist nicht die Technik selbst, sondern was trotz der Technik an echter Begegnung zustande kommt.

Wesentlich für den Therapeuten ist dabei die ständig neue Herausforderung, den Klienten[165] als ein Gegenüber anzusehen, dessen vorgegebene

---

[164] Und zwar einer Präsenz durch die die Wirklichkeit aus ihrer bloßen Phantasie, irgendwann und irgendwo zu sein, erwacht.

[165] Den Kampf um die Entscheidung, ob man Patienten besser als Klienten bezeichnet oder umgekehrt, gebe ich hiermit als verloren auf. Spricht man von Patienten, klingt es eine Spur zu patriarchalisch. Im Wort „Patient" verknüpft sich etymologisch die „Passivität" mit dem „Leiden", was suggeriert, vom Therapeuten komme alle gute Macht, die am Leiden aktiv

Ebenbürtigkeit die wache Präsenz der ganzen Person des Therapeuten verlangt.

Da die Hypothese, durch Introspektion und Selbsterkenntnis könne man die Qualität der Individuation verbessern, zum therapeutischen Berufsbild gehört und da sich der Therapeut zur professionellen Ausübung dieser Disziplinen entschieden hat, glaubt er leicht, er sei seinem Klienten soweit voraus, dass er sich ihm nicht vollständig stellen müsse. Zu selten ist er sich des narzisstischen Konkurrenzdenkens bewusst, das dem Drang zur individuellen Selbstfindung gerne als dunkler Schatten folgt und oft bemerkt er seinen unterschwelligen Ehrgeiz erst, wenn er erkennt, dass er mal wieder die subtile Macht der Neurose und die Aufgabe, ihr heilsam zu begegnen, unterschätzt hat.

Zum anderen wird die Bereitschaft zur ebenbürtigen Begegnung herausgefordert, weil die Kunden des Therapeuten vordergründig Menschen sind, die beim Menschsein besonders große Schwierigkeiten haben. So sind Therapeuten in Gefahr, eigene Ungereimtheiten zu übersehen, da sie mit „psychisch Kranken" zu tun haben, deren verkorkste Daseinspraxis alles andere scheinbar in den Schatten stellt. Die einzige Überlegenheit, die ein Therapeut jedoch erwerben kann, liegt paradoxerweise darin zu erkennen, dass beim Kontakt zwischen zwei Menschen keine definierten Überlegenheiten zählen. Tatsache ist, dass sich in jeder Neurose nicht nur das Kleine verrät, sondern auch etwas Großes steckenbleibt.

3.3.3. „Vollkontakt-Therapie" und Routine

Psychotherapie ist keine operationale Behandlung, wie etwa eine Chemotherapie bei eitriger Bronchitis oder eine Operation bei entzündetem Blinddarm. Der Therapeut operiert nicht mit dem Werkzeug psychologischer Kenntnisse in der Anatomie eines defekten psychischen Apparats herum.

---

etwas ändert. Zwar leidet der Klient, weil er sonst auch gar nicht käme, allzu passiv sollte er beim Therapeuten jedoch nicht sein.

Wählt man dagegen den Begriff „Klient", macht man es dem Zeitgeist zwar eher recht, bei genauer Betrachtung benennt das Wort aber nicht die individuelle Souveränität, die der nach betonter Selbstbestimmung strebende Sozialberufler herauszuhören versucht. „Klient" kommt von lateinisch „clinare = biegen, beugen" und meint den Schutzbefohlenen, der sich unter das schützende Dach eines Schutzherren beugt. Es scheint fast, als werde der vordergründig gezollte Respekt vor dem Selbstbestimmungsrecht des Klienten, durch ein beiderseits verleugnetes Anlehnungsbedürfnis wieder aufgezehrt, das sich hinter der modernen Fassade des Begriffs verbirgt.

Wäre es so, könnte er beim Operieren, wie der Chirurg über dem offenen Bauch, an etwas anderes denken und sich mit dem Anästhesisten über dessen Urlaubsreise nach Ägypten und die charmante Touristin Bettina im Hotel Nasser unterhalten, ohne dass bei genügender Routine das Resultat der Behandlung dadurch Schaden nähme.

Übung macht zwar bei beiden den Meister. Je mehr Übung der Chirurg aber hat, desto abwesender kann er bei der Arbeit sein. Beim Psychotherapeuten ist es genau umgekehrt. Seine Übung zeigt sich darin, wie gut es ihm gelingt, dem Klienten gegenüber voll präsent zu sein und sich selbst als individuelle Person in die therapeutische Begegnung einzubringen.

Geht der Therapeut davon aus, dass es sich bei einem konkreten Klienten um einen beruflichen Routinefall handelt, wird die Wirksamkeit der Therapie bereits beeinträchtigt, selbst wenn der Therapeut die psychopathologischen Strukturen des Klienten theoretisch gut erfasst. Das führt dazu, dass ein erfahrener Therapeut, der dank seiner Erfahrung ein pathologisches Muster quasi nebenbei korrekt erkennt, vielleicht weniger bewirken kann als ein Anfänger, der sich zum Verständnis des Problems dem Klienten erst mit aller Sorgfalt zuwenden muss. Es ist unmittelbar plausibel, dass die sorgfältige Arbeit des Anfängers nicht nur dem Klienten besser hilft, sondern auch die Person des Therapeuten im Sinne des Gesetzes der Gegenseitigkeit mehr tangiert.

Natürlich wirkt ein Therapeut auch dann therapeutisch, wenn er sich persönlich aus der Therapie entfernt, wenn er seine kommunikativen Behandlungsmuster als braves Handwerk ausführt und als routinierte Rollenspieler weiter da ist. Die Wirksamkeit der Therapie wird dann allerdings vermindert.

Ist sich ein Therapeut dessen nicht bewusst, dass er sich bei der „vollen Therapie" als ganze Person auf eine existenzielle Begegnung einlässt und wehrt er durch falsch verstandene professionelle Distanz die Wirkung des Klienten auf seine eigene Person ab, macht er keine ganze Therapie, sondern er frönt einer Art nützlicher Begegnungsprostitution. Wie eine Prostituierte versucht er den Kontakt bereits während seines Ablaufs teilweise ungeschehen zu machen. Die positive Wirkung des Kontakts wird dabei in beide Richtungen stark beeinträchtigt. Verlässt der Kunde seine Hure, spürt er, dass er keine echte Liebe fand. Verlässt ein Klient den Therapeuten, tut es beiden gut, wenn es dem Klienten durch das Erlebnis der gesammelten Präsenz des Therapeuten in diesem Punkte besser geht.

Je schwerer die psychischen Funktionen eines Klienten gestört sind, desto wichtiger ist es, das Gesetz der Gegenseitigkeit und die Bedingungen echter persönlicher Präsenz zu erfüllen. Einem „Phobiker" mit sonst gut integrierter Gesamtpersönlichkeit kann man zwar passabel helfen, wenn man ihn ohne allzu großes persönliches Engagement „therapiert". Die Heilung schwer gestörter Menschen kann aber nur gelingen, wenn der Patient erleben kann, dass er die reale Person des Therapeuten erreicht. Tatsächlich routiniert ist ein Therapeut, wenn er keine Therapie zur Routine verkommen lässt.